〈松浦武四郎北海道命名150年記念〉
「東西蝦夷山川地理取調圖」を読む
20万分の1地勢図との比較

尾﨑　功
isao ozaki

北海道命名之地碑（音威子府村筬島）

北海道出版企画センター

まえがき

　道は北海道の名付け親である松浦武四郎をテーマに、2018年に「北海道150年記念事業」を開催する方向で検討を進めている。さらに、「北加伊道」の名称を明治政府に提案したとされる７月17日を、今年度から「北海道みんなの日」（愛称・道みんの日）とする条例も制定した。今日、再び脚光を浴びることとなった松浦武四郎であるが、私は彼が書いた「東西蝦夷山川地理取調圖」（以下松浦山川図・松浦図と略記）と、現在の国土地理院発行の地図とを対比しながら、これまでアイヌ語地名の研究に取り組んできた。

　松浦山川図は、1826年（文政９）伊能忠敬・間宮林蔵等の測量をもととして、幕府天文方高橋景保が作製した「大日本沿海実測図」中の蝦夷全図によって海岸線はほぼ正確に描き出され、1859年（安政６）松浦武四郎によって外画の中に山脈・河川・湖沼等が記入され、一応完成されたものである。縮尺は約21万６千分の１であり、中に内陸の地形や地名がずれていたり、湖沼の形がゆがんでいたり、彫師がアイヌ語地名に全く無知だったため誤刻があったりはするが、当時としてはかなりの精度をもっているものとして、まさに画期的な地図であった。原本は色刷りであるが、ここでは草風館編の黒白の写真復刻版を使用し、全道57ヵ所の海岸線と38ヵ所の内陸河川流域について、国土地理院発行の20万分の１地勢図との比較を試みた。

　一地域見開き２ページの構成で、左側のページに地名解説、右側のページに松浦山川図と20万分の１地勢図を原寸大の同図幅で掲載しました。解説で述べた地名は□□□で囲み、松浦山川図のアイヌ語地名は、見やすいように原図に忠実になぞってあります。どうぞ、本書を活用して地名めぐりの旅に出かけてみてはいかがでしょうか。温泉に入浴し、道の駅で休憩しながらのドライブはまた格別かと存じます。

　北海道の地名のルーツはほとんどがアイヌ語です。そこで、アイヌ語の表記については十分意を尽くしたつもりです。カナ表記とローマ字表記を併用し、できるだけ原典に近い形で載せました。アイヌ語地名解についても同様で、引用した主要な文献は次の通りです。

１、「北海道の地名」……山田秀三著、全道の地名を網羅、地名研究のバイブル的存在、本書執筆に当たって最も参考にした文献。

２、「永田地名解」……永田方正著「北海道蝦夷語地名解」、1891年（明24）初版発行、アイヌ語　地名研究には欠かせない文献の一つ。

３、「地名アイヌ語小辞典」……知里真志保著、北海道や樺太の地名の中に出てくるアイヌ語の単語をできるだけ採録し、その意味と用法を詳しく解説。

４、「アイヌ語地名資料集成」……佐々木利和編、上原熊次郎の地名考や松浦武四郎の郡名についての資料を集成、「上原地名考」「郡名建議書」として紹介。

５、「集落地名地理」……栃木義正著「北海道集落地名地理」、国土地理院発行の５万分１地形図から全部の地名を取り上げ、その起源や地理の視点より分類。

６、「アイヌ語地名リスト」……北海道環境生活部編、全道のアイヌ語地名をアイウエ順に分類、その意味、解釈及び由来、出典等について解説。

７、「アイヌ語地名解」……更科源蔵著、現在道内に残るアイヌ語地名について、旧国鉄路線ごとにその謂れや由来を解説。

８、「駅名の起源」……日本国有鉄道北海道総局編「北海道駅名の起源」、道内旧国鉄各駅の所在地、開駅年月日、駅名の起源を集録。

９、「北海道地名大辞典」……角川書店発行、上・下巻２冊から成り、上巻は〈地名編〉、下巻は〈総説〉〈地誌編〉〈資料編〉を収録。

掲載地域全図

海岸線の部

1、せたな町・・・・・・・・・・・・・・・・・・・・・・p6	33、斜里町・・・・・・・・・・・・・・・・・・・・・・p70
2、八雲町・乙部町・・・・・・・・・・・・・・・・p8	34、網走市・大空町・小清水町・清里町・・・p72
3、乙部町・厚沢部町・江差町・・・・・・・・p10	35、網走市・北見市・・・・・・・・・・・・・・・p74
4、上ノ国町・松前町・・・・・・・・・・・・・・p12	36、湧別町・佐呂間町・・・・・・・・・・・・・p76
5、松前町・福島町・・・・・・・・・・・・・・・p14	37、紋別市・湧別町・・・・・・・・・・・・・・p78
6、福島町・知内町・木古内町・・・・・・・p16	38、雄武町・興部町・・・・・・・・・・・・・・p80
7、木古内町・北斗市・函館市・・・・・・・p18	39、枝幸町・雄武町・・・・・・・・・・・・・・p82
8、函館市・・・・・・・・・・・・・・・・・・・・・p20	40、枝幸町・・・・・・・・・・・・・・・・・・・・p84
9、函館市・鹿部町・七飯町・・・・・・・・p22	41、浜頓別町・枝幸町・・・・・・・・・・・・・p86
10、森町・八雲町・・・・・・・・・・・・・・・・p24	42、猿払村・浜頓別町・・・・・・・・・・・・・p88
11、八雲町・長万部町・・・・・・・・・・・・・p26	43、稚内市・・・・・・・・・・・・・・・・・・・・p90
12、豊浦町・洞爺湖町・伊達市・・・・・・・p28	44、稚内市・豊富町・・・・・・・・・・・・・・p92
13、伊達市・室蘭市・登別市・・・・・・・・p30	45、豊富町・幌延町・天塩町・・・・・・・・p94
14、登別市・白老町・苫小牧市・・・・・・・p32	46、天塩町・遠別町・初山別村・・・・・・・p96
15、苫小牧市・厚真町・むかわ町・・・・・p34	47、羽幌町・苫前町・・・・・・・・・・・・・・p98
16、日高町・新冠町・・・・・・・・・・・・・・p36	48、苫前町・小平町・・・・・・・・・・・・・・p100
17、新ひだか町・・・・・・・・・・・・・・・・・p38	
18、浦河町・様似町・・・・・・・・・・・・・・p40	
19、様似町・えりも町・・・・・・・・・・・・・p42	
20、えりも町・広尾町・大樹町・・・・・・・p44	
21、豊頃町・浦幌町・・・・・・・・・・・・・・p46	
22、釧路市・白糠町・・・・・・・・・・・・・・p48	
23、釧路市・釧路町・・・・・・・・・・・・・・p50	
24、釧路町・厚岸町・・・・・・・・・・・・・・p52	
25、浜中町・・・・・・・・・・・・・・・・・・・・p54	
26、根室市・・・・・・・・・・・・・・・・・・・・p56	
27、根室市・・・・・・・・・・・・・・・・・・・・p58	
28、別海町・・・・・・・・・・・・・・・・・・・・p60	
29、標津町・中標津町・別海町・・・・・・・p62	
30、標津町・・・・・・・・・・・・・・・・・・・・p64	
31、羅臼町・斜里町・・・・・・・・・・・・・・p66	
32、斜里町・羅臼町・・・・・・・・・・・・・・p68	

0　25km　50km

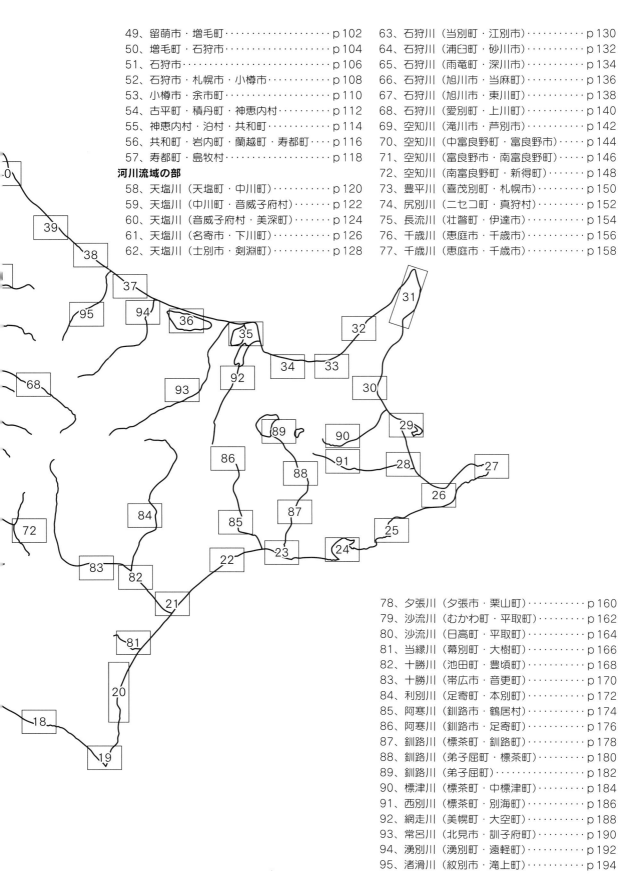

49、留萌市・増毛町・・・・・・・・・・・・・・・・・・p102
50、増毛町・石狩市・・・・・・・・・・・・・・・・・・p104
51、石狩市・・・・・・・・・・・・・・・・・・・・・・・・・p106
52、石狩市・札幌市・小樽市・・・・・・・・・・p108
53、小樽市・余市町・・・・・・・・・・・・・・・・・・p110
54、古平町・積丹町・神恵内村・・・・・・・・p112
55、神恵内村・泊村・共和町・・・・・・・・・・p114
56、共和町・岩内町・蘭越町・寿都町・・・・p116
57、寿都町・島牧村・・・・・・・・・・・・・・・・・・p118

河川流域の部
58、天塩川（天塩町・中川町）・・・・・・・・p120
59、天塩川（中川町・音威子府村）・・・・・・p122
60、天塩川（音威子府村・美深町）・・・・・・p124
61、天塩川（名寄市・下川町）・・・・・・・・p126
62、天塩川（士別市・剣淵町）・・・・・・・・p128

63、石狩川（当別町・江別市）・・・・・・・・p130
64、石狩川（浦臼町・砂川市）・・・・・・・・p132
65、石狩川（雨竜町・深川市）・・・・・・・・・・p134
66、石狩川（旭川市・当麻町）・・・・・・・・p136
67、石狩川（旭川市・東川町）・・・・・・・・p138
68、石狩川（愛別町・上川町）・・・・・・・・p140
69、空知川（滝川市・芦別市）・・・・・・・・p142
70、空知川（中富良野町・富良野市）・・・・p144
71、空知川（富良野市・南富良野町）・・・・p146
72、空知川（南富良野町・新得町）・・・・・・p148
73、豊平川（喜茂別町・札幌市）・・・・・・・・p150
74、尻別川（ニセコ町・真狩村）・・・・・・・・p152
75、長流川（壮瞥町・伊達市）・・・・・・・・p154
76、千歳川（恵庭市・千歳市）・・・・・・・・p156
77、千歳川（恵庭市・千歳市）・・・・・・・・p158

78、夕張川（夕張市・栗山町）・・・・・・・・・・p160
79、沙流川（むかわ町・平取町）・・・・・・・・p162
80、沙流川（日高町・平取町）・・・・・・・・・・p164
81、当縁川（幕別町・大樹町）・・・・・・・・p166
82、十勝川（池田町・豊頃町）・・・・・・・・p168
83、十勝川（帯広市・音更町）・・・・・・・・p170
84、利別川（足寄町・本別町）・・・・・・・・p172
85、阿寒川（釧路市・鶴居村）・・・・・・・・p174
86、阿寒川（釧路市・足寄町）・・・・・・・・p176
87、釧路川（標茶町・釧路町）・・・・・・・・p178
88、釧路川（弟子屈町・標茶町）・・・・・・・・p180
89、釧路川（弟子屈町）・・・・・・・・・・・・p182
90、標津川（標茶町・中標津町）・・・・・・・・p184
91、西別川（標茶町・別海町）・・・・・・・・p186
92、網走川（美幌町・大空町）・・・・・・・・p188
93、常呂川（北見市・訓子府町）・・・・・・・・p190
94、湧別川（湧別町・遠軽町）・・・・・・・・p192
95、渚滑川（紋別市・滝上町）・・・・・・・・p194

目 次

まえがき ……………………………………………………………………………… 1

海岸線の部

1、せたな町（旧瀬棚町・北檜山町・大成町）……………………………………… 6
2、八雲町（旧熊石町）・乙部町 ……………………………………………………… 8
3、乙部町・厚沢部・江差町 ………………………………………………………… 10
4、上ノ国町・松前町 ………………………………………………………………… 12
5、松前町・福島町 …………………………………………………………………… 14
6、福島町・知内町・木古内町 ……………………………………………………… 16
7、木古内町・北斗市（旧上磯町・大野町）・函館市 …………………………… 18
8、函館市（旧函館市・戸井町・恵山町・椴法華村・南茅部町）………………… 20
9、函館市（旧南茅部町）・鹿部町・七飯町 ……………………………………… 22
10、森町（旧砂原町・森町）・八雲町 ……………………………………………… 24
11、八雲町・長万部町 ………………………………………………………………… 26
12、豊浦町・洞爺湖町（旧虻田町・洞爺村）・伊達市 …………………………… 28
13、伊達市・室蘭市・登別市 ………………………………………………………… 30
14、登別市・白老町・苫小牧市 ……………………………………………………… 32
15、苫小牧市・厚真町・むかわ町 …………………………………………………… 34
16、日高町（旧門別町）・新冠町 …………………………………………………… 36
17、新ひだか町（旧静内町・三石町）……………………………………………… 38
18、浦河町・様似町 …………………………………………………………………… 40
19、様似町・えりも町 ………………………………………………………………… 42
20、えりも町・広尾町・大樹町 ……………………………………………………… 44
21、豊頃町・浦幌町 …………………………………………………………………… 46
22、釧路市（旧音別町）・白糠町 …………………………………………………… 48
23、釧路市・釧路町 …………………………………………………………………… 50
24、釧路町・厚岸町 …………………………………………………………………… 52
25、浜中町 ……………………………………………………………………………… 54
26、根室市 ……………………………………………………………………………… 56
27、根室市 ……………………………………………………………………………… 58
28、別海町 ……………………………………………………………………………… 60
29、標津町・中標津町・別海町 ……………………………………………………… 62
30、標津町 ……………………………………………………………………………… 64
31、羅臼町・斜里町 …………………………………………………………………… 66
32、斜里町・羅臼町 …………………………………………………………………… 68
33、斜里町 ……………………………………………………………………………… 70
34、網走市・大空町（旧東藻琴村）・小清水町・清里町 ………………………… 72
35、網走市・北見市（旧常呂町）…………………………………………………… 74
36、湧別町・佐呂間町 ………………………………………………………………… 76
37、紋別市・湧別町 …………………………………………………………………… 78
38、雄武町・興部町 …………………………………………………………………… 80
39、枝幸町・雄武町 …………………………………………………………………… 82
40、枝幸町（旧枝幸町・歌登町）…………………………………………………… 84
41、浜頓別町・枝幸町 ………………………………………………………………… 86
42、猿払村・浜頓別町 ………………………………………………………………… 88
43、稚内市 ……………………………………………………………………………… 90
44、稚内市・豊富町 …………………………………………………………………… 92
45、豊富町・幌延町・天塩町 ………………………………………………………… 94
46、天塩町・遠別町・初山別村 ……………………………………………………… 96
47、羽幌町・苫前町 …………………………………………………………………… 98
48、苫前町・小平町 …………………………………………………………………… 100
49、留萌市・増毛町 …………………………………………………………………… 102

4

50、増毛町・石狩市（旧浜益村）………………………………………………… 104
51、石狩市（旧浜益村・厚田村）……………………………………………… 106
52、石狩市・札幌市・小樽市 ………………………………………………… 108
53、小樽市・余市町 …………………………………………………………… 110
54、古平町・積丹町・神恵内村 ……………………………………………… 112
55、神恵内村・泊村・共和町 ………………………………………………… 114
56、共和町・岩内町・蘭越町・寿都町 ……………………………………… 116
57、寿都町・島牧村 …………………………………………………………… 118

河川流域の部

58、天塩川（幌延町・天塩町・中川町・中頓別町）………………………… 120
59、天塩川（中川町・音威子府村）…………………………………………… 122
60、天塩川（音威子府村・美深町）…………………………………………… 124
61、天塩川（名寄市・旧風連町・下川町）…………………………………… 126
62、天塩川（士別市・旧朝日町・剣淵町・和寒町）………………………… 128
63、石狩川（石狩市・当別町・江別市・新篠津村・北村）………………… 130
64、石狩川（浦臼町・新十津川町・奈井江町・砂川市）…………………… 132
65、石狩川（滝川市・雨竜町・北竜町・秩父別町・妹背牛町・深川市）… 134
66、石狩川（旭川市・鷹栖町・比布町・当麻町）…………………………… 136
67、石狩川（旭川市・当麻町・東川町・東神楽町・美瑛町）……………… 138
68、石狩川（愛別町・当麻町・上川町）……………………………………… 140
69、空知川（滝川市・赤平市・芦別市・歌志内市・上砂川町）…………… 142
70、空知川（芦別市・美瑛町・上富良野町・中富良野町・富良野市）…… 144
71、空知川（富良野市・南富良野町・占冠村）……………………………… 146
72、空知川（南富良野町・新得町・清水町・鹿追町）……………………… 148
73、豊平川（喜茂別町・札幌市）……………………………………………… 150
74、尻別川（倶知安町・ニセコ町・京極町・喜茂別町・真狩村・留寿都村）… 152
75、長流川（壮瞥町・伊達市・旧大滝村・登別市・白老町）……………… 154
76、千歳川（恵庭市・千歳市・長沼町・由仁町・旧追分町）……………… 156
77、千歳川（恵庭市・千歳市・苫小牧市）…………………………………… 158
78、夕張川（夕張市・栗山町）………………………………………………… 160
79、沙流川（旧鵡川町・旧穂別町・平取町・日高町）……………………… 162
80、沙流川（日高町・平取町）………………………………………………… 164
81、当縁川（更別村・幕別町・旧忠類村・大樹町・豊頃町）……………… 166
82、十勝川（池田町・豊頃町・浦幌町）……………………………………… 168
83、十勝川（芽室町・帯広市・音更町・幕別町）…………………………… 170
84、利別川（足寄町・本別町・上士幌町・士幌町）………………………… 172
85、阿寒川（旧阿寒町・鶴居村・白糠町）…………………………………… 174
86、阿寒川（旧阿寒町・足寄町・津別町）…………………………………… 176
87、釧路川（標茶町・釧路町・鶴居村）……………………………………… 178
88、釧路川（弟子屈町・標茶町）……………………………………………… 180
89、釧路川（弟子屈町）………………………………………………………… 182
90、標津川（標茶町・中標津町）……………………………………………… 184
91、西別川（標茶町・中標津町・別海町）…………………………………… 186
92、網走川（津別町・美幌町・旧女満別町・旧東藻琴村）………………… 188
93、常呂川（旧端野町・北見市・旧留辺蘂町・訓子府町）………………… 190
94、湧別川（旧湧別町・旧上湧別町・遠軽町・紋別市）…………………… 192
95、渚滑川（紋別市・滝上町）………………………………………………… 194
参考文献 ………………………………………………………………………… 196
地名索引 ………………………………………………………………………… 197
あとがき ………………………………………………………………………… 202

1、せたな町（旧瀬棚町・北檜山町・大成町）

藻岩岬 モイワ mo-iwa 小さい・山　松浦図ではモユワ、藻岩の滝がある岬。

美谷 ピヤ pi-ya 石の・岸　松浦図ではフヨフヨの辺りか。「西蝦夷日誌」には「ピヤ。本名フヨフフヨの由。小石浜。半腹に穴の有大岩有。是を以て名くると」とある。puy-o（穴が・ある）の意か。

島歌 シュマオタ suma-ota 石・砂　狭い砂浜の先の海中に千畳敷のような岩のある所。松浦図ではシモウタのウが抜けてシモタになっている。フエチシは puy-un-cis（穴・ある・立岩）の意で、「亀岩」のことかと思われる。

三本杉岩

三本杉岩　海岸に頭の尖った三つの巨巌が並んで立っており奇観である。「永田地名解」には「エウコチシ双岩　岩石双立して其根底は連結せり　和人三本杉と称する内の二つなり」と、「ヤッチシ　孤岩　三本杉の一なり」と出ている。「北海道の地名」は e-ukot-cis（そこで・互いにくっついている・立岩）と、ya-ta-cis（陸の・方の・立岩）とでも解すべきかとしている。

瀬棚 セタナイ seta-nay 犬・沢川　「馬場川」が瀬棚市街の北を流れているが、それがセタナイであった。セタは犬なので、犬が鹿を追って泳ぎ下ったという伝説がある。「永田地名解」は「セタルペシュベナイ　犬路川」とあり、松浦図もそうなっている。セタエハケは seta-ewak-i（犬・住む・所）の意。馬場川近くに運上屋があって、エンルンカ（enrum-ka、岬の・上）辺りがこの地方の中心であった。

後志利別川 トゥシペッ tus-pet 縄・川　長万部岳（972m）に発して今金町を流れ、日本海に入る延長75kmの大河。松浦図ではトシヘツ、「西蝦夷日誌」では tu-us-pet（山崎が・ある・川）の意。しかし「東蝦夷日誌」では、フトロ（太櫓）・セタナイ（瀬棚）入り組み領なる故、境界の意味で tus-pet（縄・川）としたとある。また「永田地名解」は蛇川、「北海道地名誌」は to-us-pet（沼・多い・川）としている。

　後志利別川北岸の田園の中に、「ねとい温泉」（28℃、ナトリウム・塩化物泉）がある。松浦図には子トナイとあり、net-o-nay（流れ木・多くある・沢川）の意か。松浦武四郎は1857年（安政4）旧暦8月16日（陽暦10月3日）、今金から利別目名川口まで後志利別川を下っている。目名川で折返して川下は聞取りであるが、「丁巳日誌」に「子ートイ　小川有。此川口底に寄り木多しとかや。……また少し下りてユーブ　右の方小川。此川上に温泉有るよし。依て号るとかや。又暫し下りて西北に向てトンケイ　左りの方小川」と出ている。子ートイが「寧土井」、ユーブが「ねとい温泉」、トンケイが「トンケ川」と思われる。

太櫓川 ピトロペッ pit-or-pet 石の・所の・川　松浦図はフトロヘツ、下流筋は全くの泥川で、pit（小石）は中流以上でないと見当たらないという。なお太櫓場所の運上屋は、川口よりやや南の海岸（松浦図ではキリキリ）にあった。「永田地名解」には「キリキリ　声沙　沙上を歩めばキリキリと音あるに名く」とある。やや南の「良瑠石川」（ラルシ）までの海岸は、"ごろた石浜"（シユマモエ）であった。さらに、「日中戸岬」はニツチウヘ（net-un-pe、漂木・ある・所）、「尾花岬」はヲンハノフと記されている。

太田 モオタ mo-ota 小さい・砂浜　松浦図はモオタ、太田山（485m）には松前藩祖武田信広が大権現を祀ったとされる太田神社がある。「帆越岬」はホクシ（pok-us-i、崖の下に・ある・所）の意で、舟がここを通る時は、帆を少し下げて太田山を拝んだという。南に行くと「上古丹川」（wen-kotan、悪い・村）が流れている。魚類が少ないとか、疫病がはやったとかの説がある。

久遠 クウントゥ ku-un-tu 仕掛け弓・ある・山崎　松浦図はクントになっている。「本陣川」はテレケウシナイ（terke-us-nay、飛び跳ねる・いつもする・沢川）であった。

臼別川 ウシペッ us-pet 入江・川　松浦図はウスヘツ、国道から約3.5km入った所に「臼別温泉」（52℃、含石膏食塩泉）がある。この湯は菅江真澄「えみしのさへき」に"ウシジリという山奥の温泉"として紹介されており、彼は1789年（寛政元）ここで湯浴みをしている。道は2里ほどしかないのにひどく難渋したとあり、屋根を苫で覆い、むしろを敷いて入浴したという。深い谷の底を流れる渓流にたぎり混じって湧き出る湯は、熱さが身にしみるような湯もあり、またたいそうぬるく、すずしい湯（冷泉）も湧いていたと記されている。「平浜」に道の駅「てっくいランド大成」があり、「貝取澗」（カイトリマ）にも温泉（52℃、含重曹食塩泉）がある。カイェウトゥル（kaye-uturu、折岩の・間）からとされる。

臼別温泉

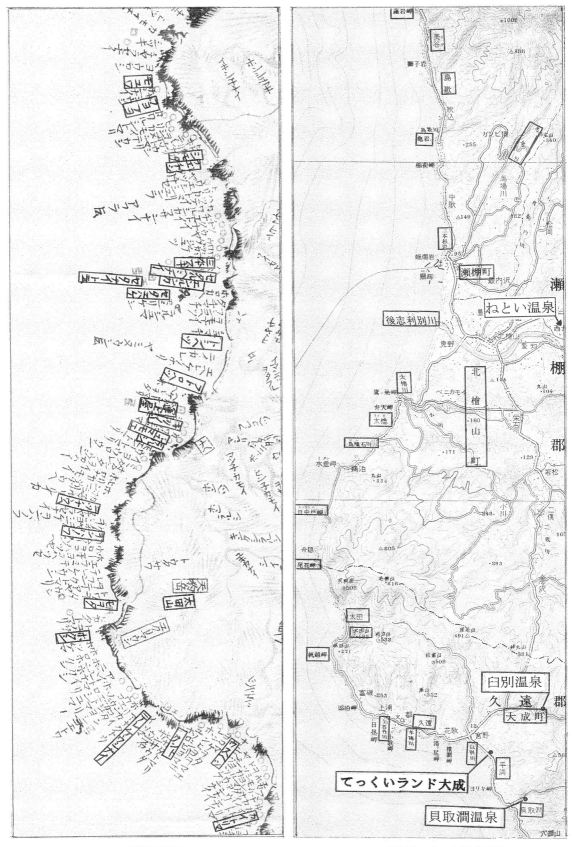

松浦山川図 三　　　　　　　　　20万分の1　久遠（平15）

２、八雲町（旧熊石町）・乙部町

関内（せきない） スプキナイ supki-nay カヤ・沢川　松浦図はセキナイ。松前藩時代、ここに関所を置いて奥地に行く者を取り締まったというが、もともと「関内川」を表記のように呼んだので、関内にしたという。

西浜（にしはま）　松浦図では丸山タキからヒンノマ（便潤）にかけての地域。

鳴神（なるかみ）　松浦図ではホロメ（幌目）、ハタケナカ（畑中）の所。雷神を祀った神社があったからという。

親子熊岩

雲石（うんせき）　松浦図は「熊石」（kuma-us-i、物干し竿・多くある・所）。アイヌの人たちは物干し竿に魚を懸けて干したので、クマウシの地名のある所はたいてい好漁場である。熊石漁港の西に奇岩雲石（さまざまの色彩有岩）があり、この岩にまつわる伝説も多く、「雲石峠」をはじめトンネルや橋にこの名が付いている。

平田内川（ひらたないがわ） ピラタサンナイ pira-ta-san-nay 崖の・方へ・流れる・沢川　松浦図はヒラタナイ、上流約５kmの所に「左リマタ　ユモト　温泉」と書かれている。ここは「平田内温泉」（55.5℃、弱食塩泉）の源泉「熊の湯」と思われる。この温泉が文献に初出したのは1706年（宝永３）、続いて1786年（天明６）の「熊石村会所日誌」にも出ており、当時湯壺があって湯治に利用されていたという。

松浦武四郎は1856年（安政３）旧暦４月11日（陽暦５月14日）、温泉場を切り開いた当地の佐兵衛（廻浦日記は佐五兵衛）という山稼の者と一緒にここを訪れ、湯浴みしている。

「渡島日誌」（巻之参）には「平田内　名義シラ、ターナイにて、岩取沢の儀也。川底平盤滑りて辷り危し。此上にも温泉有る由にて、栗山太平（組頭勤方）と共に行ん事を謀りしが、同村佐兵衛と云山稼にて、十三四年前（天保年間なり）始て見出し小屋懸して人を浴させしめしと。則其者同道にて上る。…滝の沢過て湯の坂上り、下りて温泉場に到る。…辛うじて行や、温泉壺三ツ皆鉄気にて涌也。水七分を入て加減よろし」と。

続けて「頃は四月中頃なりしに、山陰皆雪にうもれて其間々々に蕗の筍・蕨・筆頭菜多く有しを取て汁ものとして一宿をなしたり。また椎茸多く出たるを取、翌朝は是を刻みて飯にまじえ喰せしが、醤油を不持しかば味噌を按え、雑炊の如くにして喰しぬ」と、ここで一泊している。

さらに翌日は「今日堅雪の上九ツ（12時）過迄川すじを上りしが、最早冷水岳（今の白水岳、1136m）、ヤンケ岳（ヤンカ山、619m）に近しと佐兵衛は云しかど、其用意も無ければ帰りぬ。途中度々川を歩行渡りなせしが、其冷なる事大八寒地獄もかくやと思はる事なりけり」と記されている。

見日（けんにち） ケネウシ kene-us-i ハンノキ・群生する・所　松浦図はケンニチ、「見市川」下流域の漁村で出稼ぎが多い。見日も見市も字だけの違いであろう。この川の中流に「見市温泉」（68℃、食塩泉）がある。江戸時代末期の慶応年間に開湯し、1868年（明元）に開業した古湯である。鉄分を含んだ茶褐色の湯はよく温まるため、古くから地元の漁師を中心に親しまれてきた。

松浦武四郎「渡島日誌」（巻之参）には、「ケンニチ訳して赤楊多との儀。川すじに此木多き故号く也。一名バゞ川とも云。川筋左冷水一里計上りて平田内温泉場（見市温泉のこと）　此湯玉気にて涌くか、湯壺の底の砂をも算ふべき清潔の湯也。……源は遊楽部川の上ヲボコ岳（雄鉾岳、999m）に到ると」と記されている。松浦図には温泉のある所にヒラタナイと記されており、上記のように間違ったのであろう。

相沼（あいぬま） アイヌオマナイ aynu-oma-nay アイヌ・いる・沢川　「相沼内川」（松浦図はアイノマ川）河口の漁港。アイヌは「人」と読むのか、アイヌと読むのか分からないが、「上原地名考」には"蝦夷の住む沢"とあるので、和人が相当入り込んで来た後での地名ということになるだろう。

松浦図ヲリト（折戸）は和名であろう。所々にある地名で、だいたい丘から海岸に出て来る通路の所にあるようだ。「北海道の地名」は「降り・処」の意ではないかとしている。

花磯（はないそ）　松浦図はカハシラ（蚊柱）、カパラシラヽ（kapar-sirar、平たい・岩）の意で、岩礁地帯を呼んだ名であろう。「鮪ノ岬」（松浦図シヒノウタ）は、岩肌が鮪（まぐろ）のうろこ状になっているのでついた。

元和（げんな）　1615年（元和元）に定住者があったのでこの名にしたという。ここに道の駅「ルート229元和台」がある。松浦図ヲカシナイ川（可笑内川）は、o-kas-nay（川尻に・仮小屋ある・沢川）の意。"海のプール"がある「突符岬」（松浦図はトツフ）は、トゥク（tuk、隆起）の意で、川流が変化する毎に旧流の地が隆起する様子をいう。

熊の湯

松浦山川図 三・四

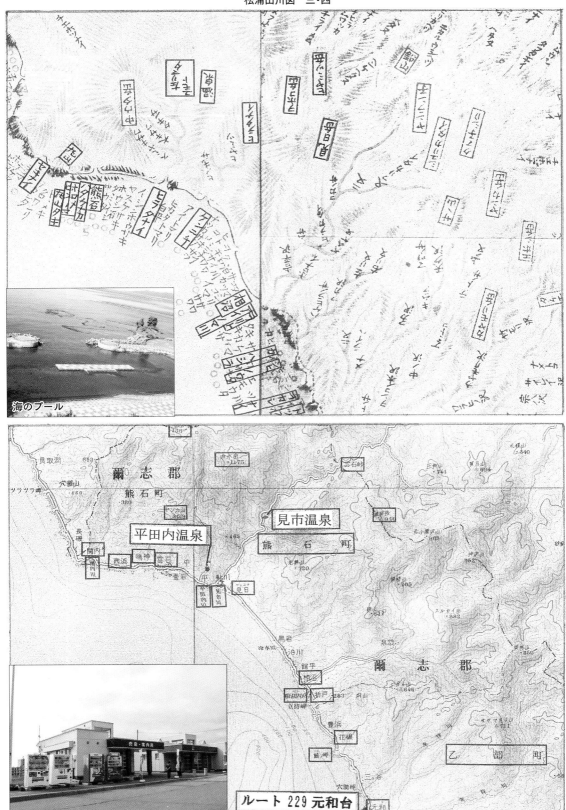

海のプール

ルート229元和台

20万分の1 久遠・室蘭（平15）

3、乙部町・厚沢部町・江差町

突符川（とっぷがわ） 松浦図にはヲモナイ・コモナイが出ているが、前者が突符川と思われる。オンネモナイ（onne-mo-nay、大きい・静かな・沢川）の意で、コモナイ（小茂内川）と対をなしている。

館浦（たてうら） 松浦図はタテ、ここに「乙部温泉」（69.5℃、含食塩芒硝泉）がある。日本海に白亜の岩肌を突き出した「館ノ岬」が美しい。

乙部（おとべ） オトウンペ　o-to-un-pe　川尻に・沼・ある・もの
　松浦図はヲトヘ、乙部市街に流れ込んでいる「姫川」が語源とされる。この川をアイヌの人たちは表記のように呼んでいた。しかし、現在沼は見当たらない。土地の人は、昔沼であった所に新川を通して整地し水田にしたという。姫川の意味は「集落地名地理」によると、鮭の運上料（税金）が松前家の姫君の化粧料になったからとしている。

あっさぶ

五厘沢（ごりんざわ） 松浦図はコリンサワ、地名の由来は、アイヌ語で海岸から高くなっている沢の意「コリサワ」によるという。以前「五厘沢温泉」のあった所で、松浦図にはユノ沢とある。"慶喜温泉"ともいわれ、約350年前から伝わる温泉であった。慶喜の名は、1886年（明19）湯守福原某が亡父の戒名から付けたとも、温泉の脇にあった老松が、徳川慶喜が松前藩家老に贈ったものを移植したことに由来するともいわれる。
　五厘沢温泉は百姓弥五郎の妻が発見したと伝えられ、菅江真澄もここで入浴したという。「えみしのさへき」には「五倫沢（五厘沢）という所があった。ほどなく妻の湯という温泉に来たので、休息がてら入浴した。この西磯ばかりでも、ウシジリ（臼別）・ヒラタナキ（平田内）・ケニウチ（見市）・アシサブ（厚沢部）の沢にあるイヤシナキ（意養）の湯などと、温泉がたくさんある。この温泉は二百年の昔、"つま"という女が重い病に臥して危篤になった時、神のお告げに従って湯を浴びて、病が治ってから"つまの湯"と言い始めたのだと、湯番の老人が語った」と記されている。

厚沢部川（あっさぶがわ） ハチャムペッ　hacam-pet　桜（ムクドリ）・川　松浦図はアンヌル川となっている。この辺りの厚沢部川流域は、道南有数の水田地帯である。また、メークインの特産地としても知られる。「永田地名解」には「ハチヤムペッ　桜鳥川　アツサブと云うは訛りなり　札幌にハチヤムあり和人ハッサム（発寒）と訛る」と出ている。国道227号沿いに道の駅「あっさぶ」がある。

俄虫（がむし） 厚沢部川を約8km遡った「本町」の旧地名、今「俄虫橋」に名が残る。1886年（明19）ここに俄虫戸長役場が置かれ、厚沢部村の中心であった。「永田地名解」は「カムイウシ　熊多き処　俄虫村の原名」とあり、kamuy-us-i からとされる。「安野呂川」流域の「上里（かみさと）」に、明暦年間（1655～58）発見と伝えられる「俄虫温泉」（31.2℃、単純温泉）がある。
　松浦武四郎「渡島日誌」（巻之参）には、「俄虫村　人家四十軒処々に散在す　皆畑作りにて、漁事頃は西在に出働す。安野呂川川巾二十余間石川歩行わたり也　両岸蒲・荻多く生たり。二十余丁上りてイヤシナイ　温泉場湯守一軒有」と記されている。イヤシナイには「意養」という地名が当て字された。松浦図北端にある「アンヌル　温泉」とあるのが、俄虫温泉の湯本イヤシナイである。
　安野呂川は「永田地名解」には「アンルル　山向ふの海岸」とあり、an-rur の意とされる。この川筋を遡り、山越えして噴火湾の落部に出るのが古い時代の交通路であった。厚沢部川の支流「鶉川（うずらがわ）」のほとりには、「うずら温泉」（30℃、アルカリ性単純温泉）、「館町（たてまち）」には日帰り入浴の「館城温泉」（単純温泉）がある。松浦図は館と鶉（ウツラ）が反対に記されている。

江差瓶子岩（へいしいわ）

田沢（たざわ） 松浦図は田サワ、小山、トマリの辺り。小山（尾山）は、小山氏の子孫が1697年（元禄10）、尾山の姓を藩主より賜ったという。トマリは船泊りの意。国道227号沿いに道の駅「江差」と、「繁次郎温泉」（単純温泉）がある。松浦図ヲコナイハマは、二つの沢の川口が砂浜の所で互いに近寄って海に入っていた所。オウ　コッナイ（o-u-kot-nay、川尻・互いに・くっつく・沢川）からとされ、現在は「大澗（とよへない）」となっている。トヨヘナイ（豊部内川）は、トペニナイ（topeni-nay、イタヤカエデ・沢川）の意。

江差（えさし） エサウシ　e-sa-us-i　頭を・浜に・つけている・所＝岬　檜山地方の中心地で古くから開けた港。江戸時代はニシン漁で栄え、鰊御殿に当時の繁栄の面影を残す。従来、江差を「昆布」（エサッウシ、e-sas-us、食するコンブがある）とする説があるが、知里真志保氏は北海道南部では昆布をサシとは言わないとして、上記の解釈が妥当だとしている。松浦図ウハカミは「姥神町」、カモメシマは「鷗島」、ツハナは「津花町」、また五カツテ（五勝手）は松前藩の檜伐採の中心地であった。

松浦山川図　一・二・四

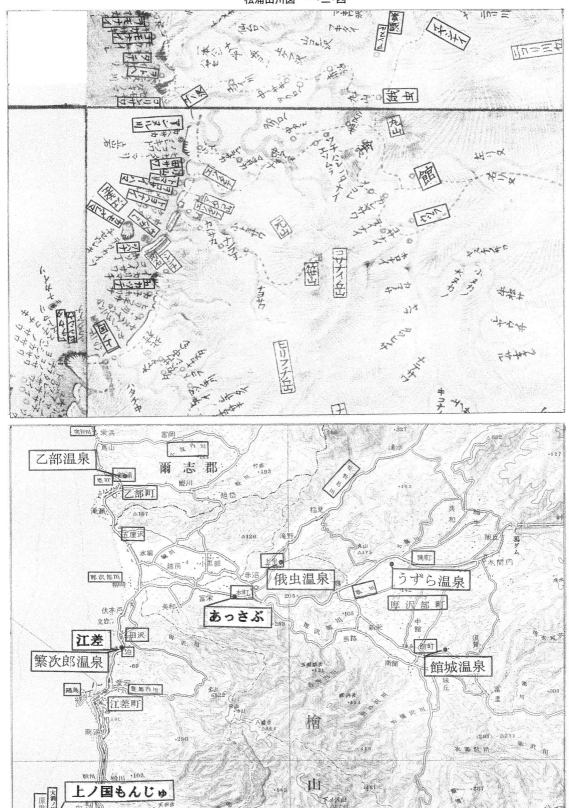

20万分の1　函館（平16）

4、上ノ国町・松前町

上ノ国　足利時代、津軽安東氏に二派があって、上ノ国・下ノ国と称していた。秋田野代の檜山館にいた上ノ国安東氏が北海道に渡って拓いたのが、この地である。初期開拓者の名前が残された地名の一つである。ちなみに下ノ国氏は、松前から津軽海峡にかけて拠点を築いたとされる。日本海側を上蝦夷、津軽海峡から太平洋側を下蝦夷というのは、ここから始まったといわれている。国道228号沿いの「大澗ノ崎」に、道の駅「上ノ国もんじゅ」がある。もんじゅの名は、眼下の海にある文殊岩から付けられたというが、松浦図にはモンシウと出ている。隣りにハラウタ（原歌）と出ているのは、para-ota（広い・砂浜）の意である（前ページの地図参照）。

上ノ国もんじゅ

「勝山館」は1457年（長禄元）、コシャマイン軍との戦いに勝った武田信広の居城にちなむ名である。花沢館跡には「花沢温泉」（60.6℃、含食塩重曹泉）がある。やや東方には松浦図大トメ（大留）があり、「天の川」で木材を流送した時の"留場"（集積所）があったとされる。天の川はこの辺りでの大川。「北海道の地名」によると、早く和人の土地になったためか、アイヌ語の原名が伝わっていないという。

湯ノ岱　天の川流域の農林業地域、松浦図はユノタイ。地名の由来は不詳であるが、温泉の出る「タイ」（tay、林・森）によるものか。古くより「上の沢川」との合流点北側に冷泉が湧出しており、近年はボーリングによって温泉が噴出し、「湯ノ岱温泉」が営まれている。

天の川右岸一帯はヒノキ・アスナロなどが繁る美林地帯で、木材は松前藩の重要な経済資源であった。当地は古くから木古内へ越す山道があったが、寛政年間（1789～1801）頃までは難所で、決して一人で旅する道ではないとされていた。文化年間（1804～18）山道の改修・整備が行われ、「稲穂峠」（地図中272m地点）下に番所を設置、ユノタイには宿所が置かれた。これ以降山道の利用者が増したという。稲穂峠は、アイヌの人たちが道中の安全を祈って「イナウ」（inaw、御幣）を神に捧げたのが名の謂れである。

「渡島日誌」（巻の壱）には「エナヲ峠　東キコナイ領西トマップ（苫符）領に至る。此処南を望むに南部、津軽より箱館の海燦然たり。誰か旅愁を慰さぐらん」とあり、当温泉については「川を越えること二度、温泉元人家一軒壺一ケ所、熱湯にして透徹して清し。恐らくは玉気にて涌くや。其功疥癬・疝疵・疝気（はらいたみ）・痔瘻也　従キコナイ八里」と記されている。38℃の含土類食塩泉は薄茶色をしており、湯の花がこびり付いて、見るからに成分が濃いようだ。

大安在　上ノ国中央部、大安在川流域の水田・畑作地。日本海に面する海岸を「大安在浜」、小安在川流域を「小安在」という。松浦図は大アンサイ、小アンサイ。「木ノ子」は、木の切り株跡からキノコを産出したからという。「扇石」（松浦図はヲ、キ石）は、日本海に面する漁業地域。浜に扇形の柱状節理の石がある。やや南の漁業集落「汐吹」は、沖に岩があり強風の時鯨が潮を吹くようになるので付いたという。今は漁港防波堤の一部となっている。

石崎　松浦図は「石嵜」、アイヌ語らしい名は書かれていない。沿岸漁業集落で、1939年（昭14）採掘開始のマンガン鉱山で知られる。南端を石崎川が西流しているが、古い地名辞書によれば、この川名は「比石川」だったという。そうなれば、石崎はピッウシ（pit-us-i、石・多い・所）の意訳だろうか。河口左岸に「館野」があるが、地内に1457年（長禄元）に陥落した比石館跡があることにちなむ。

小砂子　チシエムコ　cis-emko　立岩の・水源　上ノ国町南端、漁港がある。古い津軽一統志には「ちいさこ」とあり、和名のような形である。しかし「上原地名考」には「夷語チシエムコなり。則、高岩の水上といふ事。チシとは高岩の事。エムコとは水上と申事にて、此沢辺亦は海岸にも高岩の所々にある故、此名ある哉」と記されている。海岸に高い岩がある。

原口　パラコッ　para-kot　広い・谷地　松前町北端の漁港。

「上原地名考」には「夷語バラコッなり。則、広き渓間と訳す。此沢辺広き渓間なれば此名ありといふ」とある。「北海道の地名」によると、コッは多くは凹地をいうが、河谷という意味にも使われたという。「松前町史」は、本村は元蝦夷語にて「アイエヌ」と称したり。意味不明なれども「アイヌの良き住家の地」なりと伝ふる人あり、という説を紹介している。

花沢温泉

松浦山川図 一・二

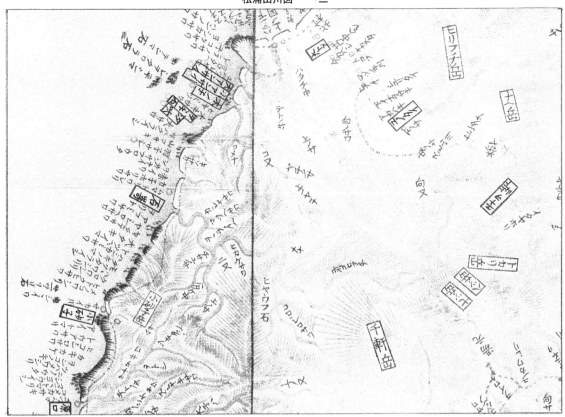

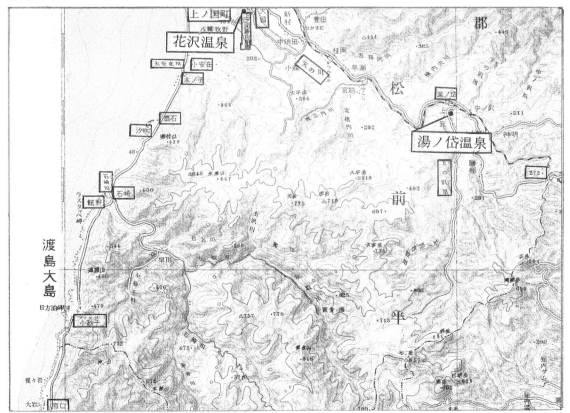

20万分の1　函館（平16）

5、松前町・福島町

江良 エラマンテウシ eramante-us-i 狩漁する・いつもする・所　松浦図は「江良町」。「永田地名解」には「エラマンデウシ　漁人の小屋ある処　江良町村の原名　エラマチはエラマンテの訛りなり」とある。今は「町」を省いて江良というが、この町は日本語ではなく、アイヌ語の音だったらしい。松浦図大カモチ川（大鴨津川）、コカモチ川（小鴨津川）。

清部 キウンペ ki-un-pe カヤ・ある・もの　松前町北西部の漁業地域。「永田地名解」には「キオペ　菅茅の類多き処　清部村の原名」とあり、「上原地名考」は「夷語キイウンベなり。則、茅芳等の有る所と訳す」としている。松浦図コハマ（小浜）。

松前城

茂草 モムチャ mom-ca 流れる・小枝　松浦図は「茂岬」、茂草川河口の漁業集落。「静浦」はもと松浦図アマタレ石（雨垂石）といった所。
　「赤神」にはかつて鉱山（鉛、亜鉛産出）があった。「札前」（松浦図札マイ）は「サッナイ」（sat-nay、乾く・沢川）からとされる。「館浜」は若狭国から来た住人が館を築いたからとされるが、以前は「根部田」（rep-ta-nay、海の方に・ある・沢川）といっていた。

松前 マトマイ mat-oma-i 婦人・いる・所　「永田地名解」は「原名をマトマイと云ふ　マトマイはマッオマイにて婦人居る処の義　今の大松前町是なり」とある。「北海道の地名」は元来が川の名で、マトマイあるいはマトマナイ（mat-oma-nay）と呼ばれていた所が松前になったようであるとしている。その川は「大松前川」（旧神明川）だったらしい。
　松前市街の西隣りの海岸は松浦図立石（建石）、イケッフ（イゲップ）は「大磯」、ハクチ石（博知石）は「博多」となり、hatkut-us-i（ブドウコクワ・多い・所）の意。カラツナイは「唐津内沢川」。松前町の市街地を「福山」というが、かつてあった福山城にちなむ。海岸に面して道の駅「北前船松前」がある。

大沢 松浦図大サワ、大沢川河口付近の漁業地域。1617年（元和3）地内で砂金が産出し多くの金掘夫が流入したが、1639年（寛永16）松前藩は金掘夫を主とするキリシタン50人を処刑したという（和田本福山秘府）。海岸から1.3km山手に入った所にある「松前温泉」は、武家屋敷風の造り。1832年（天保3）の温泉場開設と伝えられるが、1985年（昭60）ボーリング探査の結果、新湯が湧出した。"赤湯"と呼ばれる41.7℃の含芒硝食塩泉は、かぶれ・外傷などによく効くという。
　やや西側には「及部川」（松浦図ヲヨヘ）が流れる。「上原地名考」には「夷語ヲユウンベなり。温泉の有る所と訳す。此川の伝へに温泉の有故に号くと云ふ」と出ている。「永田地名解」には「オユンペ　川尻に温泉ある川　現今は温泉見えずといえども往時は必ず川中に温泉ありしならん　此地名ある処は多少温泉あればなり」と記されている。o-yu-un-pe（川尻に・温泉・ある・所）の意とされるが、及部川沿いに温泉が出たという記録は無く、ひょっとしたら大沢川沿いの松前温泉のことだった可能性も考えられる。

荒谷 松浦図はアラヤ。1669年（寛文9）頃には「新屋、家二軒」（津軽一統志）とあるので、新しい家の意か。「スズキノ沢川」（松浦図ス、キサワ）沿いに、「吉岡峠」に出る道路は重要な街道であった。

白神 江戸期から炭焼沢村の俗称として使われていたが、1924年（大13）白神村となり、1954年（昭29）から松前町の行政字となった。「北海道の地名」によると、白神の地名は完全な日本語の形であるが、古くからの名であるので、「シラッカムイ」（岩・神）などのアイヌ語から来たものかも知れないとしている。

松浦 福島町最南部の漁村、松がよく育つ海岸の意。もとは吉岡村大字「礼髭村」（松浦図礼ヒケ）の一部「折戸」（ヲリト）。礼髭は「レプンケッ」（repun-ke-p、海の方に・削る・もの）からという。

白神岬

吉岡 吉岡川のアイヌ語名は「オムナイ」（o-mu-nay、川尻・塞がる・沢川）。当初「穏内」としたが、「穏やかで無い」のは不吉だとして、付近にヨシが密生していたので「吉岡」になったという。ここに「吉岡温泉」（含石膏芒硝泉）がある。少し南の「吉野」も同じくヨシに関係があるという。やや北にある「宮歌」（松浦図宮ノウタ）は、江戸時代建立の宮歌八幡社から。「白符」（松浦図白府）は、チロァ（cir-o-p、鳥・多き・所）の意。

福島 松浦図はフクシマ、和名と思われる。福島川は「ホロカナイ」（horka-nay、後戻りする・沢川）とされ、当地域は古くは「折加内」と呼ばれていた。しかし"愚か"と聞こえるので、1624年（寛永元）月崎神社（松浦図月ミサキ）の神託により改名したという。ここに道の駅「横綱の里ふくしま」がある。

松浦山川図 一・二

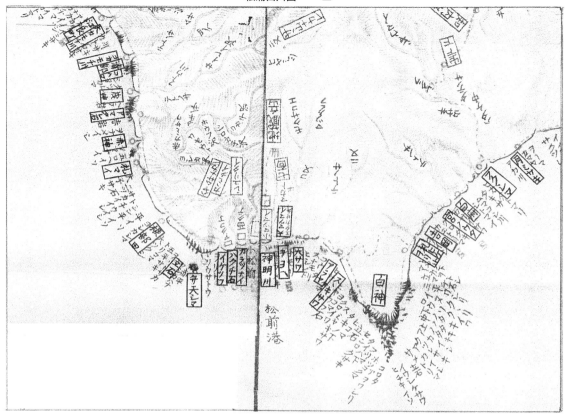

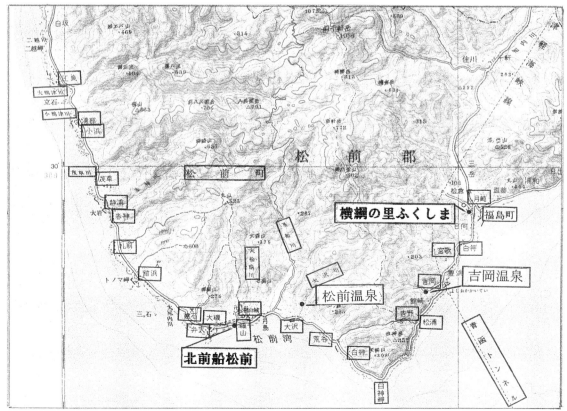

20万分の1　函館（平16）

6、福島町・知内町・木古内町

大千軒岳　檜山郡と松前郡の境の高山（1072m）。1628年（寛永5）東麓に松前藩が金山を開き、キリシタンなどを使って採掘した。多数の鉱夫が入り込んだので千軒という地名が生まれ、それが山名にもなったと伝えられる。1639年（寛永16）幕命によりキリシタン狩りが行われ、多数の信者が処刑された。

小谷石海岸

矢越岬　ヤクシ　ya-kus-i　内陸を・通る・所　松浦図矢コシサキ、福島町と知内町にまたがる岬。津軽海峡内の最も目立つ岩岬であるが、その前後の海岸は崖続きなので通行できない。海岸を離れて山越えをして、また向こう側の海岸に出なければならなかったため、こう呼ばれたもの。現在でも、道路は内陸を迂回している。現在の国道228号の山越えルートは、かつて「福山街道」と呼ばれ重要な役割を果たした。

小谷石　コタヌウシ　kotanu-us-i　その村・ある・所　矢越岬のやや北の海岸（松浦図小田ニシ）、もう行き止まりの所である。「永田地名解」には「コタヌシ　村里　小田西村の原名」と出ている。人が入って住むようになった頃に付いた名であろうか。北の海岸には「蛇ノ鼻岬」「狐越岬」（キツ子コシ）「ナマコ岬」など、ユニークな形の岩が並んでいる。

涌元　松浦図ワキモト、知内町南東部の漁業集落。地名は鎌倉期、荒木大学が当地内で砂金採取の際滝を発見し、その水を汲んだのに由来すると伝えられる。「涌元谷地」には道南最大の重油火力発電所がある。

重内　オムナイ　o-mu-nay　川尻・塞がる・沢川　知内川左岸の重内川流域。町の行政・経済の中心地で、水稲・畑作も盛んである。「上雷」は町内最小の集落。鎌倉時代に建立された「雷公神社」にちなむ。

知内　チロチ　cir-ot-i　鳥・群居する・所　「永田地名解」には「チリオチ　鳥居る処　知内の原名　此川の近傍鷹の名所なるを以て此名あり」とある。当地は鷹の産地として有名で、松前藩が将軍家に献上する15羽のうち、半数以上は知内で捕獲したものであったという。「アイヌ語地名解」によれば、四百箇所近くの鷹を捕る鳥屋があって、付近で火をつけたり、鉄砲を撃ったり、木を伐ることを禁じ、鷹の餌として家ごとに犬を三頭飼わせたという。

湯ノ里　松浦図「湯元」、知内川中流の林業・農業地域。松浦図ハキチヤリは、「永田地名解」には「ハキチャニ　浅き鮭卵場　今ハギチヤリと云ふ知内川の一支」とあり、hak-ican-i（浅い・鮭が卵を置く・場）の意とされる。1929年（昭4）知内村の地名整理の際、この付近に「知内温泉」があるので湯ノ里と名付けた。道の駅「しりうち」もこの近くにある。温泉は知内市街地から内陸へ約10km入った「湯の川」沿いに湧いている。1247年（宝治元）砂金採取の際発見されたといい、松前藩藩主や家族が代々湯治場として利用した道内最古の温泉（65℃、鉄鉱泉・明礬泉・弱塩類泉）である。

みそぎの郷　きこない

　松浦武四郎「渡島日誌」（巻の壱）には、「ハキチヤリ　川巾二十余間急流、舟有…。湯の尻（ユノカワシリ）とも云温泉道右の方湯有。…温泉　従追分（ヲイワケ）十丁余山間　人家一軒温泉壺一ツ有　千軒岳の麓なり。功能疥癬・冷寝・切傷・打身・のぼせさげに宜しと。予八月中旬頃（1845年、弘化2）にここに至りしが、李多くして未だ青くして熟し、地に敷が如く落たり。実に風土の異なる事を知る。また主人の話しに、此辺にて種々の鳥死して落ること有。恐らくは山中に毒気の有る地にても有るかと話されたり」と記されている。

木古内　リロナイ　rir-o-nay　潮・入る・沢川　松浦図は「木子内」。古い津軽一統志では「ちこない」と書かれ、元禄郷帳には「きこない」と書かれている。「上原地名考」は「喜子内　夷語リコナイなり。登る沢と訳す」とあるが、「永田地名解」は「リロナイ　潮入り川」とある。この沿岸は干満の差が大きく、満潮時には海水が逆流するので名付けられたものであろう。ここに道の駅「みそぎの郷　きこない」がある。

札刈　シラットゥカリ　sirar-tukari　岩の・手前　木古内町中央部の漁業集落。西の木古内川河口よりの砂浜がここで切れる。「永田地名解」には「シラットゥカリ　岩磯の此方　札刈村の原名」とあり、「上原地名考」には「夷語シラットゥカリなり。磯の端と訳す。此所海崖磯ありて、夫より喜子内、知内迄の内磯なきゆへ地名になすといふ」と書かれている。知内・木古内の方から来てここで岩磯地帯にぶつかるので、この名が付いたのであろう。シラットゥカリ→シャッツカリ→札刈と転訛したと思われる。「大平」は「オピラ」（o-pira、川尻・崖）からか、ここに「木古内温泉」（35.2℃、弱アルカリ性食塩泉）がある。松浦図にハシクロ（橋呉）とあるのは、昔 paskur（カラス）がここで合戦したからだという。

松浦山川図 二

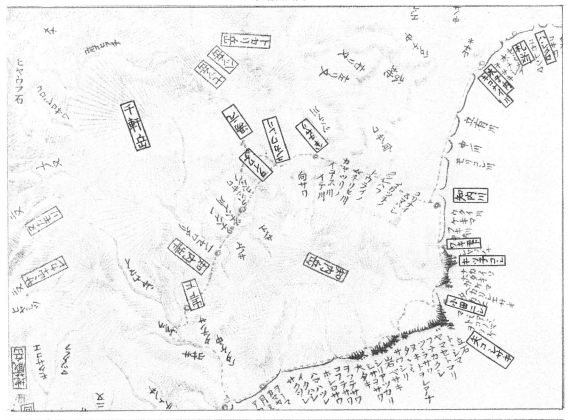

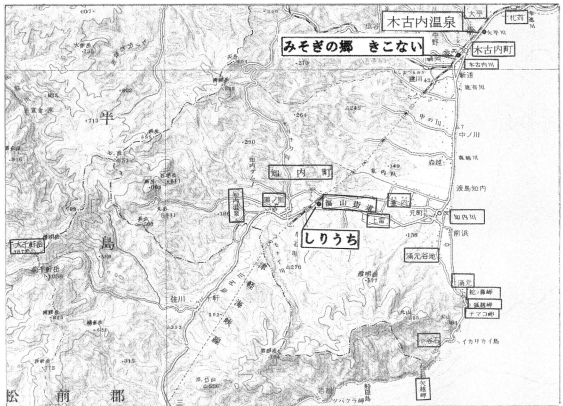

20万分の1 函館（平16）

7、木古内町・北斗市（旧上磯町・大野町）・函館市

泉沢（いずみさわ） 松浦図泉サワ、水田・畑作と漁業集落。地名は和語に由来し、泉の湧き出る沢があったからとされる。アイヌの人たちはイズミサと呼んだという。「サラキ岬」は1871年（明4）9月20日、開拓使の民間貸与船となった元軍艦「咸臨丸」が難破した所である。

サラキ岬

釜谷（かまや） 松浦図カマヤ、大カマヤ。和人が釜の如き岩に附した名であるとしており、カマヤペッ（kama-ya-pet、扁磐川）からとされる。

当別（とうべつ） トーペッ to-pet 沼・川 松浦図大トウヘツ、トウヘツ。古い地図には上流に沼が書かれているが、その沼は早くに消えたらしい。1894年（明27）創立のトラピスト男子修道院がある。手前の松浦図「三石」は「三ッ石」の崎である。

葛登支岬（かっとしさき） アッウシ at-us-i オヒョウニレ・群生する・所 松浦図はカットシサキ。「永田地名解」は「アッウシ 楡樹ある処 今カットシに誤る 昔し此山中に楡多し故に名く 今は岬名となりたり」。

茂辺地（もべち） モペチ mo-peci 静かな・その川 松浦図は茂辺シ。「永田地名解」は「モペチ 静溢川 茂辺知（川、村）」と表記の解である。川下の方は砂浜でせき止められて水が溜まり、ほんとうの遅流である。あるいは「ムペッ」（mu-pet、塞がる・川）であったかも知れない。やや北にある「矢不来」（松浦図ヤキナイ）は、同地名解に「ヤンゲナイ 陸揚場」とあり、yanke-nay（陸に揚げる・沢川）からとされる。

上磯（かみいそ） 「永田地名解」には「古へ此名なし何に由りしか知り難し」とある。「北海道の地名」によれば、たぶん和名であろうとし、箱館・亀田辺りの人が、上の方の磯という意味で呼んだ名であろうとしている。松浦図にはその辺りに「戸切チ」「有川」と出ているが、前者は「戸切地川」で、ペケレペッ（peker-pet、清澄な・川）の意。後者はアルシュペッ（aru-us-pet、食料・群生する・川）からとされる。

久根別（くんねべつ） クンネペッ kunne-pet 黒い・川 松浦図はク子ヘツ。久根別川は、「永田地名解」には「クンネペッ 黒川 和人クネペッ又クニペッと云ふ」とあり、ひどい泥水の川であったらしい。「大野」（松浦図大ノ）は大きい野原という意味の和名と思われる。上磯町と大野町は2006年（平18）合併して北斗市となった。2016年（平28）3月26日、新青森〜新函館北斗間149kmの北海道新幹線が開業した。それに伴いＪＲ江差線は廃線となり、五稜郭〜木古内間37.8kmは「道南いさりび鉄道」に引き継がれた。

七重浜（ななえはま） ヌアンナイ nu-an-nay 豊漁・ある・沢川 松浦図七エハマ、函館湾に面する工場・住宅地。洞爺丸殉難者慰霊碑がある。「永田地名解」には「ヌアンナイ 豊澤 ヌアンナイを急言してナンナイと云ふ 和人ナンナイと云ふは訛なり 此地名は今の七重濱なる石川の末流に附したる名なり」と出ている。

亀田（かめだ） 郡名、川名、地名（ＪＲ函館駅と五稜郭駅の中間辺り、松浦図はカメタ）。箱館より先に開け、以後一帯となって発展し今日の函館市街となった。「永田地名解」によると、この辺りはもと「シコッ」（si-kot、大きい・沢）といったが、その音が死骨に近いといって、幕末に亀田と改められたという。亀田川は昔は湾内に注いでいたが、後に新川を造り大森浜の方に流した。

函館（はこだて） 函館の名は、松前藩の祖武田信広とともに蝦夷地に渡ったといわれる河野加賀守が建てた館が、箱の形に見えたので"箱館"と呼ばれるようになったという。函館港は山麓に湾が深く入り込み、市街地と湾が巴形をなすことから「巴港」と呼ばれる天然の良港であった。「函館山」（松浦図ヤクシ山、334m）は臥牛山（がぎゅうざん）とも呼ばれ、砂州の発達により陸繋島となった。

新函館北斗駅

谷地頭（やちがしら） 松浦図は八ツカシラ。平坦部が低湿地でその周囲が乾燥した高台であることから、谷地の上手とする説と、低湿地に沼がありその形状が頭部に見えたことによる説がある。ここに湧く「谷地頭温泉」（64.4℃、食塩泉）は、鉄分を多く含んだ赤茶色の湯で、漁師たちが朝から通ったというよく温まる温泉である。やや南に「立待岬」（松浦図タチマチ）があるが、「永田地名解」には「ピウシ 立待 岩磯の上に立ち魚の来るを待ち漁槍を以て突いて捕る処を云ふ」とあり、pi-us-i（石が・ある・所）であったらしい。

湯の川温泉（ゆのかわおんせん） 函館市の東部、「松倉川」の両岸および河口から海岸線沿いに東西に形成される（松浦図ユノ川尻）。道内有数の温泉地で、落ち着いた雰囲気のある温泉（61〜66℃、含土類石膏食塩泉）として知られる。1863年（文久3）に100℃近い湯が出て、温泉宿があったという記録も残り、1869年（明2）の箱館戦争では傷病兵の療養にも利用された。松倉川を境に西側が下湯川村、東側が上湯川村であった。温泉の少し先のシノリは「志海苔」、セニカメサワは「銭亀沢」、石サキは「石崎」となった。

松浦山川図　二

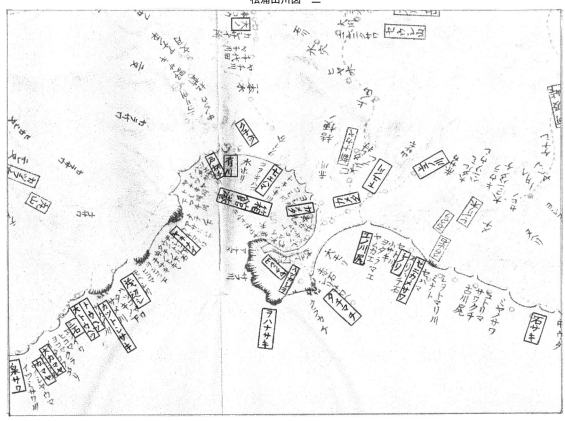

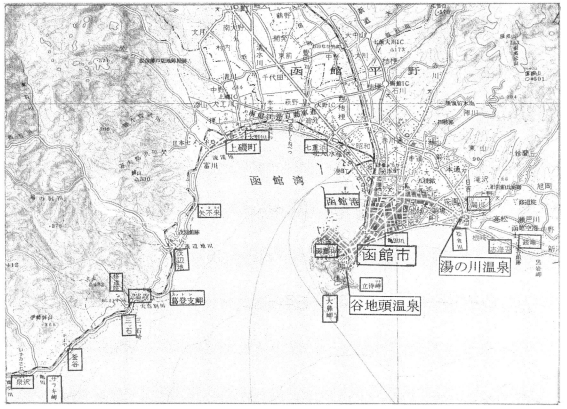

20万分の1　函館（平16）

8、函館市（旧函館市・戸井町・恵山町・椴法華村・南茅部町）

小安 オヤウシ o-ya-us-i 川尻に・網が・ある・所　松浦図はヲヤス。1799年（寛政11）幕府の直轄領となった時、この地に会所が置かれたといい、その後小安村として一村をなし明治初期まで続いた。

釜谷 カマヤ kama-ya 平たい岩の・岸　松浦図はカマヤ。「永田地名解」は「平磐の丘」と訳した。ここの海は岩盤がずっと出っ張っていて、一面低い岩だらけである。

汐首 シリポク sir-pok 山・下　松浦図シヲクヒサキ。「永田地名解」は表記の解釈であるが、「戸井町史」は和人が命名したもので、潮流の激しい岬を意味した"汐の首"と単純に解すべきであるとしている。

戸井 チエトイペッ ci-e-toy-pet 我ら・食べる・土・川　チエトイ（食土）は、水で粗い粒子を除き、野菜などとあえて食べたという。当地は蝦夷地に和人が初めて渡来した、北海道最古の地の一つである。中心地区「浜町」は、かつて日本のイワシの3分の1を揚げたという。

なとわ・えさん

尻岸内 シリケシナイ sir-kes-nay 山・下・川　松浦図は尻キシ内。河口の所は東側が崖山続きであり、この地形から出たものと思われる。1985年（昭60）尻岸内町から恵山町に改称された。

日ノ浜 旧恵山町の役場があった。大部分は住宅地域で、古武井川河口周辺に集落が集中している。「古武井」は松浦図のヤマセトマリ（山背泊）辺りか？その名は、恵山を呼んだ「ウフイヌプリ」（uhuy-nupuri、燃えている・山）のウフイをコブイと和人が訛ったからとする説や、「モイ」（moy、入江）がムイ（武井）と呼ばれたからとする説がある。やや南に道の駅「なとわ・えさん」がある。

恵山 エサニ e-san-i 頭が・浜の方に出ている・所＝岬　亀田半島東南の突出した先が「恵山岬」、その上の山が「恵山」（618m）、その南麓が「恵山」（旧名根田内、松浦図子タナイ）という地名である。「永田地名解」は岬名と山名を分けて、「エサン　岬　元来岬に附したる名なり　和人の称する処の恵山は噴火山にしてイエザンなり」「イェサン　噴火山　イエは浮石又は膿汁なり　サンは下る　火を噴き浮石等を飛ばしたるにより名く　和人恵山と云ふ」と述べている。根田内は同地名解に「ネトゥナイ　寄木川」とあり、net-o-nay（漂木・ごちゃごちゃある・沢川）と思われる。

水無海浜温泉 松浦図水ナシ、恵山岬の断崖下に湧く海中温泉。海にせり出した湯船の砂底から49.2℃の含芒硝食塩泉が湧いている。地名の由来は、松浦武四郎「蝦夷日誌　一編」に「水無浜、少しの砂浜。水無より此名有るかと思ふ」と記され、「永田地名解」には「ワッカサク　水無し」（wakka-sak、水が・無い）と出ている。この温泉の歴史は古く、700年ほど前に日蓮の弟子の日持上人が布教を志し、恵山岬に漂着した際見つけたとされる。

温泉所在地は旧椴法華村（松浦図ト、ホケ）であるが、同地名解は「トゥーポケ　岬陰　日蓮宗の僧侶始めて此処に来航し法華宗を開きし処と云ふは最も愚なる附会（こじつける）説なり」と記している。椴法華の名は「トゥポッケ」（tu-pok-ke、山の走り根の・下の・所）からとされ、日蓮宗の僧侶とは関係ないとしているが…。

水無海浜温泉

恵山地域にはこの他に、「恵山温泉」（40℃、酸性含明礬緑礬泉）と「御崎温泉（旧磯谷、松浦図イソヤ、ヲンセン下）」（44.2℃、含土類食塩石膏泉）がある。前者は「原田温泉」ともいい、温泉の湧出は天保年間（1830～44）の爆発によるとされ、安政年間（1854～60）には療養地としてにぎわったという。1874年（明7）頃浴槽が設けられたとされ、昭和初期までは火口原に旅館がある典型的な地獄谷温泉の一つであった。

「渡島日誌」（巻の四）には、「酸河　是根田内椴法華境也　此上を温泉と云少しの平地也　仮屋有湯治人有　功能　疥癬、つかれやみ、疝気、切疵、腰下によろしと。水七分五厘、湯二分五厘にて入湯す。近年明礬を製す」と記されている。後者については、「此辺崖多し。小滝五丁二十間温泉下　温泉一ヶ所有、小屋有、疝気によし。四丁十間磯屋村」と出ている。

古部 フレペ hure-pe 赤い・もの　松浦図フルベ、旧南茅部町最東端の漁業集落。「永田地名解」は「フレベ　赤処　古部村」とあり、硫化鉄の鉱区なので赤さびた岩に覆われている。

木直 キナウシ kina-us-i ガマ・群生する・所　木直川河口の漁業地域、松浦図ホロキナウシ、ホンキナウシ。急峻な崖が海に迫っているため、集落は海岸を走る国道278号に沿って点在、木直川下流に最も多い。「永田地名解」には「キナウシ　蒲ある処　和人キナオシと訛る」とある。キナは草の総称のような言葉であるが、地名ではよく蒲（si-kina、真の・キナ）を指していたようである。

20

松浦山川図　二

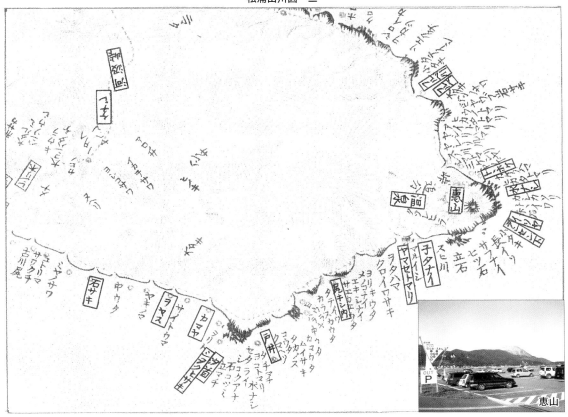

恵山

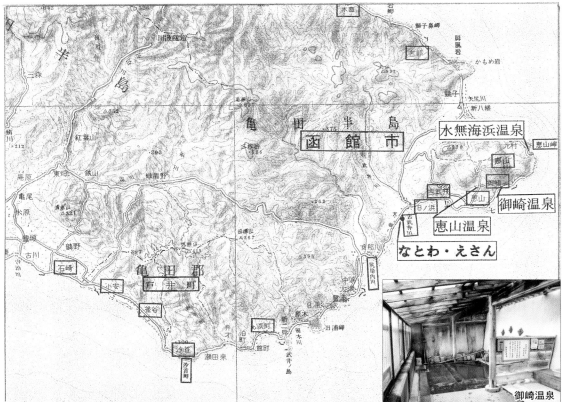

御崎温泉

20万分の1　函館（平16）・尻屋崎（平18）

9、函館市（旧南茅部町）・鹿部町・七飯町

尾札部　オサッペ　o-sat-pe　川尻・乾く・もの
　松浦図ヲサッヘ村。コンブの王様といわれる"白口浜真昆布"の産地として知られ、江戸期から召昆布として天皇家・将軍家に献上されていた。尾札部川や八木川の川下は砂利川で、乾水期には水がしみ込んで乾いた所が広がるので名付けられたという。

川汲　カッコクニ　kakkok-un-i　カッコウ・いる・所
　松浦図は河汲村。旧南茅部町中央部、川汲川下流の海岸段丘上に漁家・商店・住宅が並んでいる。函館とは川汲隧道のある道道で結ばれ、「川汲温泉」（45～47℃、単純温泉）は海岸から1.5kmほど山側にある。安永年間（1772～81）にアイヌの人たちによって発見されたと伝えられる古湯は、湯気立ち昇る池の中に鶴が片脚を浸していたことから"鶴の湯"と呼ばれたという。土方歳三や旧幕府軍の兵士たちが、川汲戦の傷を癒したことでも知られる。
　松浦武四郎は1847年（弘化4）5月11日、友人白鳥雄三を訪ねて箱館からケナシ峠（河汲峠）を越えて、山道9里を歩き当温泉に一泊している。「渡島日誌」（巻の四）には「川汲温泉　従箱館九里　地形次に図する如し　湯守一軒弁吉、かし座敷二棟、一年冥加金弐百疋　温泉壺一ツ滝一すじ有、薬師堂石階二十余段の上に有　当所を鶴の湯とも云よし」と記されている。

縄文ロマン南かやべ

安浦
　旧図には「板木」（松浦図イタキ）とあり、「永田地名解」には「イタンキ　椀　椀状の岩あり故に名くと云ふ」とある。近くを「精進川」が流れているが、この川は鉱毒か何かで魚が上らないので、アイヌの人たちはチェブサクナイ（魚のいない川）と呼び、和人も魚嫌いな川だから精進川と呼んだという。

臼尻　ウスシリ　us-sir　入江の・島
　「永田地名解」には「ウセシリ　斗出の地　臼尻村の原名なり」、「蝦夷地名解」（幕末）は「ウスシリ。風の島」、「上原地名考」は「ウスジリ。夷語ウセイシリなり。ただの嶋と訳す」とあり諸説がある。北大の水産実験所がある「弁天岬」付近の地形にちなんだ名と思われる。この岬は旧図には「弁天島」（松浦図弁天シマ）となっており、表記の解釈が妥当かも知れない。私は1966年（昭41）4月1日、当地の南茅部町立臼尻小学校に新卒教員として赴任した。ここに道の駅「縄文ロマン南かやべ」がある。

大船
　旧南茅部町北西部の漁業集落。もと臼尻村大字熊泊村の一部。「永田地名解」には「クマトマリ　魚乾棚の潤」とあり、kuma-tomariの意である。江戸期からコンブ漁が大変盛んで、前浜には昆布養殖施設がある。大船川沿いには上・下の「大船温泉」がある。下の湯は1839年（天保10）の発見とされ、88～91℃の弱食塩泉は、ひなびた共同浴場として漁民に親しまれてきた。その4年後に発見されたと伝えられる上の湯は、1906年（明39）の開設。当初は民営、昭和の中頃に町が経営を引き継いだという（55～70℃、硫黄泉）。

磯谷川　イソヤ　iso-ya　磯岩・岸
　松浦図にイソヤとあり、上流に「温泉」と出ているのは、かつてあった「磯谷温泉」（硫黄泉）と思われる。松浦武四郎は1845年（弘化2）この海岸を巡回の折、すでに無人ながら湯壺と粗末な小屋があると聞いて、山中にこの湯を訪れて宿とした。「渡島日誌」（巻の四）には「礒谷　人家五六軒小川有　此上山に温泉有て、平日は人家無れども夏分は仮屋を立て止宿す。此湯玉気にして清く透明、四尺位も深き湯壺に米粒の落たるを見るによしと。其功能疝気に宜し」と出ている。
　私は臼尻小学校の教員をしていたが、勤務を終えるとよくバイクに乗って、川汲や大船そしてこの磯谷温泉に出かけたものだった。また、休日には鹿部温泉にまで足を延ばした。しかし磯谷温泉は、私が入浴していた数年後の1973年（昭48）閉鎖になったという。私が今になって想うのは、松浦武四郎が宿泊した温泉地に近い所の学校に赴任できたのは何かの縁であろうかと。「黒羽尻崎」（松浦図クロワシリ）を過ぎると鹿部町に入る。

鹿部　シケウンペ　sike-un-pe　負う所
　「永田地名解」には「シケベ　背負ふ処　鹿部村と云ふはシケベの訛なりと云ふ」とあり、舟から上陸して荷をここで背負って内陸に入ったので、この名が付いたのだろう。また「ポロペッ　大川　鹿部川の原名」とも出ており、この鹿部川（松浦図シカヘツ）は「折戸川」と思われるので、折戸川河口が背負う所だったと推定できる。
　松浦図ホンヘツは「本別」。現在の市街地は「宮浜」（松浦図サメトマリ）と呼ばれているが、稲荷神社があったので付いた名だという。鹿部港付近の海岸線に沿った平地部には「鹿部温泉」（56～100℃、食塩泉・重曹泉）が湧出し、国道278号脇には別府・鳴子とともに全国でもまれな間歇泉がある。ここに道の駅「しかべ間歇泉公園」がある。しかし、松浦図にある「温泉」の位置はやや内陸に入っており、これは鹿部温泉ではなく「東大沼温泉」（42.3℃、単純温泉）の可能性が高い。

鹿部間歇泉

22

松浦山川図　二・四

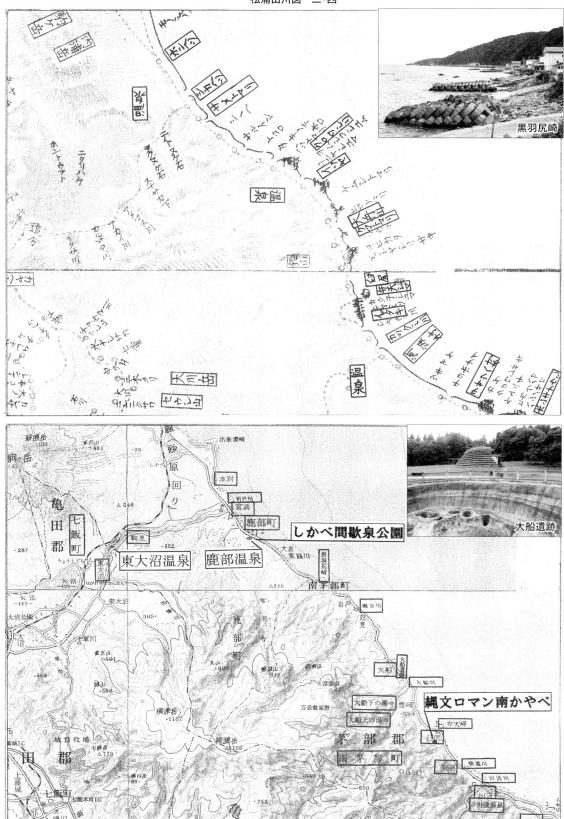

20万分の1　函館（平16）・室蘭（平15）

１０、森町（旧砂原町・森町）・八雲町

砂原 サラ sar ヨシ原 「永田地名解」には「サラキ」（sarki、鬼茅）説が出ている。「北海道の地名」は、この辺りの多くの地名同様意味が分からなくなっているとして、砂地から付けられた和名かも知れないとしている。「掛澗」（松浦図カ、リマ）は和名で「舟がかりする・入江」の意味。その中央を「場中」といった。「度杭崎」のドグイとはイタドリの北海道方言。「紋兵ェ砂原」（モンヘサワラ）は、約200年前に陸奥国下北から紋兵衛という人が移り住んだ所だという。ここに道の駅「つど〜る・プラザ・さわら」がある。

森 オニウシペッ o-ni-us-pet 川尻に・木・群生する・川
「北海道の地名」によると、市街を流れる「鳥崎川」（松浦図鳥サキ川）が「オニウシペッ」と呼ばれ、それが下略されるかしてオニウシになり、意訳されて「森」となったのであろうとしている。国道5号沿いに道の駅「ＹＯＵ・遊・もり」がある。「尾白内川」（ヲシラナイ）は「オシラㇻナイ」（o-sirar-nay、川尻・岩・沢川）からとされる。

ＹＯＵ・遊・もり

富士見 鷲ノ木の東隣りにある漁業・畑作地域。渡島富士（駒ケ岳、1131m）を南東方に、また蝦夷富士（羊蹄山）を北方に見ることができるから。同様の地名として、鹿部には「駒見」（前ページ地図）がある。折戸川上流の駒ケ岳南東麓の林業集落で、駒ケ岳を仰ぐことができるからである。

鷲ノ木 森町北西部の内浦湾に面した漁業・農業地域。町で最も早く拓けた所である。アイヌ語の地名は見当たらない。鷲の多くとまる木があったので名付けられたものであろう。鷲が多いということは、付近に鮭の豊漁の場所があったということになる。

本茅部 カヤウンペ kaya-un-pe 帆・の・所 松浦図ホンカヤヘ。この海岸に帆形の崖か岩があったのだろう。地名の順序から見ると、「蛯谷」（松浦図エヒヤコタン）と「石倉」（石クラ）の間である。茅部郡の郡名はここから出たとされる。

濁川 森町北西部、北流して内浦湾に入る「濁川」（松浦図ニコリ川）流域。この川の原名は「ユーウンペッ」（yu-un-pet、温泉・の・川）で、直径2.5kmの円形盆地のカルデラには「濁川温泉」が湧く。水田・畑作地域でもあり、温泉熱を利用した野菜栽培が行われ、道内初の地熱発電所もある。

濁川温泉

濁川温泉 松浦図「温泉」。歴史は古く、江戸後期の1805年（文化2）からの湯治場である。「濁川温泉縁起」には「石倉村村役人、（加賀屋）半左衛門と申ける人、いと救民の志深く、此山中の温泉を切開きたき旨願出」とあり、江戸期を通じてこの濁川盆地に在住したのは湯守一軒のみであったという。「渡島日誌」（巻の四）には「ニゴリ川　小沢橋有　壱里計上りて温泉有と。其沢に鼓の沢等云宇有と。温泉甚激にして功能著しと」と出ている。泉温47〜70℃の含土類食塩泉や含硼酸土類食塩泉は、慢性の皮膚病やアレルギーに効くとされる。

落部 オテㇱペッ o-tes-pet 川尻・簗・川 八雲町南東部、内浦湾に面する漁業集落。落部川（松浦図ヲトスヘ川）河口に位置し、川沿いは水田である。「永田地名解」は「オテシュペッ　川尻に魚筍を掛る処　落部（村、川）の原名なり」とあり、上記の解である。昔この付近はアイヌの人たちのサケ漁地で、よくヤナを掛けた所であるという。落部川に沿って下流部から「下の湯」「上の湯」「銀婚湯温泉」がある。

「渡島日誌」（巻の四）には「落部川　川巾十三間船わたし　川原広し。川原広く蒲、柳多し。渡場より一里も上に温泉場ボロの湯と云有。また少し上りデトノ温泉、次にリウスシ越てバンシヤク沢過てクスリの湯、皆左り沢也等有。此処二股に成左りの方は江刺越（江差越）道有。右の方本川筋也」と記されている。

"ボロの湯"（松浦図ホロ）が川口から一里上にある温泉と出ており、「下の湯」辺りだろうか？畑作やキノコ栽培農家が小集落を形成しているが、現在温泉施設は見当たらない。"デトノ温泉"はそのやや上流。そして"クスリの湯"が「上の湯」「銀婚湯」辺りを指すと考えられる。松浦図には「温泉」と「リ（ク）スリサンナイ」（kusuri-san-nay、薬湯・出る・沢川）が出ている。「上の湯」は戊辰戦争の際、榎本武揚が負傷者の湯治に利用したのが始まりといわれ、1951年（昭26）に近くの水田から湧出しているのが確認された。地下120mから自噴する高温泉である。「銀婚湯温泉」は、1924年（大13）川口福太郎が探鉱中に落部川の中洲に温泉が湧出しているのを発見、翌年試掘に成功。その日が大正天皇の銀婚式当日であったため銀婚湯と名付け、1927年（昭2）から営業を開始した。49.8℃の含芒硝食塩泉は、胃腸病・神経痛・肝臓疾患に効くという。

松浦山川図　四

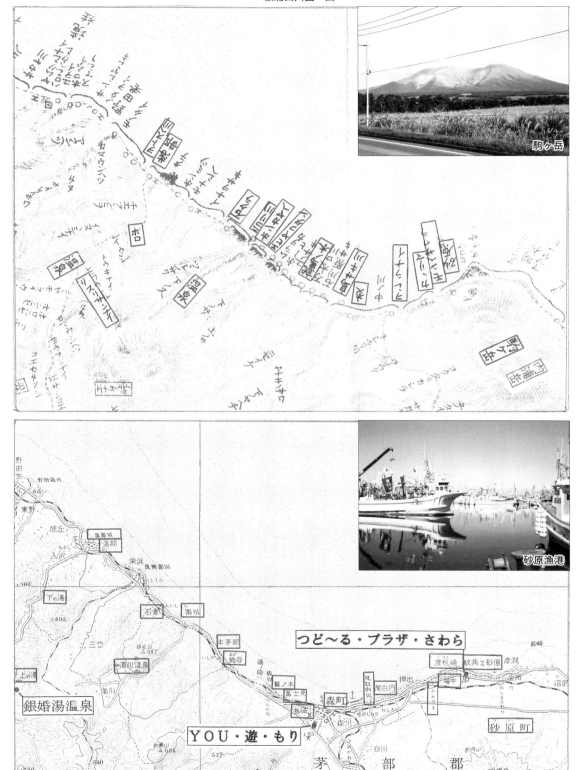

20万分の1　室蘭（平15）

11、八雲町・長万部町

野田生 ヌプタイ nup-tay 野・林　松浦図は「野田老」、野田追川河口付近の漁村として古くから開けた。「永田地名解」には「ヌㇷ゚タイ　野林　今ノタオイと云ふは非なり」とある。川の東岸を「東野」というが、旧図を見ると神社や学校があり、野田追村の中心はこちらであったことが分かる。現在の市街地は川の西側にあり「野田生」と書く。

山越 ヤムシナイ yam-us-nay 栗・多い・沢川　松浦図はヤムクシナイ、もと「山越内」と書いた古くから開けた漁業集落。「永田地名解」は、「ヤムクシュナイ　栗沢　ヤムクシュは栗のイガの義栗殻沢と訳す　又ヤムは栗、クシュは通行する義　栗を拾ふために渡る沢と訳す」とある。松浦武四郎「東蝦夷日誌」には「本名ヤムウシにて栗多沢の義。其地今のサカヤ川也」と出ている。ＪＲ山越駅のすぐ西を流れている「酒屋川」のことらしい。松浦図にはサカヤ川と、上流にホロヤムウシ・ホンヤムウシが出ている。

野田追川

奥津内川 オウコッナイ o-u-kot-nay 川尻・互いに・くっつく・沢川　オクツナイ川（松浦図ヲ、コツナイ）とポンオクツナイ川（ホンヲ、コツナイ）は、現在海岸で50m離れているが、風雨の時両川の川尻が砂浜で合流するので、この称で呼ばれたのであろう。

八雲　昔は町内を流れる「遊楽部川」（yu-rap、温泉が・下る）にちなんで、ユーラップ（松浦図ユウラッフ）と呼ばれた所である。ここに農場を作った尾張藩の徳川慶勝が、古事記の「八雲立つ出雲八重垣つまごめに」にちなみ、1881年（明14）に八雲と命名したと伝えられている。

　遊楽部川の温泉とは、支流「鉛川」にある「八雲温泉」（49.1℃、含塩化土類重曹泉）のことではないだろうか。鉛川は「パンケルペッペ」（panke-rupespe、下の・峠道沢）と呼ばれ、安政年間金・銀・鉛が採掘された鉱山が近くにあったという。

八雲漁港

山崎　八雲市街北方の半農半漁地域。海岸段丘が海にせまり、南方から続いてきた砂浜がここで途切れる。「駅名の起源」は、付近の国道に沿う山麓は岬に似ているので、住民は「山崎」と呼んでいたため、駅名もそれを採ったとしている。やや南にある「花浦」は、山側の人が花里、浜側の人が栄浦を希望したので両者から。

黒岩　松浦図はクロイワ。ＪＲ「黒岩駅」のすぐそばの海岸に巨岩（黒岩奇岩）があり、上に碑のようなものが立っている。「北海道の地名」によると、アイヌの人たちは神霊のいます処として、「クンネシュマ」（kunne-suma、黒い・岩）あるいは「クンネシラㇻ」（kunne-sirar、同）と呼んでいたという。

国縫 クンネヌイ kunne-nuy 黒い・野火　松浦図はクンヌイ。「上原地名考」には「夷語クンヌイなり。則、黒き野火と云ふ事」とあり、「秦地名考」には「クン子は黒きなり。海浜砂鉄ありて黒きより地名となれり」と書いてある。国縫の語源クンネ（黒の意）が示す通り、国縫川河口をはじめ長万部～八雲間は、かつては道内最大の砂鉄鉱業地であった。国道230号を後志利別川の上流に向かって北東に進むと、美利河ダムがある。そこから「ピリカベツ川」（pirka-pet、美しい・川）沿いに北上すると、「奥美利河温泉」（37.8℃、単純温泉）がある。1910年（明43）頃に発見され、湯治場として知られてきた秘湯である。

　松浦武四郎「丁巳日誌」には「クスリサンヘツ。此源に温泉有。カニカンノホリ（カニカン岳）の南に当る。ヲシヤマンベアイヌ等モウヘツ（松浦図モヘツ、紋別川）より上り、湯治に行也。其名儀は温泉の薬が流れ来る沢と云儀なり」と出ており、kusuri-san-pet（薬湯・出る・川）と記されている。

長万部 ウパシサマムペ upas-samampe 雪・ヒラメ　松浦図はヲシヤマンベ。2～3の説があるが、表記の説は春の雪解け時に、山にヒラメの形の雪が残る時が漁期だという伝承によるものである。他に「オサマㇺペ」（o-samampe、川尻・カレイ類の魚）説や、「オサマㇺペッ」（o-samam-pet、川尻・横になっている・川）説があるが、ヒラメやカレイがたくさん獲れた所の意であろう。

　長万部町のＪＲ駅裏の市街地に「長万部温泉」（49.5℃、強食塩泉）がある。1955年（昭30）、天然ガス試掘中に偶然温泉を発見。淡黄色の湯は食塩泉ながら刺激が少なく、体がよく温まるのが特徴だ。また松浦図「二股」の奥には、天然のラジウムと石灰を含んだ「二股温泉」（42℃、含塩化土類食塩泉）がある。

　「静狩」（松浦図シツカリ）は、「シッㇳゥカリ」（sir-tukari、山の・手前）の意。長万部から砂浜伝いに北行すると、礼文華の山塊に突き当たり、通行ができなくなるので。

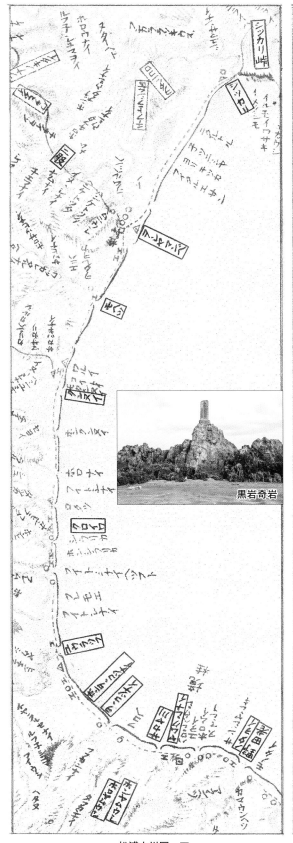

松浦山川図　四

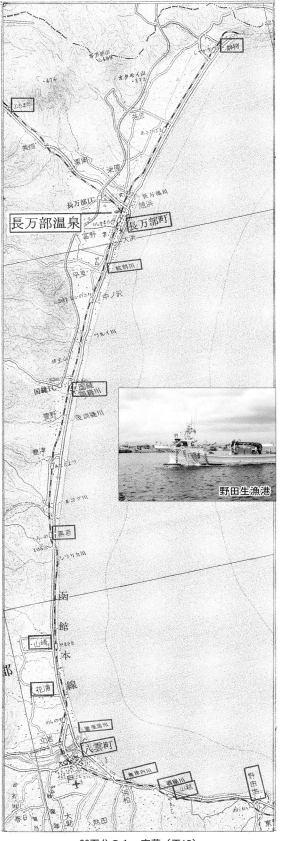

20万分の1　室蘭（平15）

１２、豊浦町・洞爺湖町（旧虻田町・洞爺村）・伊達市

礼文華 レプンケプ repun-ke-p 沖の方へ・削る・もの　松浦図はレフンケフ、レフンキ。礼文華の由来については諸説があるようだ。「上原地名考」は「レブンケプなり。則、崩れたる崎と云ふ事。レブンとは沖へ出ると申事、ケプとは崩れ亦は剥くと申事」とあり、最も自然な形と思われる。

礼文華峠（松浦図ホロナイ峠）は、豊浦町と長万部町の境界にある峠。江戸期から隣接の静狩峠とともに難所として知られていた。松浦図には峠付近から南下するホロナイ（大沢）が出ているが、現地形図にはこの河口に「岩谷観音」と出ており、円空作の観音像が一体あるとされる。「永田地名解」には「ケウポル　屍洞　大洞穴あり　古へ死人の屍洞中に在り故に名くと云ふ　今ケポロイに訛る」とあり、kew-poru（死体・岩窟）の意である。この近くに1943年（昭18）信号場として開設され、戦後海水浴客や釣客のための仮乗降場となったＪＲの秘境「小幌駅」がある。近くの海岸の名から採ったというが、ケポロイが語源ではなかろうか。この先の海岸線を南下すると、突端に「イコリ岬」（松浦図イコレシユマ）があるが、同地名解には「イコリシユマ　高岩　アプタアイヌ高きをイコリと云ふ」とある。

大岸 オプケシ op-kes 銛の・末端　松浦図はオフケシ、もと「小鉾岸」と書いて「おふけし」と呼んでいた。地名の由来については諸説があるが、ここの海岸の形が銛の石突きに付けているU字型の器具に似ているからとしている。

豊浦　かつて「辨邊村」（松浦図ヘンベ）と称し、「永田地名解」には「ペペ二川合流する処」とある。「北海道の地名」は pe-un-pe（水・ある・所）、pe-pe-nay（水・水・沢川）か、または pe-pe（水・水）から来た名であろうとしている。農水産物が豊富で内浦湾に面しているので、1932年（昭7）豊浦と改名した。ここに道の駅「とようら」がある。

豊浦海岸

貫気別川 ヌプキペッ nupki-pet 濁水の・川　松浦図はヌツキヘツ、フレヘツ。豊浦町の西の海に注いでいるこの川は、羊蹄山南麓の留寿都の奥から流れ出して多くの支流を持っている。濁水とはヤチ水のことで、「東蝦夷日誌」には「フレベツフト　夷家有。赤河の義なり」と書かれている。

虻田 アプタペッ ap-ta-pet 釣針を・作る・川　松浦図はアフタ。この川は長い虻田の浜の東端にあったとされる。往時は大川で釣針を作り魚を釣ったが、有珠山噴火の時埋没して小川となり、魚は上らなくなったという。古くはここに会所があったが、噴火の害をこうむり、フレナイ（hure-nay、赤い・沢川）に移しアプタ場所と称した。1822年（文政5）の噴火では、熱雲のため南西麓の「入江」地区の集落が焼失した。虻田駅は1961年（昭36）「洞爺駅」に改名された。有珠との境に道の駅「あぷた」がある。

松浦武四郎は1857年（安政4）旧暦7月28日（陽暦9月16日）、有珠から洞爺湖へ抜けている。「丁巳日誌」には「フレナイ（虻田）　小川、谷地様の処をこへる。此川運上屋え流れ来る川也。フレは赤し、ナイは沢、此辺赤土にして水色赤きが故に此名有るなり。…トウフルカ（「三豊」の山間部）といへる峠に到る。　此処よりウス・アフタ・モランの海岸眼下に見え、フレナイの浜通る人も数ふべき様、燦然と見え、此一大湾を隔つるは砂原・茅部等より内浦岳（駒ケ岳）まで眺望至極奇を尽すべし。此処少しの平地也。トウフルカは沼坂と云儀なり。トウは沼、フルカは坂なり（to-hurka、湖の・丘の上）。是より三四丁平地を行候や、東を見れば湖中一面に見ゆ（洞爺湖）。是又湖中の島々盆中の仮山のごとし」と記されている。

「洞爺湖温泉」は洞爺湖南岸、有珠山（松浦図ウス岳、732m）の北麓に広がる道内最大規模の温泉（50℃前後、食塩泉）。もともと、1910年（明43）の有珠山噴火により湖畔に湧出していたものを、1917年（大6）三松正夫などが発見、翌年最初の温泉宿が開業した。1977年（昭52）8月の有珠山噴火で大きな被害を受けたが、その後復旧。さらに、2000年（平12）3月の噴火でも各温泉施設が翌年4月から営業を再開した。洞爺湖北岸の地に道の駅「とうや湖」がある。

とうや湖

有珠 ウシ us 入江　松浦図はウス、ウシヨロ。奥の深い波静かな有珠湾に面する古くからの港。表記あるいは「ウショロ」（us-or、入江の・内）両様にいわれ、昔からアイヌの大コタンがあったとされる。善光寺の名も見え、港を挟んで向かい側の漁業集落が「向有珠」、有珠山の火山性堆積物に覆われた農業地域の「東有珠」などがある。有珠湾口を出て海岸を虻田の方に回った磯浜に、人が二人相対した形の岩（松浦図チヤランケイシ）がある。寄り鯨を有珠がとるか虻田がとるかを、両方の代表が談判したのが岩になったという。アルトリ岬は、アルトル（ar-utor、山向こうの地）の意。

松浦山川図　四

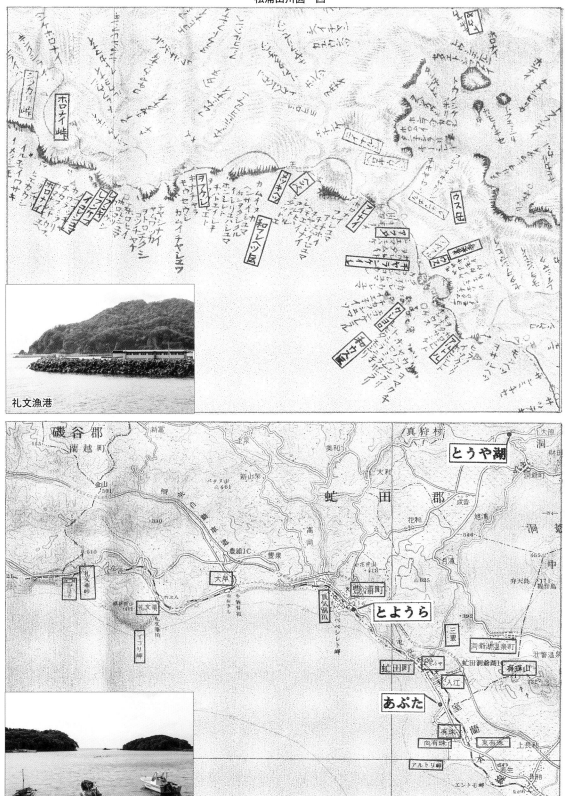

20万分の1　室蘭（平15）

１３、伊達市・室蘭市・登別市

長流川（おさるがわ） オサルペッ o-sar-pet 川尻に・ヨシ原ある・川　松浦図ヲサルヘツ、胆振では鵡川に次ぐ第二の大川。「永田地名解」は「オサレペッ　急流川　直訳投げる川」とあるが、「北海道の地名」は恐らく後人の説であろうとしている。昔は、大きなヨシ原の間にこの川が流れ出ていたので、付いた名と思われる。長流と当て字して地名としても使われてきたが、"お猿"に通ずるということで改名運動が起こり、1959年（昭34）「長和（ながわ）」と改められた。

伊達（だて）　宮城県亘理藩主・伊達邦成が明治初年、一族・家臣と共に移住し、開拓に成功した土地である。1870年（明治3）～1881年（明14）にかけて2700余名が入植した。初めの頃は「西紋鼈（にしもんべつ）」と呼ばれていた。紋鼈は東西二村があり、西の方が本拠地であったという。紋鼈の名は、現「紋別川」（松浦図モンヘツ、mo-pet、静かな・川）からとされる。後に伊達紋鼈と呼ばれるようになったが、さらに下の二字を省いて単に伊達となったものである。

　伊達市には、国学者・佐藤脩亮の和歌より採って名付けたといわれる町名（梅本・松ヶ枝・乾（いぬい）・清住・弄月（ろうげつ）・萩原など）がいくつかある。「集落地名地理」によると、町名に愛着を持たせるために、伊達邦成が佐藤脩亮に作歌を命じたというのが、事実に近いのではないかと述べている。松ヶ枝町に道の駅「だて歴史の杜」がある。

ＪＲ伊達紋別駅

稀府（まれっぷ）　松浦図にはイマリマリフと出ている。「東蝦夷日誌」には「イマリマリフ。鮭場なり。名義、游ぐ形云り。一説、川上にアイノチセと云窟有。依て号ると」とある。「永田地名解」には「エマウリオマレㇷ゚　苺ある処　イマレマレㇷ゚又イマリマリㇷ゚とアイヌ云ふ（稀府村）」と出ている。この川は現「谷藤川」と思われる。

黄金（こがね）　松浦図はヲコンホンベ、伊達市南東端の畑作・酪農地。旧名の「オコンブシベ」（o-kompu-us-pe、川尻に・昆布・群生する・もの）に漢字を当て「黄金蘂（こがねしべ）」としたが、近年黄金と改称された。

室蘭（むろらん） モルラン mo-ruran 小さい・坂　松浦図はモロラン。明治初年までは北岸の「崎守（さきもり）」（九州の防人（さきもり）にちなんだ名とされる）が、海からの入口のようになっていたが、1872年（明5）現在の位置に築港して、それが発展して室蘭港になった。「北海道の地名」によると、明治の中頃までは室蘭と書いてもモロランと呼んでおり、語源には諸説があるが、たぶん表記の意であろうとしている。正確にいえば「モ・ルエラニ」（mo-ruerani）で、崎守町に入る坂の名から出たとされる。松浦図ヘケレヲタ→陣屋町（南ブ陣屋とある）、ワヌシ→本輪西、チリベツ→知利別、ホコエ→母恋、大コクシマ→大黒島、エトモ→絵鞆、ホロチケウエ→チキウ岬、トカリショ→トッカリショ岬、イタシケ→イタンキ岬と思われる。「祝津町（しくつつちょう）」（sikutut-us-i、エゾネギ・群生する・所）に、道の駅「みたら室蘭」がある。

室蘭港

鷲別（わしべつ） ハシペッ has-pet 柴・川　松浦図はワシベツ。「上原地名考」は「ワシベツ。夷語はハシベツなり。則、小柴の川と訳す。此川尻へ岸に流木の寄る故、地名になすといふ」とあり、「永田地名解」も「ハシュペッ　柴川」とした。他に「チワシペッ」（ciw-as-pet、波・立つ・川）の上略形説もある。「富岸（とんけし）」の名は to-kes（沼の・末端）からとされる。昔沼地だった所で、その外れにコタンがあったので付いた名であろう。「幌別（ほろべつ）」（ホロペツ）は「ポロペッ」（poro-pet、大きい・川）からで、胆振幌別川を指す。「千歳」は昔ヲカシベツ（o-kas-pet、川尻に・仮小屋ある・川）と呼ばれていた。

来馬川（らいばがわ） ライパ ray-pa （流れが）死んでいる・川口　松浦図はホンライバ、ホロライハ。「永田地名解」は"死者を発見する処"と変な訳をしているが、川口の辺りが遅流になり、淀んでいるような姿をいったもの。現在その辺りは中央町・新川町となり、来馬は上流の町名になった。

　「ポントコ山」（224m）は「ポントㇰセイ」（pon-tokse-i、小さい・突出している・もの）から。「富浦」は漁業の豊かな入江の意。「蘭法華岬（らんぼっけ）」（松浦図ランホケ、ランボキ）は「ランポッケ」（ran-pok-ke、坂の・下の・所）からで、西側の丘陵は崖のような斜面で、幕末の記録では難所とされていた。

白鳥大橋

松浦山川図 四・五

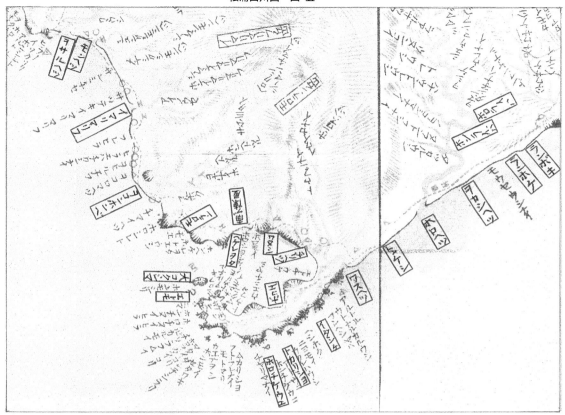

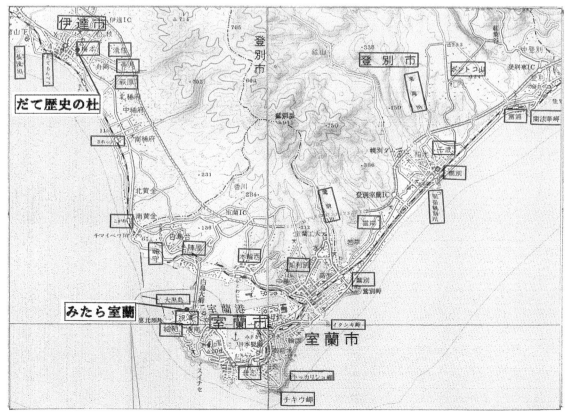

20万分の1 室蘭（平15）・苫小牧（平16）

１４、登別市・白老町・苫小牧市

登別（のぼりべつ）　ヌプルペッ　nupur-pet　水の色の濃い・川　松浦図はヌブリベツ。「永田地名解」には「ヌプルペッ　濁川　温泉出で川に注ぐ以て川水常に濁る故に名く」とある。「北海道の地名」によると、今では登別川の下流で見るとほとんど目立たないが、幕末の諸紀行には「川水白く流れ」「川水黄色にして甚だ濁る」と書かれているという。「登別温泉」は「パンケユ」（panke-yu、下の・温泉）と呼ばれていた。「カルルス温泉」が「ペンケユ」（penke-yu、上の・温泉）と呼ばれていたのに対する名であったらしい。ＪＲ登別駅の海側に、松浦図フンベシヤバ（humpe-sapa、鯨の・頭）と呼ばれた独立丘があった。

「登別温泉」は北海道を代表する温泉の一つで、泉温45～92℃、泉質は明礬・酸性・食塩・硫黄・芒硝・単純温泉など11種にも及び、"温泉のデパート"と呼ばれるほどだ。古くから「温泉場」（初航蝦夷日誌他）、「ヌブリ温泉」（入北記）、「湯沢」「硫黄山」（野作東部日記）などとして登場する。温泉の開発は1858年（安政5）、武蔵出身の滝本金蔵がクスリサンベツ川沿いに湯宿を設け、湯守になったことに始まるという。この川は登別川の右股で、kusuri-san-pet（薬湯・出て来る・川）の意である。

登別温泉入口

虎杖浜（こじょうはま）　クッタルシ　kuttar-us-i　イタドリ・群生する・所　イタドリの多いクッタルシ川から出た名と思われる。イタドリの漢字は虎杖であり、訳名を使って地名としたもの。「俱多楽湖」はそのままの音に当て字をしたもので、山中にある美しい小カルデラ湖である。「アヨロ」は ay-oro-o-kotan（矢・そこに・群在する・部落）の下略形か。アイヌの人たちは、この崎へ矢を放って神を祭ったという。松浦図ホロナイ→幌内、敷生川（シクエ）は「シキウ」（siki-u、鬼茅・多い）の意。支流の飛生川（トヒラ）は「トピウ」（top-u、竹・多い）の意、「竹浦」はその意訳である。「虎杖浜温泉」は、虎杖浜・竹浦を中心に1963年（昭38）頃から開発された。39～51℃の食塩泉や硫化水素泉は、豊富な湯量を誇り、皮膚病・神経痛・リュウマチなどに効くという。目前に太平洋を望み、爽快な湯浴みが楽しめる。

ブウベツ川（ぶうべつがわ）　プーペッ　pu-pet　倉・川　松浦図はフウヘツ、白老川の西隣りの川。長く伸びている二つの丘陵の間を南流し、川口は東から来た白老川、西から来たウヨロ川と三川が一つになって海に入っている。「永田地名解」には「プーペ　庫山　庫の如き山に名く」とある。「北海道の地名」によると、川の西側の丘の先端はアイヌの倉の屋根の形で「プーサパ」（pu-sapa、倉・頭）と呼ばれており、それでプーペッになったのではなかろうかとしている。もう一説は「フーレペッ」（hure-pet、赤い・川）で、「東蝦夷日誌」には「フウベツ。名義、フウレベツにて赤川の義也。渋にて赤き故号く」と出ている。

白老（しらおい）　シラウオイ　siraw-o-i　アブ・多い・所　松浦図はシラヲイ。「永田地名解」は「シラウオイ　虻多き処　一説シララオイ潮乗る処　此川満潮の時潮上るを以て名く（白老村）」とある。一説のシラヲイ（sirar-o-i、潮汐多き所？）については否定的な見方が多く、アブ説の方が一般的と思われる。

シラヲイアイヌは1620年（元和6）、争いに敗れた日高アツベツの首長が部下を伴って当地に移住したのがはじまりという。当初ウトカンベツ・ブーベツ・ウヨロなどに散在していた小コタンを、享保年間海岸に集合移転、シラヲイコタンを形成した。1965年（昭40）アイヌ集落や売店をポロト湖畔に移し、その後温泉や自然休養林がオープン、新しくアイヌ民族博物館も開館して一大観光地となった。「ウトカンベツ川」（松浦図ウトカンヘツ）は、u-tukan-pet（互いに・射った・川）の意。白老川の東を南流し、鉄道のすぐ北の所で本流に入っている。この川沿いに「仙台藩陣屋跡」がある。北方警備のため仙台藩が1856年（安政3）に設けた元陣屋で、関係資料250点が展示されている。

ポロトコタン

社台（しゃだい）　サタイペッ　sa-tay-pet　浜側の・林の・川　松浦図はジャタイ。「永田地名解」は「シャタイペッ　前林川　蝦夷紀行にシャタイペッの流あり　夷村あり」とある。「別々川」（松浦図ベツベツ）は、pet-pet（川・川）の意。「永田地名解」には「ペッペッ　川川　此川は西又東へ曲流して殆ど別水かと疑はしむ故に川々と名く」とあり、古くはヤチ川だったので、そんな姿で曲流していたものか。

樽前（たるまえ）　タオロマイ　taor-oma-i　高岸・ある・もの　松浦図はタルマイ。樽前川を遡ると、両岸が目のくらむような切り立った崖で、水がその底を流れている。その地形からタオロマイ→タロマイ→樽前となったものか。東部のヲホウは覚生川、ニシタフは錦多峰川、コイトイは小糸魚川と思われる。

松浦山川図　五

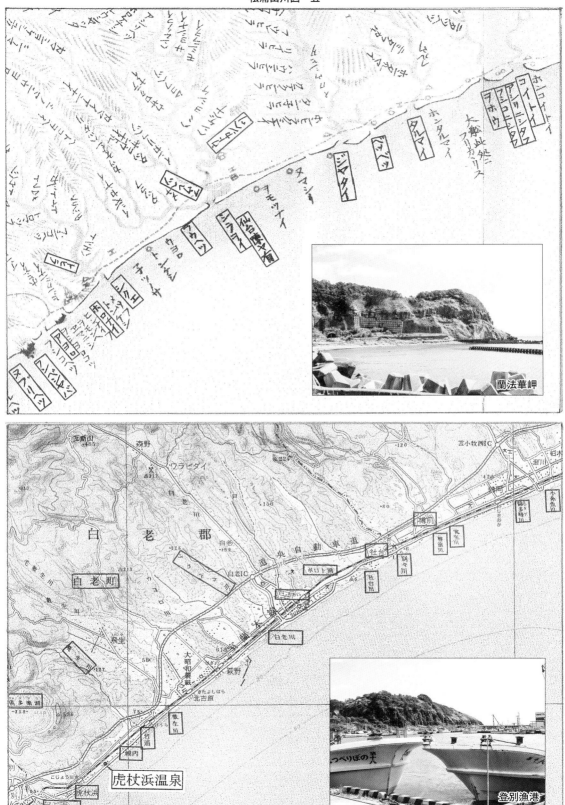

20万分の1　苫小牧（平16）

１５、苫小牧市・厚真町・むかわ町

苫小牧 トマコマイ to-mak-oma-i 沼のある・山の方に・入っている・もの 「永田地名解」には「トーマコマナイ 沼の後にある川 苫小牧の原名にして今苫小牧村の地にあらず」と出ている。「北海道の地名」によると、現在の苫小牧川の旧名は「マコマイ」で、今の市街地は元来マコマイと呼ばれていた所であろうとしている。そして、「トマコマイ」は to-makomai（沼のある・マコマイ川）の意で、すぐ西の支流か小川であったらしいとしている。しかし、1871年（明4）室蘭～札幌の新道が開かれ、現在の「元町」辺りはトマコマイの称で交通の要衝となり、次第に東に発展して今の苫小牧となったものである。マコマイの名はその中に埋没してしまった感がある。

美々川 ペッペッ pet-pet 川・川 ウトナイ湖に北から流入している美々川は、「永田地名解」に「ペッペッ 川川 支流多く且つ曲流するにより名く 衆水とも訳すべし」とあり、pet-pet（川・川）か、あるいは「ペペ」（pe-pe、水・水）だったかも知れない。美々川の沢は谷が深くて眺めが美しいので、この意味もこめて中流域を「美沢」という。「植苗」は、美々川の中流に東から入る「ウェンナイ」（wen-nay、悪い・沢川）から出た名らしい。何が悪かったのかは不明である。

ウトナイ湖 松浦図ウットウ、勇払平野北部低地帯の海跡湖。周囲7.5km、最大水深1.5mの淡水中栄養湖。湖の周辺は泥炭の湿地である。湖名の語源は「ウッナイトー」（ut-nay-to、肋骨・沢川の・沼）からとされる。ウトナイ湖から流れ出て勇払川（松浦図ユウブツ）に注ぐ川が、勇払川の脇腹から肋骨のように細長く突き出てウトナイ湖に入り込んでいるため、呼ばれたもの。

ウトナイ湖畔

松浦武四郎「戊午日誌」には、「ウツナイトウとて廻り凡二里半余なれども皆周蘆荻にして三里有るや、四里も有り候哉、誰もしりたるものなし。また其沼の西岸ヲタロヲマフ（オタルマップ川）トキサラマフナイ（トキサタマップ川）等二川とも西岸に上るよし也。トキサラとは沼の耳と云儀なり」と出ている。また「美沢」については、「ヒベンコ本名ヘンケヒ、（上の美々川、美沢川の原名）といへるよし。上の冷水の涌出る処と云り。此処に四尋も深き水涌壺一ツ有しと、其にて号しものゝよし。番屋一棟有。従チトセ此処まで二里」とある。さらに「植内」については、「ウエンナイ此処小川有。其川端に冷水有て、其上崩平に成たり。弐丁計も下に到りて炭焼小屋一軒有。是に和人一人アイヌ弐人居て焼出す也。此名義ウエンナイとは、悪敷と云儀なるも、実によろしき川すじ也」と出ている。なお勇払川は、元「勇振川」と呼ばれていた。「ユプッ」（yu-put、温泉川の・口）の意であるが、現在然るべき温泉は見当たらない。ウトナイ湖畔に道の駅「ウトナイ湖」がある。

安平川 アラピラペッ ar-pira-pet 一面・崖の・川 昔は勇払川の支流扱いであった。表記の解は「永田地名解」によるものであるが、「北海道の地名」は低い丘陵と平地を流れ、崖川の感じがしないという。ここでいうピラは流れに削られた川べりの小崖のようなもので、「アラピラ」（ar-pira、片側・崖）のような意味であったのではなかろうかとしている。

厚真 アトマプ at-oma-p オヒョウニレ・ある・所 松浦図アヅマ、「北海道の地名」によると諸説があるという。表記の解は「永田地名解」によるもので、「上原地名考」には「夷語アツマなり。…昔時もゝが（モモンガ）此川を游き渡りしアイヌ見しより地名になすと云ふ」とある。「厚真村史」はこの辺りの湿地帯に名付けられたものとしたら、「アットマム」（at-tomam、向こうの・湿地帯）が考えられるとしている。現在の厚真町市街は川口から約15kmほど遡った所である。川口の辺りは「浜厚真」と呼ばれ、古い紀行文で「アツマ」と書かれたのは、この辺りのことであろう。厚真川の西隣りの川は、トアヅマ（to-atomap、沼のある・厚真川？）と呼ばれていた。この辺りは幕末からイワシの好漁場であった。

むかわ四季の館

鵡川 ムカプ muk-ap ツルニンジンある所（？） 語意がはっきりしなく諸説がある。上記の解釈は「永田地名解」によるもので、昔は浜近くの草原にツルニンジンがたくさんあって、アイヌの人たちはこの根を食料にしたという。ほかに「ムカ」（水がにじみ出る）、「ムカペッ」（上げ潮で運ばれた砂で口を止められる川）、「ムッカペッ」（塞がる川）などの解釈がある。

鵡川流域は、下流の現町域を下ムカワ、上流の穂別町域を上ムカワと呼んでいた。その境界はシシャモ漁で示され、下ムカワの人々にだけ漁る権利があって、上流の人々はトキ（杯）かエコロ（宝物）を持って来て獲物を分けてもらったという。市街地中心部に道の駅「むかわ四季の館」と、「鵡川温泉」（32℃、ナトリウム塩化物強塩泉）がある。

松浦山川図　五

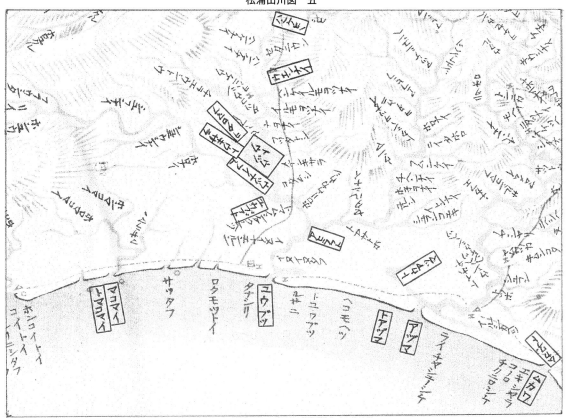

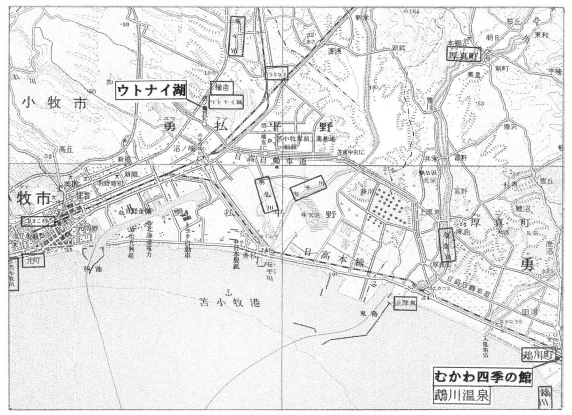

20万分の1　札幌（平17）・苫小牧（平16）

１６、日高町（旧門別町）・新冠町

富川　沙流川河口の地名、松浦図サルプト。以前は「佐瑠太」（sar-putu、沙流川の・口）と呼ばれていた。西岸に賑やかな市街ができたが、古くは東岸からできた町。「富浜」に「門別温泉」（33.4℃、食塩泉）がある。この辺りはかつて「富仁家」と呼ばれた土地で、「永田地名解」には「トンニカラㇷ゚　楢樹を取る処　富仁家村」とある。tun-ni-kar（カシワの・木を・採る）の意だろうか。「シノダイ岬」には源九郎義経が上陸した地との伝説が残る。北部に「平賀」（松浦図ヒラカ）があるが、pira-ka-un-kotan（崖の・上に・ある・村）からとされる。今は西岸が主体であるが、昔は東岸の大崖の上に大部落があったという。日高水稲発祥の地でもある。

門別　モペッ　mo-pet　静かな・川　松浦図モンヘツ、日高地方西部の中心地。日高門別川が流れ、その河口に中心街がある。沙流の会所は昔は沙流川河口にあったが、1805年（文化２）当地に移され、幕末の頃はここが沙流地方の中心地であった（松浦図にサルと出ている）。「戊午日誌」には「モンヘツは訳して遅流の事也。此川口遅流なる故に号る也」と出ている。大河であり、河口から中流までは殆ど瀬のような所もなく、川幅もあって流れの緩やかな川だという。

幾千世　ユクチセ　yuk-cise　鹿・家　日高門別川下流域の水田地帯、牧場。鹿の多い所だったと思われる。「門別町史」は幾千世地区の大沢ユクチセナイの項で、「ユク・チセ・ナイ　鹿・家・沢　鹿のたくさん集まる沢」と書いている。

サラブレッドロード新冠

慶能舞川　ケノマイ　ken-oma-i　ヒルガオの根・ある・もの　「永田地名解」には「ケニヲマイ　えぞランケニはアイヌ食料の草なり　ケノマイと云ふは急語なり」と出ている。流域は「清畠」と呼ばれる。清らかな川に沿った田畠の意という。北を流れる「波恵川」（松浦図ハイ）はhay（イラクサ）からとされる。河口の台地から奥地の至る所に、繊維材料を採るイラクサの群生地が分布していたという。現在、流域は「豊郷」と呼ばれる。地内にシャクシャインと戦ったハエアイヌ村長オニビシのチャシコツ跡の碑がある。

賀張　カパラ　kapar　薄い　地内を賀張川（松浦図カハリ）が流れ、流域は農牧地帯。以前は山側を山賀張、海側を浜賀張と呼んでいた。かつて港もあったが今はさびれている。「永田地名解」には「カパルシュ　暗礁　カパラは薄きの意　海岸に近き海底にカパラシララ多し故に名く」とあり、海底にkapar-sirar（平べったい・岩）が多かったという。

厚別川　旧門別町と新冠町の境の川（松浦図アツヘツ）。「永田地名解」は「アㇷ゚ペッ　釣川　魚を捕る川の義なり」としている。「北海道の地名」によると、このような地名は道内の所々にあるが、言葉が簡単なためか、どこに行っても語義がはっきりしないという。厚別川河口の北側に「厚賀」の市街地がある。厚別と賀張の中間に位置することから名付けられたという。やや南にある「大狩部」（松浦図ヲフンカルシ）は、「オプンカルシペ」（o-punkar-us-pe、川尻に・ブドウなどの蔓・群生する・もの）からとされ、ブドウ・コクワ等が多くあったため名付けられたという。「節婦」（松浦図セツフ）は沢が割合に広いので、sep（広き処）の意だろうか？

厚別川河口

新冠　ニカプ　ni-kap　木の・皮　「永田地名解」には「楡皮　元名ピポクなり　文化六年呼声の悪しきを以てニカプと改む」とある。古くは「ピポㇰ」（pi-pok、岩の・下）であったが、この地に住んでいるアイヌの人たちが楡皮（ニカㇷ゚）の衣を着ていたので、名付けられたものである。ちなみにピポㇰ（松浦図ヒホク）とは、新冠川河口西岸にある、義経伝説をもつ「判官館」と称する大岩から付いた名であるとされる。周囲の森林公園では８月に判官まつりが催され、国道235号沿いに道の駅「サラブレッドロード新冠」がある。

高江　新冠川を挟んだ市街地の北方、軽種馬産地である。「集落地名地理」によると、「タプコプサラ」（tapkop-sar、たんこぶ山の・茅）が転訛して「タカエサラ」へ、そして「タカエ」になったという。地区内には1952年（昭27）の十勝沖地震で隆起し、道天然記念物に指定された「新冠泥火山」がある。

泊津　ハックッ　hatkut　ブドウ・コクワある所　新冠川下流左岸の地名で、西と東の泊津がある。「北海道の地名」は、「ハッ」（hat、ヤマブドウ）と「クッチ」（kutci、コクワ）を並べたものかとしており、土地の人はブドウのある沢と伝承しているという。「西泊津」に「新冠温泉」（33.1℃、食塩泉）がある。

松浦山川図　五・六

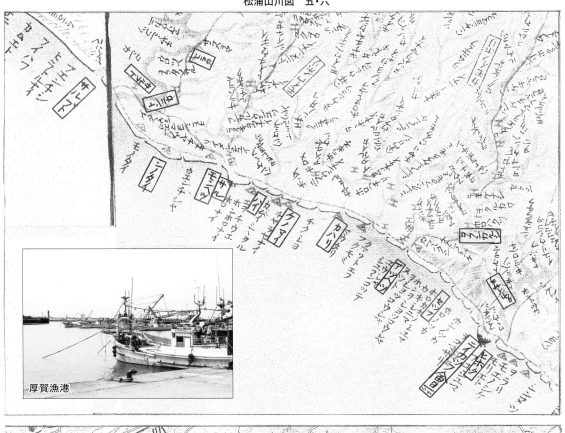

厚賀漁港

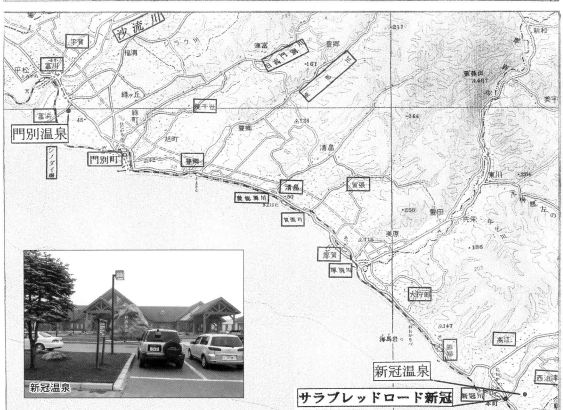

新冠温泉

20万分の1　浦河（平13）

１７、新ひだか町（旧静内町・三石町）

静内 シフチナイ si-huci-nay 大・祖母・沢川　「永田地名解」には「元名シフッチナイ　大祖母の義　アイヌ始祖居りし沢なりと云ふ又フッチナイとも云ふ　然れども其実はシュトゥナイにて葡萄沢の義なり」とある。「北海道の地名」によると、静内市街から10kmほど東へ行った「元静内」にあった沢であるという（松浦図にシツナイ　元會所とある）。昔貴婦人が流れ着いて、土地の犬がその婦人に奉仕したが、その間から子供が生まれて拡がり、後のアイヌになったという有名な伝説の場所である。

会所の移動で現在地が静内となったが、静内川は昔「染退川」（松浦図シヒチャリ）と呼ばれていた。シビチャリとは「シペ・イチャン」（sipe-ican、サケの・産卵場）から転訛したと考えられる。なおシビチャリ以前の名は、河口の辺りが霧でも多かったのか、「ホマㇻモイ」（homar-moy、薄ぼんやりしている・入江）と呼ばれていたという。

元静内橋

目名 メナ mena 上流の細い枝川　静内川右岸に入る「日高目名川」の合流点。軽種馬産地で古くはメナブトといった。「永田地名解」には「メナプッ　溜水の口　目名村」とある。「北海道の地名」によると、知里博士は「メㇺナイ」（mem-nay、湧泉池の・沢川）のつまった形じゃないかと話されたという。

真歌 松浦図マウタサフ、市街東方の高台、競走馬の牧場がある。「永田地名解」には「マウタサムㇷ゚　はまなすを採るため下り行く処」とある。maw-ta（ハマナスの実を・採る）に当て字をしたものか。ハマナスの実は食用となった。1970年（昭45）、真歌公園にアイヌの英雄「シャクシャイン像」が建立され、毎年９月23日に法要祭が盛大に行われている。東方の「浦和」は「ウララ　霧　此辺霧多し故に名く」（同地名解）から付いたものと思われる。urar（霧）の意である。旧図には「有良」（松浦図ウラ）と出ており、この近くに「静内温泉」（10.5℃、含重曹硫黄泉）がある。

東静内 「押別川」（mo-pet、静かな・川）が流れていて、以前は押別（松浦図モンヘツ）と呼ばれていたが、道内諸地に同音の地名があるので東静内と改名した。南の「春立」（同ハルタウシナイ）は、「永田地名解」に「ハルタウシナイ　食料多き沢」とあり、haru-ta-us-nay（食料を・採る・いつもする・沢川）の意であった。この沢にセタトマ（和名ツルボ）が多くあり、アイヌの人は採って食べた。またクロユリも多くあったが、今はすべて無くなったという。

布辻川 プシ pus-i 川水が破って噴き出す・もの　旧静内町と三石町の境の川（松浦図フツシ）。この川口は今でもひどく屈曲して昔の面影を残している。砂で川口が塞がりやすかったので、川尻に貯まった水が潰裂して噴出するのが目立ったのだろう。「東別」（同トイヘツ）は「永田地名解」に「トイペッ　食土川　遠別村の原名にして静内郡に属す」とある。toy-pet（食土・川）の意で、ＪＲ日高東別駅の700ｍぐらい下にある支流から付いた名らしい。そのトイに「遠」を当てて呼んでいたが、昭和になって「東」に改めたという。

三石 イマニトゥシ i-ma-nit-us-i それ（肉）を・焼く・串がある・所　地名の由来には諸説があるが、「永田地名解」は「イマニッ　魚串　二丈許りの大岩あり　古ヘヲキクルミの魚串化して此大岩となりしと云ひ伝ふ」と書いた。三石川を国道から２kmほど上った東岸に見上げるような巨巌が聳えていて（蓬莱岩）、この岩をアイヌの人たちは「イマニッ」と呼んだという。アイヌの創世文化神オキクルミが海岸で鯨肉を焼いていたら、たき火でその蓬の串がパチンとはねて、それが飛んで来てこの岩になったのだという。「イマニトゥシ」の前部を略して、ニトゥシから"三石"になったものであろう。

蓬栄 前項で述べたが、近くに三石の原名となった奇岩・蓬莱岩（松浦図イマニウシ）がある。その地区を「蓬莱」というが、その蓬に繁栄を願う意味で栄を付けたものである。やや北に「富沢」「福畑」という願望地名がある。低地は水田、緩やかな丘陵地は軽種馬生産地である。

みついし

鳧舞 ケリマプ keri-ma-p 履物・焼く・所　旧三石町南部、コンブ漁を主とする漁業地域（松浦図ケリマフ）。「永田地名解」には「ケリマㇷ゚　履焼場　アイヌ飢餓に堪へず鮭皮履きて焼き食ひし処なりと云ふ」とあり、昔飢餓に堪えきれず、鮭の皮で作った履物まで焼いて食べたという言い伝えによるものである。三石海浜公園に道の駅「みついし」と「三石温泉」（10.4℃、冷鉱泉）がある。北部の「本桐」は、「ポンケリマㇷ゚」（pon-kerimap、子なる・ケリマㇷ゚川）の下略したもの。

松浦山川図　六

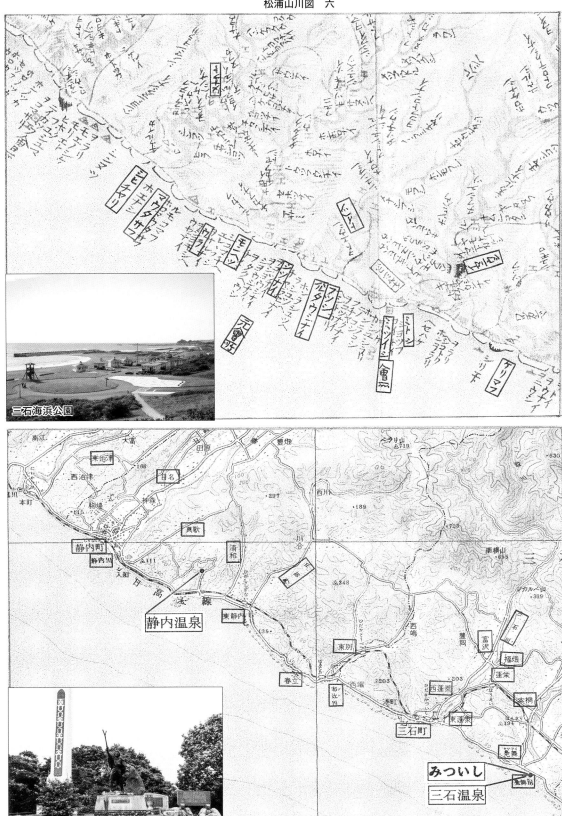

20万分の1　浦河（平13）

18、浦河町・様似町

荻伏　オニウシ　o-ni-us-i　川尻に・木が・生えている・所　浦河町海岸西端の地名（松浦図ヲニウシ）。「永田地名解」は「オニウシ　境標　昔より浦河三石両場所の境界なるを以て標木を立てたるより此名あり」とある。ポロ（大）とポン（小）のオニウシ川が海に入っており、ポンの方が三石との境、ポロの方は「浜荻伏」と呼ばれている。

元浦川　ウラヲペッ　urar-pet　霧・川　浦河の地名は元浦川（松浦図ウラカワヘツ）から出たとされる。この川は霧が立ち込める川であったらしい。はじめここに運上屋（会所）があったが、江戸後期に現浦河市街地に移された。地名の由来は表記の他に、昔ここで漁猟が行われ、魚獣の腸がたくさんあったという「オラカ」説、雲霧立ち昇る所の「ウラカ」説もある。

元浦川

姉茶　アネサラ　ane-sar　細い・茅　元浦川を河口から7kmほど遡った所の東岸の地名。「永田地名解」は「アネサラ　細茅　姉茶村と称す」とあり、アネサラ→アネサ→アネチャとなったものらしい。北の西岸にある「野深」は、河岸段丘下の酪農・牧草地。「ヌプカ」（nupka、野原）の意だという。

絵笛　エプイ　epuy　実、種　絵笛川（松浦図イフイか？）が南西に流れ、ＪＲ「絵笛駅」がある。「永田地名解」は「エブイ　蕗台　エブイは蕾の義なれども亦蕗台を云ふ　此処蕗台多し故に名く」とある。「北海道の地名」によると、ここは"つわぶき"がいっぱいあって、根を乾して貯蔵食にしたという。一方「集落地名地理」は、エプイはこんもりと盛り上がった近くの小山を指すとしている。似た地名として鳧舞川中流にある「歌笛」は、「オタ・エプイ」（ota-epuy、砂の・小山）からか。

井寒台　イカヲラニ　i-kar-rani　それを・まわる・坂　浦河市街と荻伏市街の中間の海岸（松浦図エカンタイ）。丘陵地が海に迫っている場所で、古い道はその後ろを迂回している。「永田地名解」は「イカンラニ　迂回して通る阪」とある。山地が海に迫る海岸は良質な日高コンブの産地である。

浦河　前述したように元浦川にあった会所がここに移され、その名を持って来たのであった。ここは元来ポンナイ（小・沢）という土地で、舟着き場のよい所なので会所が移されたものらしい。内陸に畑作・酪農地の「向別」（松浦図ムコヘツ）があるが、「永田地名解」は「ムコッチ　ツルニンジンある処」としている。

日高幌別川　ポロペッ　poro-pet　大きい・川　松浦図ホロヘツ、同名の川が諸地に多いので日高が付いている。この川は流長36kmであるが、長い支流が集っている堂々たる大川である。一説に「神威岳」（1600m）の麓の岩崖より湧き出る故号しともいわれ、「ポルペッ」（poru-pet、岩窟・川）もある。なお「月寒」（松浦図チキシヤフ）は、札幌の「月寒」同様「チキサプ」（ci-kisa-p、我ら・こすった・所）の意とされ、発火のために赤ダモの木（cikisani）をこすったのだという。

鵜苫　ウトゥマムペッ　utumam-pet　抱き合う・川　様似町南西端、昆布漁家・昆布加工場がある。鵜苫川（松浦図ウトマヘツ）で浦河町に接する。この流域を「鵜苫沢」という。「永田地名解」は「合川　幌別の古川と合流するを以て名く」とある。

冬似　プユニ　puy-un-i　エゾノリュウキンカの根・ある・所
　鵜苫と同じコンブ漁業地（松浦図フユニ）。「永田地名解」は「プイニウシュナイ　流星花の澤」。町南東部に「冬島」（松浦図フユカシュマか？）という地名があるが、こちらは「プヨシュマ」（puy-o-suma、穴・ある・岩）の意である。

様似漁港

西様似　様似市街の西、「海辺川」流域の牧場地域。ウンベの名については、「北海道の地名」によるとフンベと同じだという。海岸にある「塩釜ローソク岩」（松浦図ロウソクイシ）が、旧図では「フンベエトゥ」（humpe-etu、クジラ・鼻）となっているので、この岩と関係がありそうな地名である。

様似　サマニ　saman-i　横になっている・もの　「永田地名解」には「エサマンペッ　獺川　エサマンペツのアイヌをエンルムに移し様似場所と称したる由」と出ている。昔「エサマン」（esaman、カワウソ）がいたという。「北海道の地名」は意味が定かではないとし、音だけでいえば表記のように聞こえるので、この川の川尻が海に向かって横に流れている姿を呼んだものかとしている。1810年（文化7）、会所が様似川河口部の「ヲコタヌシ」（o-kotan-us-i、川尻に・村落・ある・所）から「エンルム岬」（enrum、岬）基部に移転。以後エンルムがシヤマニ場所の中心となった。東部を門別川（松浦図モンヘツ）が流れる。

40

松浦山川図 六

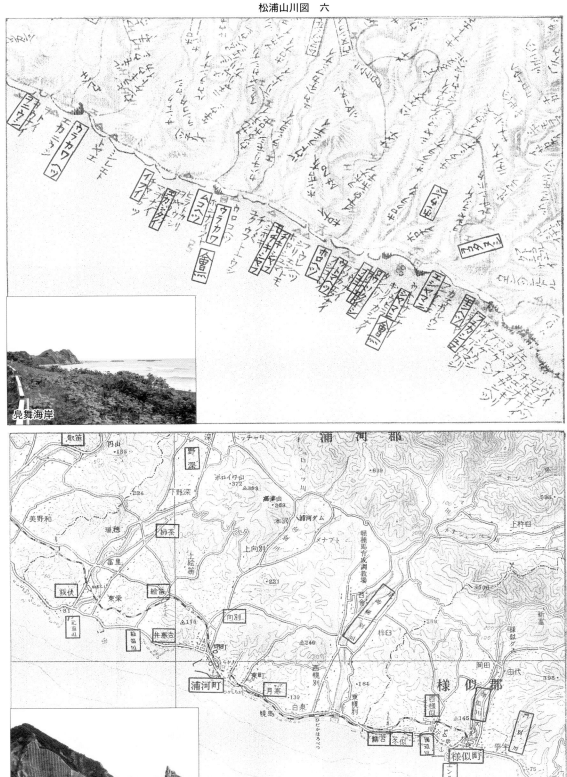

呂舞海岸

塩釜ローソク岩

20万分の1 浦河（平13）

19、様似町・えりも町

幌満 ポルオマンペッ poru-oman-pet 洞穴に・行っている・川　幌満川口左岸（松浦図ホロマヘツ）、コンブ漁と木工業の集落。「永田地名解」は「大石川　後世ポロマンベツと云ふは非なり」とあり、poro-suma-pet（大・石・川）としている。「北海道の地名」によると、諸説があり特定し難いが、poru-oman-pet 矢印 poroman-pet と読んでおきたいとしている。「旭」はコンブ漁地域で、昔は「誓内」（同チカフナイ）といった。「チカッナイ」（cikap-nay、鳥・沢川、鵜の産卵する所）の意という。

近浦 チカイェプ cikayep 曲処（？）　えりも町西端の漁業集落。以前は「近寄」（松浦図チカヨ）だったが、近年この称に変わった。川が折れ曲がった形を言ったものであろうか。やや南の「笛舞」（同フイマフ）は、「永田地名解」には「プイオマッ　プイ草ある処」とあり、puy-oma-p（エゾノリュウキンカ・ある・所）の意とされる。

本町 旧町名は「幌泉」、江戸期にはホロイヅミに会所があった。松浦武四郎「戊午日誌」は「ホロイヅミ会所　ホロイヅミは原名ホロエンルンの転じたる也」とあり、幌泉の原名はポロ・エンルム（poro-enrum、大きい・岬）であった。幕末期の海岸線の境界は、西側は「ニカンベツ川」（松浦図ニカンヘツ）を境にシヤマニ（様似）場所に接していた。nikap-un-pet（楡皮・ある・川）の意である。

日高耶馬溪

歌別 オタペッ ota-pet 砂・川　歌別川流域の漁業・牧畜地域（松浦図ヲタヘツ）。この川はこの辺りでは珍しい、少し広い砂利浜の中を流れている。国道336号は、ここから内陸を越え東海岸に出ている。「歌露」（同ヲントタルか？）は「オタオロ」（ota-or、砂浜の・所）か、「オタル」（ota-ru、砂浜の・道）からか。

東洋 襟裳岬西岸の漁業集落、海崖と岩礁の入江がある。太平洋に面するので東洋とした（松浦図ヤンケフチ）。旧名は「ヤンゲペッ」（yanke-pet、陸に揚げる・川）、「永田地名解」は「揚川　諸物を海より川へ運び陸揚する処」と書いた。「油駒」（同アフラコマ）は「シリポッ　アブラコ澗　シリポクは魚名　和名アイナメ方言アブラコと云ふ　此魚多し故に名く　今油駒村と称す」（同地名解）と出ている。シリポッは魚名とあるが、ここは襟裳岬の高台から海岸に降りた所の入江で、元来は sir-pok（山の・下）の地形から出た地名だったと思われる。

襟裳岬 エンルム enrum 岬　「えりも町」はもと幌泉といわれたことは前述したが、1970年（昭45）襟裳岬にちなんで改名した。襟裳岬は特に目立つ岬なので、「オンネエンルム」（onne-enrum、老大な・岬）と呼ばれていた（松浦図ヲン子エンルン）。なお、この崎内に鼠がいたため「エルム」（erum、ネズミ）説もあり、今でも岬先端の海中の岩を鼠になぞらえているという。
「戊午日誌」には「本名エリムなり。其訳は鼠といへる義なり。此岬遠くより見る時は鼠の伏たる如く見ゆるとも云。また此処に鼠の形の石有りしともいへり。何れが是なる哉をしらず。其地形はホロイツミよりして南にさし出たる一ツの岬也」と出ている。

襟裳岬

百人浜 襟裳岬東岸の砂浜地帯。1806年（文化3）、東蝦夷地に向かう南部藩の御用船が大時化のため難破して、ここで乗組員が死んだことから来た名であるとされる。村人達が一石に一字の経文を書いて埋め、その上に様似の僧侶が塔を建てて（一石一字塔）弔ったので、それからこの浜を百人浜と呼ぶようになったという。

庶野 ソーヤ so-ya 磯岩の・岸　えりも町東部の漁業集落（松浦図ソウヤ）。「永田地名解」には「ソヤ　岩磯　庶野村の原名なり　庶野村と猿留村の間大なる岩磯海濱に羅列し小なる岬湾多し」と出ている。現在、その磯岸は築港工事の下に埋め立てられ、わずかにその付近に名残りが見られるだけである。やや北に「咲梅」（同サクハイ）という漁業集落がある。「アイヌ語地名解」は sak-paye（夏に行く路）の意としている。

黄金道路 国道336号のうち、えりも町庶野と広尾町広尾橋（ツチウシ）間の29.9kmの別称。道路建設に莫大な資金を投入したことから、"まるで黄金を敷き詰めたような道"と言われ、黄金道路の名が付いた。昔は庶野から猿留山道を経て目黒に至り、そこから海岸の磯伝いにビタ、ヌンケに達し、さらに近藤重蔵の開削とされるルベシベツ山道を通って広尾に出るのが通例であった。黄金道路は襟裳岬や百人浜と並んで、海食崖を流下する滝や雄大な海岸線が多くの観光客を集めている。

松浦山川図　七

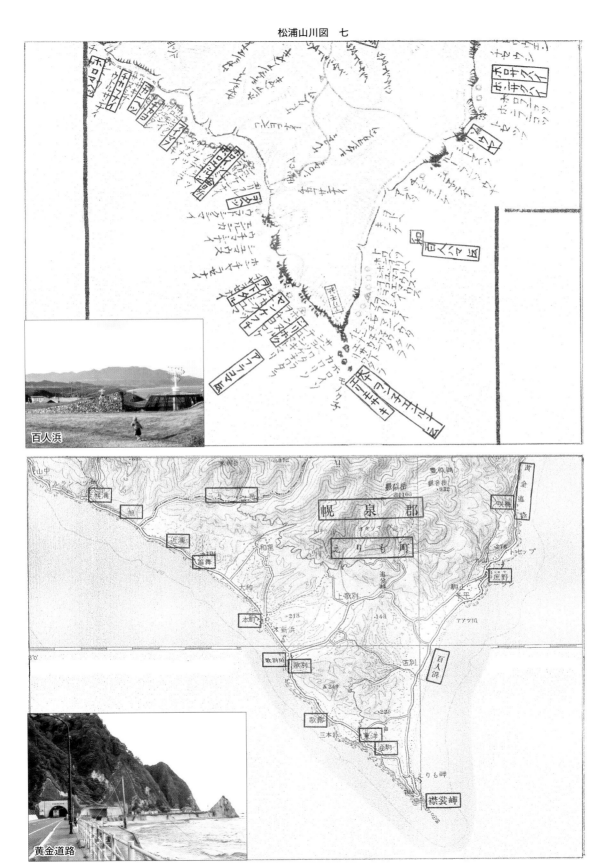

20万分の1　広尾（平13）

２０、えりも町・広尾町・大樹町

目黒（めぐろ） 松浦図サル、、「猿留川」河口の漁業集落。もと猿留村といった所で、断崖続きの海岸の中で、この辺りはやや広い平地になっている。「永田地名解」には「サロルンウシ　鶴多き処　川名旧地名解シヤリオロにて湿澤の処と訳すと」とある。sarorun-us-i（鶴・多い・所）の意であるが、「サロロ」（sar-or、ヨシ原の・中）が妥当かも知れない。現在名の目黒は、江戸末期の番屋の番人の名からとされる。

境浜（さかいはま） えりも町北東端の漁業集落。広尾町との境の浜の意。松浦図には「ヒタ、ヌンケ」と出ている。「北海道の地名」によると、難しい地名で土地の人たちはピタランケと呼んでいた由。ピタラ・ランケ（小石川原を・下る）、あるいはピッ・ランケ（小石を・下す）と聞こえるという。現図にはその北に「ルベシベツ」（ru-pes-pet、道が・下る・川）と出ている（松浦図ルウクシカ？）。寛政年間（1789～1801）近藤重蔵がここに来て発幅し、通辞やアイヌの人たちと共に川沿いに山道を造ったのは有名な話である。「音調津」（松浦図ヲシラルシベツ）は、「オシラルンペッ」（o-sirar-un-pet、川尻に・岩・ある・川）からとされる。

広尾（ひろお）　ピロロ　pir-or　蔭の・所 江戸期から見える地名で、トカチ場所の運上屋所在地。ただしビロウと称するのは江戸後期になってからで、それ以前は「とまり」であったらしい。「北海道の地名」によると、名のもとになった所は崖の岬で、古い頃の十勝会所はその崖下にあったという。1798年（寛政10）、近藤重蔵がルベシベツ山道を開削した際の「東蝦新道記」には「自射麻児（シヤマニ）至尾朗（ビロウ）渉海岸之嶮」と記されている。当町は江戸期から函館と根室方面を結ぶ海陸の中継地として発展し、現在は十勝港が流通の拠点となっている。南にある「フンベ」（松浦図フンヘヲマナイ）は、humpe-oma-nay（クジラが・入った・沢川）の意で、「美幌」（同ヒホロ）は pi-po-or（小さい石の所）の意。「ヲナヨベツ」（同ヲナヲヘツ）は、ブドウ蔓にすがって上り下りした崖続きの所であった。

十勝漁港

野塚（のづか）　ヌプカペッ　nupka-pet　野原・川 広尾町北部、野塚川流域の酪農地（松浦図ノツカ）。中流に野塚市街があり、下流部はやや平坦な丘陵台地の中を流れている。「永田地名解」には「ヌッカペッ　野川　ノツカベツと云ふは非なり」とある。

豊似（とよに）　トヨイ　toy-o-i　土・ある・もの 豊似川（松浦図トヨイ）は、「トヨニ岳」（1493m）に水源を発し東北東に流れてから十勝平野に出ている。豊似市街はその中流にある。「永田地名解」は「トヨイペツ　土川　旧地名解に云喰土ありと」とある。地名では「チエトイ」（ci-e-toy、食用粘土）を略してただトイということが多いという。

紋別川（もんべつがわ）　モペッ　mo-pet　静かな・川 広尾町・大樹町の境の川（松浦図モンヘツ）。広尾町側に「紋別」の地名がある。松浦図ではその河口に「アエホシユマ」と出ている。「永田地名解」は「アエポシマッ　食物入り来る処　往時飢饉に困みたることありしが図らずも魚入り来り飢餓を免かれたり故に名く」と、aep-osma-p（食物・入る・所）の意。

歴舟川（れきふねがわ）　ペルプネイ　pe-rupne-i　水・大きい・もの 大樹市街を流れる日本一の清流に輝いた川（松浦図ヘルフ子）。明治後半ゴールドラッシュに沸いた上流部では、現在も砂金堀りが楽しめるという。"日方風"（西南の風）が吹くと、急に川水が増大するので「日方川」とも呼ばれる。「北海道の地名」によ

歴舟川

ると、今でも風が吹くと山の木の葉の水が落ちたりして、水量が急増する不思議な川だという。ペルプネに歴舟という字を当て「へるふね」と呼んでいたが、読みにくいので、いつのまにか「れきふね」になったという。
　大樹町の名は「タイキウシ」（tayki-us-i、ノミ・多い・所）からとされる。歴舟川の河原は古くから帯広～広尾間の街道の休み場でよく野宿をした所であるが、どうした訳か砂の中に蚤が多かったので名付けられたという。「アイポシマ川」（同アヨホシユマ、前項と同意）河口の「浜大樹」には、町内唯一の漁港がある。

ホロカヤントウ　ホロカヤントー　horka-yan-to　後戻りして・揚がる・沼 松浦図ホリカヤントウ、この沼は水位が上がると砂浜の一部が切れて海と繋がる。「永田地名解」には「却流沼　此沼は川尾に在るを以て潮満れば沼水却流す」とある。「北海道の地名」によると、砂浜が切れると海水が入ってきて600m位奥まで波が及ぶというので、海水が逆に上るという意味であろうとしている。

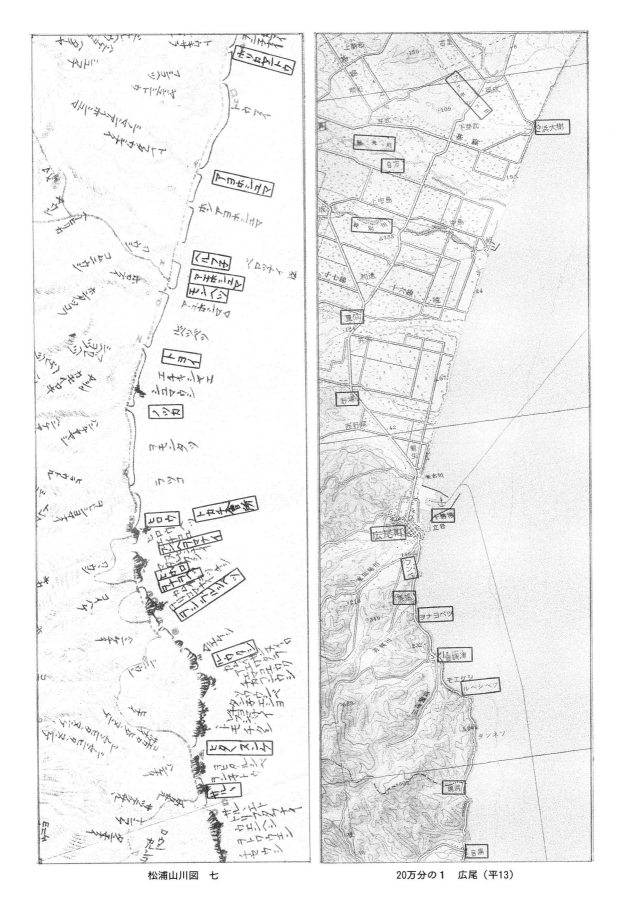

松浦山川図　七　　　　　20万分の1　広尾（平13）

２１、豊頃町・浦幌町

豊頃　十勝川下流域の丘陵地。畑作・酪農が主であるが、海岸では漁業も。「永田地名解」は「トㇷ゚ヨカオロ　？豊頃村」、「駅名の起源」22年版はトエコロ（多くの蕗）からとしているが、意味は定かではない。「豊頃町史」はトピオカルあるいはトプヨカオロに由来し、「人死して住まわざる所」を意味し、アイヌの抗争によってコタンに住人が無くなったという伝説にもとづいているとしている（松浦図チウスヘッチヤロ辺りか？）。

安骨　チャシコッ　casi-kot　砦の・跡　チャシコッ（松浦図チヤシマツナイか？）に安骨という漢字を当てたものだが、読みにくいので音読みして「あんこつ」となったものらしい。この付近には面白い地名が多い。「背負」は「セヨイ」（sey-o-i、貝殻・多くある・所）からとされる。南の「旅来」（同タッフコイ？）は「永田地名解」に「タㇷ゚コㇷ゚ライ　戦死の小丘　戦場なり」とあり、tapkop-ray（たんこぶ山・死ぬ）からとされるが、何とも妙な地名である。さらに「愛牛」であるが、「アユㇲニウシ」（ayusni-us-i、センの木・群生する・所）からとされる。ただしay-us-ni（とげ・ついている・木）で、タラノキなども考えられる。また、十勝川の川口が二流に分かれる分流点を「鼈奴」（pet-car、川の・口）と呼んでいた（同ヘッチヤロ）。

大津　太平洋に面する漁業集落、十勝発祥の地碑がある。江戸期には大津川河口右岸部を「ヲホツナイ」（oho-utnay、深い・枝川）と称し、内陸部に入る玄関口であった。現在もデルタの中を曲流している「ウツナイ川」がある。かつて十勝川は浦幌町ベッチャロ付近で２つに分流し、東側は浦幌町十勝太に河口をもつ十勝川、西側は豊頃町大津に河口をもつ大津川となっていたが、1963年（昭38）の改修工事により、本流であった東側の十勝川が切り離されて「浦幌十勝川」となり、「十勝川」は大津川の一本となった。

浦幌十勝川

「戊午日誌」には「ベッチヤロ　是より二川に分れ、左りの方はトカチ（十勝太）え行、右の方はヲホツナイ（大津）え落る。ベッチヤロは川の口と云儀也。両方共凡同じ位也。昔しはヲホツナイの方は形計の川にて、トカチの方は大川なりしが、近頃段々トカチの方小さく成、ヲホツナイの方大きくなりし也。…ヲホツナイ　本名ヲウツナイと云て、深き沢と云儀なり。今其川追々広く成りて如此川に変じたり。番屋一棟・板蔵一棟・茅蔵・人足小屋一棟、並に稲荷の社等有。うしろに夷家五六軒有れども、是は山より出稼の者のよし」と出ている。

浦幌　ウラㇻポロ　urar-poro　霧・多い　十勝地方南部、浦幌川流域の畑作・酪農・林業・沿岸漁業の町。霧多いとは、浦幌川の河口（松浦図ウラホロフト）近くを指したものであろう。他に「オラポロ」（orap-oro、ヤマシャクヤクの・所）説もある。この植物の根は風邪薬や腹痛に効き、薬草としてばかりでなく食用にもなったという。国道38号沿いに道の駅「うらほろ」がある。浦幌川と並流して南流する川を「下頃辺川」（同シタコロベ）という。「シタッコㇿペ」（sitat-kor-pe、マカンバの木・の・川）の意か。

朝日　浦幌十勝川のデルタ地帯、酪農・畑作地。明治後期に居住した開拓功労者朝日浅吉にちなむという。松浦図にあるヲヘツカウシは、「オペッカウシ」（o-pet-ka-us-i、川岸が高い岡になって続いている所）の意。それに「生剛」の漢字を当てて「おべっこう」と読ませていたが、他地の人には読めっこないので、いつの間にか音読みして「せいごう」になったという。地図に「老」とあるのは「養老」の間違いである。

十勝太　トカプチプトゥ　tokapci-putu　十勝川の・川口　浦幌十勝川の河口左岸にある漁業と酪農の集落。元来はこちらが十勝川本流であったので、この名が残っている。ところで「十勝」の地名であるが、たぶん十勝川の下流辺りから出た名であろうとされる。一般的には「トカㇷ゚ウシ」（tokap-us-i、乳房・ある・所）からとされ、乳の形に似た丘があった、あるいはこの河口が東西二口に分かれ、乳が出る如く流れが途絶えることがなかったためとされる。

昆布刈石　コンブカルウシ　kompu-kar-us-i　昆布を・採る・いつもする・所　浦幌町南東部、太平洋に面するほぼ全域が山林の過疎地。河岸段丘上にはアメリカ沿岸警備隊の十勝太ロラン局がある。「オコッペ沢」（o-u-kot-pe、川尻・互いに・くっつく・もの）は、東側のポン・オコッペ川（松浦図はホロになっている）と海岸の所でくっついたり離れたりしていたので、この名が付いた。

厚内　アㇷ゚ナイ　ap-nay　釣針・沢川　中流部に「上厚内」、河口部に「厚内」（松浦図アフナイ）の集落がある。海岸線をやや北上した所に「オタフンベチャシ跡」（同ヲトンベか？）がある。「直別」（同チョクヘツ）は、「チュㇰペッ」（cuk-pet、秋・川）の意。この川は夏に水が涸れ、秋には増水する川だという。

うらほろ

松浦山川図 七

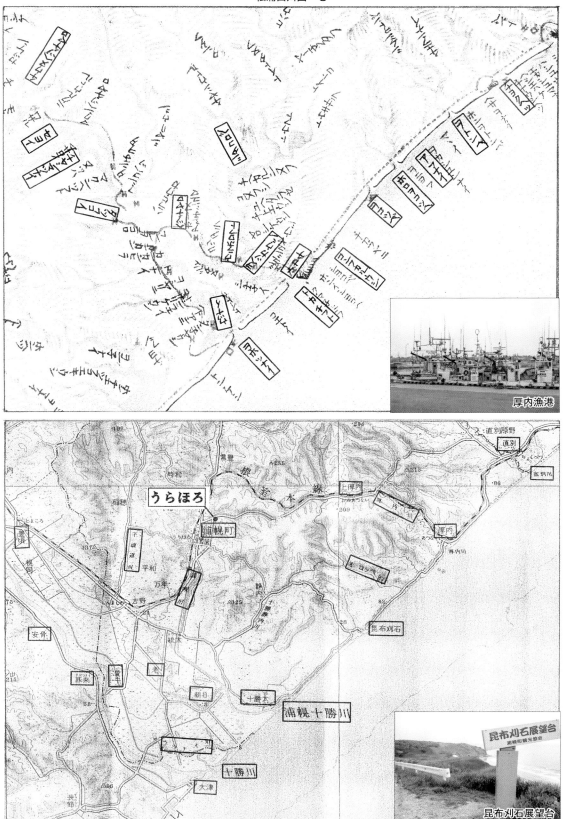

20万分の1 帯広（平8）

２２、釧路市（旧音別町）・白糠町

尺別 サッペッ sat-pet 乾く・川　尺別川（松浦図シヤクヘツ）は、昔は海浜に沿って東北流し、音別川の川尻に入っていた。「永田地名解」には「サッペッ　涸川　尺別村　水少くして鮭鱒上らず」とある。「上原地名考」や「東蝦夷日誌」は「シヤクベツ」（sak-pet、夏・川）となっており、前者はアイヌの人たちが夏中、この川に来て食糧を得たからとしている。

音別 オムペッ o-mu-pet 川尻・塞がる・川　音別川（松浦図ヲムヘツ）は、「永田地名解」には「オンペッ　腐川　此川へ上りたる魚は直ちに老ると云ふ」とある。しかし「音別町史」は、「良質の水であり、往時樹木が茂っていた頃はなおさら清浄そのものであった」として、肯定し難いとしている。表記の解は「駅名の起源」によるものであるが、同町史は「音別海岸は全くの砂地で波も高いので、波に押された砂が高く積もり川口を塞ぐことになる」と、この説を支持している。「北海道の地名」によれば、元来は o-mu-pet であったが、水質の強い川だったので、後に on-pet（腐・川）と呼ばれるようになったのではないかとしている。オンは木の皮を水に浸し腐らすことなので、ニレ皮を浸したことから名付けられたという説もある。

音別川

馬主来 パシクル paskur カラス　馬主来川（松浦図ハシクロ）までが旧音別町で、川の東は白糠町である。昔アイヌの人たちが漁のため沖合いに出て、霧が深くなって方角を失った時、この沼の辺りにカラスの啼く声がするのを頼りに上陸したことによるという。一説に「此湖中に蜆を産す故に名となせり」というのもある。沼の周辺には土産品店・食堂・簡易宿泊施設などがあり、海岸も夏季は海水浴場・魚釣り場として賑わう。
　松浦武四郎「初航蝦夷日誌」には「ハシクロ、上ニ沼有。沼風波ニ而破るゝ時は船に而渡ス由…小休所有」、「廻浦日記」には「ハシクロ…昼休所有。アイヌ壱軒白ヌカ（白糠）より出張す。昔弐軒程有し由也。此沼桃花魚・雑喉多し。又蜆も有るよし」と記されている。

和天別 ウワッテペッ uwatte-pet 多くある・川　松浦図ワッテ、馬主来川の東側にある川。昔は茶路川（松浦図チャロ）の川口に注いでいたが、今は別の川になった。古くは割手別とも書かれた。「永田地名解」は「ウワッテペッ　連枝川　ウワッテは五指を開きたる形なり　此川支流多し故に名く」とある。uwatte は、u-at-te（お互いを・群がら・せる）で、多くあるの意味である。
　なお茶路川は「チャロ」（caro、その口）の意で、この辺りで一番大きな川口をもつ。足寄のアイヌの人たちは浜に出る時この川を下った。大切な交通路の川の口なので、こう呼ばれていたのであろう。

白糠 シラリカプ sirar-ika-p （潮が）岩を・越える・所　松浦図シラヌカ、太平洋に面する漁業・酪農の町。中心街は町西部の茶路川河口にある。かつての石炭の積出港でもあり、市街東部には「石炭岬」という地名が残っている。「刺牛」の名は、「サシウシ」（sas-us-i、昆布・群生する・所）からとされる。この頃は海流の関係か、コンブはあまり育たなくなったが、よく流れて来るという。

庶路川 ショロロ sororo 瀑布高き所　松浦図ショロ、「永田地名解」は「ショロロ　瀑布高き処　大雨の時瀑泉飛ぶ　庶路村」とある。「駅名の起源」は「ショ・オロ」（so-oro、滝の・所）、「集落地名地理」は「ショ・オロ・ル」（so-oro-ru、滝に・向かっている・道）としており、いずれにしても川の上流に滝があるという。

乳呑 チノミ ci-nomi 我ら・祈る　庶路市街のやや北にある酪農地域（松浦図チノミ）。乳呑川口左岸に礼拝する所があったという。「永田地名解」は「祭場　熊を供へ神を祭る処」としている。東方からコイトイ川（同コイトイ）が流れているが、「コイトゥイェ」（koy-tuye、浪越、波が・崩す）の意である。波のために砂場が潰決した所で、昔は湿地帯であったが、今は「恋問」と呼ばれる住宅地となっている。ここに道の駅「しらぬか恋問」がある。

大楽毛 オタノシキ ota-noski 砂浜の・中央　釧路市西端の地名・川名（松浦図ヲタノシケ）。釧路から白糠地域にかけては砂浜続きで、ここはその中ほどの所なのでこの名が付いた。大楽毛川は釧路空港の丘の北側から出て、その東裾を曲流してこの浜に入っていたが、現在は切り替えられた阿寒川口近くに入っている。

しらぬか恋問

松浦山川図　七・八・十二・十三

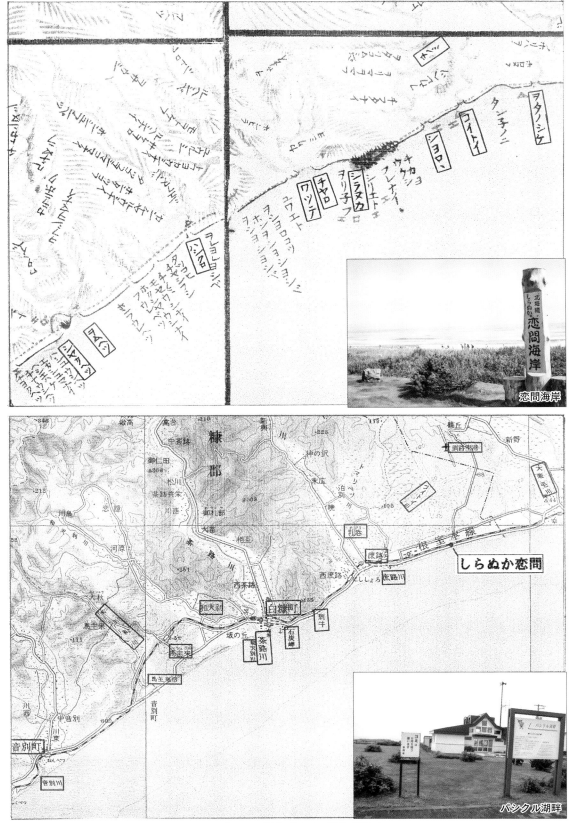

20万分の1　帯広（平8）・釧路（平15）

２３、釧路市・釧路町

阿寒川 ラカンペッ rakan-pet ウグイの産卵・川　阿寒川は阿寒湖から出て山峡中をずっと南流、以前は釧路平野に出た所から向きを変えて湿原中を長く東流して旧釧路川に注いでいた。その合流点を「ラカンプト」（ウグイの産卵場の川口）と呼んでいた（松浦図アカンブト）。現在は川筋が切り替えられ、そのまま南流して大楽毛の所が川口になっている。

釧路 クシル kus-ru 通る・道　古くはクスリといい（松浦図クスリブト）、久摺・久須利・久寿里などとも書いた。表記の解は、ここから標津海岸や斜里へアイヌの人たちが往来していたことから付けられたものである。同じく網走との往来道としての「チクシル」（ci-kus-ru、我ら・通る・道）説もある。他に、川上に数ヵ所温泉があり薬水が流れていたという「クスリ」（kusuri、温泉）説や、「クッチャロ」（kutcaro、のどロ＝釧路川の流れ出すロ）説がある。

幣舞橋

知人礁 シレトゥ sir-etu 岬　江戸期のクスリは旧釧路川河口南岸の海岸部で、天明年間（1781～89）に運上屋が置かれ場所の中心地となった。その先端部の岩礁（松浦図シリエト）をいう。「幣舞橋」は霧の街を代表する風景の一つであるが、nusa-oma-i（幣場・ある・所）の意で、木幣（イナウ）を立て並べて海の幸を祈った所から出たとされる（同ヌサマイ）。「春採」（同ハルトル）は「ハルトゥル」（haruturu、向こう地）の意で、知人岬の向こうの土地を指すという。「春採湖」（同ハルトルト）、「興津」は「オウコッナイ」（o-ukot-nay、川尻・くっつく・沢川）、「武佐」は「モサ」（mosa、イラクサ）、「桂恋」（同カツラコイ）はカチロコイとさえずる小鳥がいたからとされる。

別保 ペッポ pet-po 川っ子　別保川は旧釧路川に東から注いでいる川（松浦図ヘツホブト）。相当な川であるが、大きい釧路川本流と比較してこんな名で呼んだのであろうか。北の方に「床丹」（同トコタン）「天寧」（同テイ子ル）の地名が見られる。前者は「トゥコタン」（tu-kotan、廃村）か「トコタン」（to-kotan、沼・村）から、後者は「テイネル」（teyne-ru、湿れている・道）からとされる。

岩保木 イワポキ iwa-poki 山の・その下　釧路川に突き出している「岩保木山」（120m）は、低地の中なので特に川下から見ると目立つ山である（松浦図イワホキ）。土地の人々は霊山として崇拝していたようである。「遠矢」（同トウヤ）は「トーヤ」（to-ya、沼の・岸）からとされるが、現在沼は見当たらない。「鳥通」は、「永田地名解」に「トゥリトゥイェウシ　櫂を斫る処」とあり、turi-tuye-us-i（舟の櫂を・切る・いつもする・所）の意とされる。舟行のよく行われた所で、櫂に都合のいい木が生えていた。

雪裡川 セッチリ set-cir 巣・鳥　釧路川下流に入る大きな西支流。川筋の多くは「雪裡」の地名である。「永田地名解」は「セッチリウシ　巣鳥多き処　又シチリウシと云ふクマタカ多き処の義」とあり、中流の崖に巨鳥が巣を作っていたので付いた名であろう。

又飯時　太平洋に面したコンブ漁村（松浦図マタエトキ）。「マタエトゥ」（mata-etok、冬の・水源）か、「ワッカタエトゥ」（wakka-ta-etok、水を・汲む・みなもと）の訛ったものか。いずれにしても飲み水に関係がありそうだ。「宿徳内」（同シュクトクシナイ）は「シクトゥルシナイ」（sikutur-us-nay、エゾネギ・群生する・沢川）からとされる。

昆布森漁港

昆布森 コムプモイ kompu-moy 昆布・入江　「上原地名考」には「コンブムイ。夷語コンブモイなり。則、昆布の入輪といふ事。…此所狭き入輪なれど多く昆布のある故、地名になすといふ」と書かれている（松浦図コンフイ）。チョロベツ川は「チオロペッ」（ci-oro-pet、我ら・水に漬ける・川）の意で、水に漬けたのはオヒョウニレの皮だったようである（同チョロヘツ）。「幌内」（同ホロナイ）は「ポロナイ」（poro-nay、大きい・沢川）、「来止臥」（同チトフシか？）は「キトウシ」（kito-us-i、ギョウジャニンニク・群生する・所）からとされる。

十町瀬 トマチエヌプ toma-ci-e-nup エゾエンゴサクを・我ら・食う・野　太平洋に面する海崖下、コンブ漁の番屋がある（松浦図トマチエヌフ）。表記の解は「永田地名解」のものである。松浦武四郎「東蝦夷日誌」は「トマチセ。本名トイマチヌフ。名義、遠くよりトド（海獣）の声を聞と云由」とあり、tuyma-ci-nu-p（遠く・我ら・聞く・所）と解したものらしい。沖にトド岩がある。「浦雲泊」（同ホントマリ）は「ポントマリ」（pon-tomari、小さい・泊地）から。「跡永賀」（同アトイカ）は「アトゥイカ」（atuy-ka、海の・上）か、「アトゥイオカケ」（atuy-okake、海の・跡）からとされる。

松浦山川図　八・十三

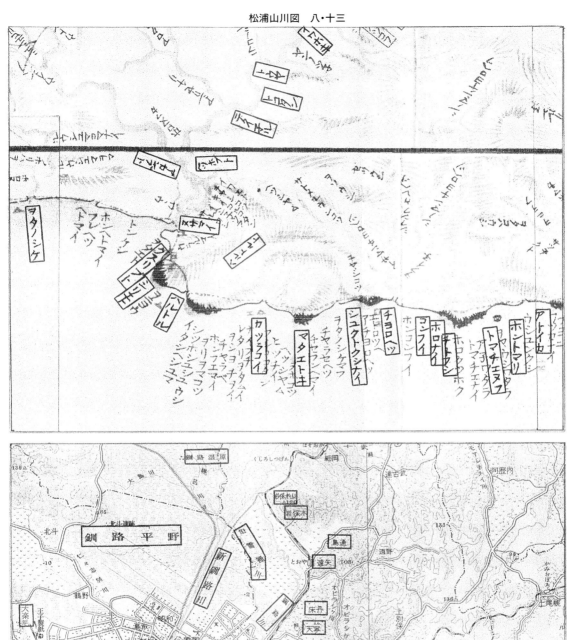

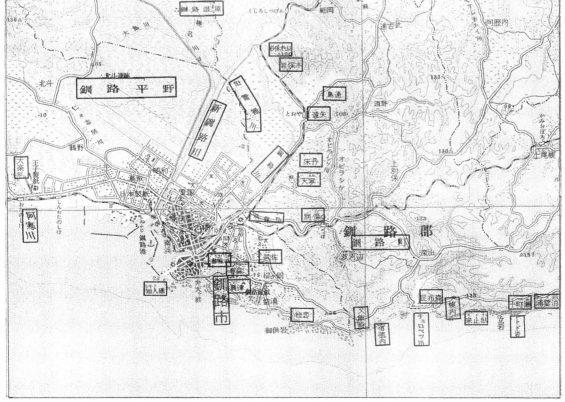

20万分の1　釧路（平15）

２４、釧路町・厚岸町

尾幌（おぼろ） オポロペッ o-poro-pet 川尻・大なる・川　尾幌川流域の酪農地。ＪＲ根室本線駅前に市街がある。この川は釧路町との境から出て長く東流し、厚岸湖の北西隅まで行って湖に入る長流である。北支流をオッポロ川という。

苫多（とまた） トマタオロ toma-ta-oro エゾエンゴサク・掘る・その所
　松浦武四郎「東蝦夷日誌」には、「トマタロ。本名トマターヲロにて、トマ取に多しとの義。此辺今日見るに如何にも紫氈を敷たる如也」とあり、紫の毛氈を敷いたようだったと述べている（松浦図トマタロ）。「門静」は「モイスッ」(moy-sut、入江の・根元）からとされる（同モエシュツ）。

真栄（しんえい）　厚岸の元来の市街の対岸（陸側）。現在は厚岸大橋で繋がり、ＪＲ厚岸駅がある。この地域を「真竜」といい、「シンリウンエンコロ」(sin-ri-un-enkor、ほんとうに・高く・ある・鼻）、すなわち高崎から出たとされる（松浦図シュシウニコロか？）。駅前の繁華街を「真栄」といい、厚岸湖を見下ろす高台に道の駅「厚岸グルメパーク」がある。

厚岸グルメパーク

入境学（にこまない）　コンブ漁を主とする漁業地域であるが、浜は海岸侵食で殆ど無い。「永田地名解」は「ニオッケオマナイ　桶川　小川に桶あるを見て名くと　ニオツケは木桶の義」とあり、当て字をしたものであろう（松浦図ニヲケヲマナイ）。「賤夫向」も浸食と崖崩れのため、番屋などの作業場があるのみである（同セフヌンケフ）。

分遣瀬（わかちゃらせ） ワッカチャラセ wakka-carse 水が・ちゃらちゃら崖を滑り落ちる　海岸は平盤のコンブ礁で良い漁場であるが、浸食と崖崩れで人家は無い。「永田地名解」は「ペチヤラセ　瀧」としている。ワッカ(wakka)もペ(pe)も"水"で、どちらでも言ったのであろう（松浦図ヘツチヤロか？）。「老者舞」は「おしゃまっぽ」ともいい、「オイチャンオマプ」(o-ican-oma-p、川尻に・鮭鱒の産卵場・ある・もの）が訛ったとされるが…。

知方学（ちっぽまない） チポマナイ cip-oma-nay 舟・ある・沢川　コンブ漁を中心とする漁業地域。「永田地名解」は「舟川　往時舟流れ寄りし処故に名くと云ふ」と表記の解であるが、「東蝦夷日誌」は「チェポマナイ」(cep-oma-nay、魚・いる・沢川）の意としている（松浦図チホヲマナイ）。「去来牛」は「サルキウシ」(sarki-us-i、芦・群生する・所）の意とされる（同サリキウシエト）。「尻羽岬」は「シッパ」(sir-pa、山の・頭＝岬）からとされる（同シレハ）。

知方学漁港

仙鳳趾（せんぽうし） チェプポプシ cep-pop-us-i 魚が・跳ねる・いつもする・所　現在の仙鳳趾集落は漁場の移動から今の所になったものらしく、元来はその南の方の海岸「古番屋」の所であったようである（松浦図センホウシ）。「東蝦夷日誌」には「センポウジ。本名チエツポフシにして魚涌立と云儀か。此湾鯡、鮫、雑魚多きが故号しと」と表記の解である。「永田地名解」は「チェプポオチ　小魚居る処　鯡多く居る処なるを以て名くとアイヌ云ふ　仙鳳趾村の原名」とあり、ceppo-oci（小魚・多くいる所）としている。

厚岸（あっけし） アッケウシ at-ke-us-i オヒョウニレの皮を・剥ぐ・いつもする・所　「永田地名解」には「アッケシュトー　楡下の沼　厚岸の元名なれども今の厚岸の地にあらず　真龍村にありし小沼の名なり」とあり、昔楡の樹がたくさんあって皮をこの沼に浸したとしている。オヒョウニレの皮から繊維を採って厚司織にしたという。「北海道の地名」によれば、この沼の位置は「真竜」の白浜町辺りとされる。一説にはアッケシ(akkesi、牡蠣？）説もある。同書によるとバチラー博士の説で、大変巧いことを考えたものであるが、たぶん語呂合わせであろうとしている。厚岸湖と厚岸湾は幅600mの水路で連なり、元来の厚岸本町はそのくびれた所の南岸であった。当地は江戸初期から蝦夷地最東端の交易所であった。ヌサウシ（木幣を立てる所）と呼ばれていた湾月町に運上屋が置かれ、松前藩主の派遣する手舟と厚岸・根室・千島アイヌとの間に交易が行われた。そのすぐ南に国の史跡「国泰寺跡」がある。徳川幕府はロシアの南下による異教の侵入を防ぐため、アイヌ民族の大集落があった当地に、1804年（文化元）国泰寺を建てた。
　「戊午日誌」には、「バラサンは、むかし此山の上に魚を干四本柱の棚の如くなりしが故に号るとかや」とあり、「愛冠岬」は「アエカツフ　下より弓を射るに上まで矢が行ざるによつて号るとかや」と、aykap（できない）の意。「筑紫恋」は「ツクシコエ　其地名窪き処を通ると云儀のよし也」とあり、ci-ko-sikiru-p（我らが・そこで・身をひるがえす・所）の意で、断崖の崎を辛うじてとんだりはねたりして走り抜けるような難所を指している。また「アイニンカップ崎」は愛冠岬と同意、「床潭」は to-kotan（沼・村）の意とされる。「大黒島」は「モシリカ　其形ち丸くして大黒天の頭の如く有るよりして号」と出ている。

松浦山川図　八・十三

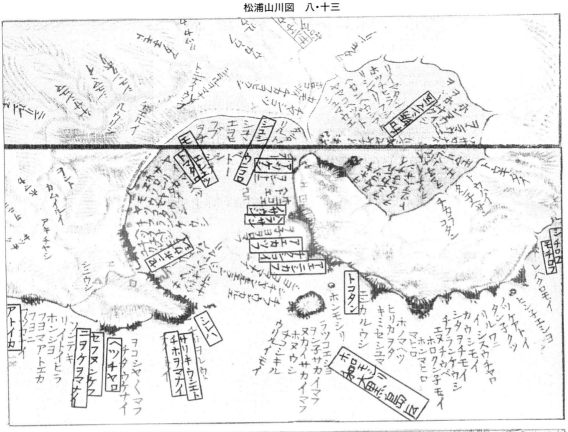

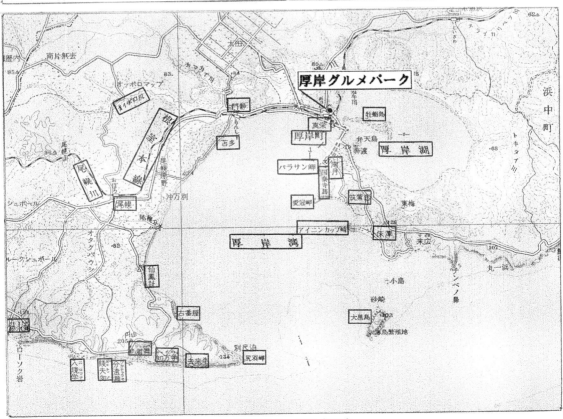

20万分の1　釧路（平15）

２５、浜中町

散布　チウルプ　ciwrup　アサリ貝　浜中町南部の漁業地域。この地域に西より「藻散布」（mo-ciwrup、子・アサリ貝の沼）、「火散布」（si-ciwrup、親・アサリ貝の沼）、「養老散布」（i-oro-ciwrup、海・中の・アサリ貝？）、「渡散布」（watara-ciwrup、岩側の・アサリ貝）の漁村がある。大きい「火散布沼」の辺りでアサリ貝が採れるかしてチウルプという地名ができ、それが近辺の名にも使われるようになったのではなかろうか。松浦武四郎「戊午日誌」には、西の方からモチロツフ（藻散布）、シチロツフ（火散布）、イヲロチロツフ（養老散布）、ワタラチロツフ（渡散布）と出ている。モチロフ・シチロフは前ページの松浦図参照。

琵琶瀬　ピパセイ　pipa-sey　カラス貝の・貝殻　琵琶瀬川河（松浦図ヒハセイ）、琵琶瀬湾に面する漁業地域。海岸に漁港、その背後は一面の湿原地帯である。「永田地名解」には「ピパセイ　貝殻ある処　古此処にアイヌ村あり」と出ている。琵琶瀬川にでもカラス貝が多かったからの名であろう。

「嶮暮帰島」（同ケ子ホク）は琵琶瀬の沖合い700mにある島。1876年（明9）に岩手県出身者がこの島に移住し、コンブ漁に従事したのが始まり。現在はコンブ時期に漁家が来島するのみ。「永田地名解」は「ケネポク　赤楊の下　赤楊の蔭とも」とあり、kene-pok（ハンノキの・下）の意とされる。

散布漁港

霧多布　キタプ　Ki-ta-p　カヤを・刈る・所　古くはキイタップといった（松浦図キイタッフ）。太平洋に浮かぶ陸繋島で、北は浜中湾、南は琵琶瀬湾に面する。「永田地名解」には「キタプ　茅を刈る処　ピブウシにアイヌ村ありしとき此島にて茅を刈りしと云ふ　霧多布村」とある。島側に市街があり、陸地側に広大な霧多布湿原が広がる。この島は戦後２度も津波の被害を受けた道内でも稀な地である。

島の中央部に「霧多布温泉」（弱食塩泉）がある。所在地の「湯沸」（同トウフツ）は「トープッ」（to-put、沼の・口）からで、東方にある小さな沼の入口の意と思われる。東端を「湯沸岬」といい、岬灯台には「かねてより荒き汐路ときいたふの島根に高くよする白浪」という松浦武四郎の歌碑がある。「暮帰別」（同ホキシヤリヘツ）は浜中湾西岸、同地名解にボキシラリペッとあり、「集落地名地理」はサクラホラ貝の川としている。

浜中　オタノシケ　ota-noske　砂浜の・中央　表記の意訳、太平洋に面する沿岸漁業と酪農の町。海岸の地名だったが、内陸部の根室本線の駅名を浜中としたので、駅前が浜中市街となった。元来の浜中は浜中湾の西岸中央で、かつての中心集落「榊町」付近は「アシッコタン」（asir-kotan、新しい・村）と呼ばれていた。「浜中町史」によれば、この湾一帯は厚岸アイヌと根室アイヌの入会地帯とされ、1799年（寛政11）内陸の「茶内」（ican-nay、鮭の産卵場ある・沢川）に番屋が置かれ、湾岸の幌戸・奔幌戸・羨古丹との往来が頻繁になったという。

後静　シリスッ　sir-sut　山の・根元　「北海道の地名」によると、後静は浜中湾北岸一帯の地名であるが、元来は幌戸の西の小岬の名であったとされる。松浦武四郎「戊午日誌」には「シリシユツサキ　此処峨々たる高岩、色皆赤くなりて海中に突出す。此処通り難きが故に、九折を五六曲も上りて、岬の上を越て蔭え下る」と出ている。

奔幌戸　ポンポロトー　pon-poroto　小さい・幌戸沼　松浦図にはホロト・ホンホロトと出ており、前者は幌戸沼である。東隣りの沼はそれより小さかったので、ポンが付いたのであろう。アイヌコタンで知られる白老のポロト、ポンポロトと同じである。江戸時代には「幌戸」が中心だったが、1973年（昭48）から奔幌戸漁港の造成が始まり、今は奔幌戸がこの地方の中心となった。

羨古丹

羨古丹　ウライコタン　uray-kotan　簗・村　奔幌戸東隣りのコンブ漁村（松浦図ウラヤコタン）。「永田地名解」には「ウライコタン　筌網村」とあり、筌とは細く割った竹で編んだ容器（ざる）をいう。もっぱらここの小川に簗をかけるために、小屋がけをした所であろう。「赤泊」は「ワッカトマリ」（wakka-tomari、飲み水の・入江）、「仙鳳趾」は釧路町と全く同じ「チェプポプシ」（cep-pop-us-i、魚が・跳ねる・いつもする・所）の意である（同ホンとホロのチエフホフシナイ）。

貰人　「戊午日誌」には「モエーレアトイ　地名モイレは遅き、アトイは汐路を来ることなりと。汐の通るが遅きと云儀也」と出ている（松浦図モエレマートコ？）。「モーライ」（moray、遅流川）に関係がありそうな名である。「恵茶人」（同エシヤシレエト）は「エチヤシトウ　往昔アイヌ村有りしと。其時熊を祭り送るに、此浜を走らせし由、よつて号ると」と出ている。「エサウシ」（e-sa-us-i、頭が・浜に・ついている・所＝岬）の意と思われるが定かではない。

松浦山川図　十四

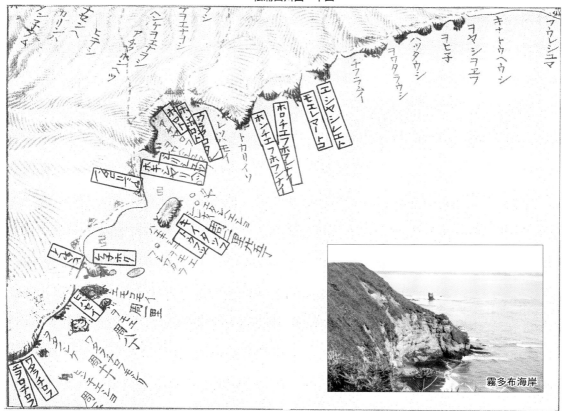

霧多布海岸

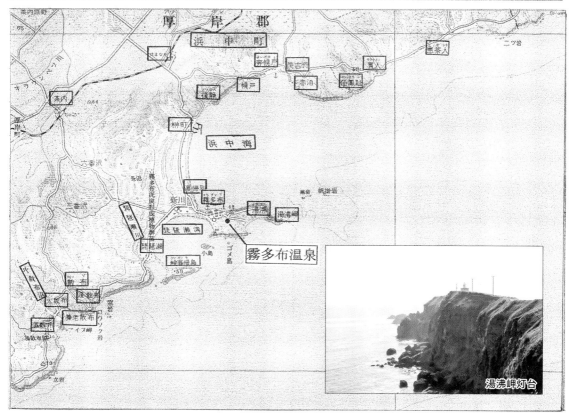

霧多布温泉

湯沸岬灯台

20万分の1　根室（平15）

２６、根室市

穂香（ほにおい） ポニオイ pon-i-o-i 小さい・それ・多い・所　松浦図ホニヲイ、「永田地名解」は小蛇多き処。恐ろしいもの、貴重なものは名をはばかってiそれと呼んだもの。他にpon-ni-o-i（小さい・寄り木・多い・所）説もある。やや南の「幌茂尻」（同ホロモシリ）は、同地名解に「大村　直訳大島なれども島にあらず　昔祖父多く住居せし故に名く」と出ている。

花咲（はなさき）　花咲の地名は和名で、花咲岬を岬の鼻先ということから、鼻崎に花咲があてられたという。アイヌ語地名では「ポロノッ」（poro-not、大きい・岬）とされる。「永田地名解」には「花咲郡　元名ポロノッ　大岬の義　花咲は鼻崎即ち岬の義にしてポロノッの俚訳なり　百花放開の義にあらず」と出ている。
　ハナザキは江戸期から見える地名で、東蝦夷地ネモロ（根室）場所に属し、「天保郷帳」には「ネモロ持場之内、ハナザキ」とある。花咲港は例年、根室港が流氷により１月下旬〜４月上旬に使用不可能になるため、古くから根室港の副港として利用された。戦後はサンマ棒受網やサケ・マス流網の進展につれて、厚岸とともに道東における沖合・遠洋漁業の中心基地となった。1952年（昭27）頃には、サケ・マス・カニの全てが花咲港に水揚げされ、この頃日魯花咲工場が置かれていた。
　1973年（昭48）、根室半島沖地震により高さ２m80cmの津波に襲われた。花咲岬には長径１〜２m、最大６mに及ぶ火成岩の放射状節理構造をもつ「根室車石」があり、国天然記念物に指定されている。

花咲岬

西和田（にしわだ）　この辺りは1888年（明21）屯田兵が開拓した所で、当時の大隊長和田正苗の名を採って地名にしたものだという。「西和田」市街の東北側は「東和田」である。「長節」（松浦図チヨフシ）はci-o-pus-i（自ら・そこ・破れる・もの）の意で、「長節湖」は水量が増すと自然に破れる湖沼であった。他にcep-us-i（魚が・いる・所）説もある。沼中にボラ魚が多かったからという。
　やや南の「昆布盛」（同コンフムイ）は、「永田地名解」に「コﾝポモイ　昆布湾」とある。昆布は北の方ではサシというが、南の土地では日本語と同じくコンブだという。沖に「ユルリ島」と「モユルリ島」が兄弟のように並んでいる。共に上が平たい島で、同地名解には「ウリリ　鵜鳥　ユルリにあらず」とあり、モ・ユルリは「小さい・ユルリ島」の意である。

落石（おちいし） オクチシ ok-cis うなじ・中くぼみ　根室市最南端、漁港のある漁業集落（松浦図ヲッチシ）。あまり観光化されていない景勝地。島のような山が海中に突き出していて、陸繋島である「落石岬」の砂州の部分が、人間の頸部に似ているので付いた名である。

東梅（とうばい） トーパイェ to-paye 湖に・行く（所）　風蓮湖東端と「温根沼」（onne-to、大きい・沼）との間の沿岸漁村（松浦図トウハエ）。「永田地名解」には「トーパイエ　沼行き　オンネトーの水フーレ沼に合す故に此名あり」とあり、温根沼（同ヲン子トウ）の水が風蓮沼に注ぐという意味だろうか。「北海道の地名」は水が行くのか、人が行くのか、この形だけからは分からないとしている。「春国岱」（同シユンマンタエ？）は風蓮湖と根室湾を分けるように延びる砂州であるが、sunku-nitay（エゾ松・林）からとされる。西方に酪農家が点在する「酪陽（らくよう）」地区があり、風蓮湖畔に道の駅「スワン44ねむろ」がある。

スワン44ねむろ

別当賀（べっとうが） ペッウッカ pet-utka 川の・浅瀬の上を水がうねり流れる所　広大な酪農地帯で、南北約６km、東西約９kmに及ぶ。集落は丘陵上のＪＲ根室本線駅前にある。地名発祥の別当賀川は北方を流れて風蓮湖に入っている（松浦図ヘトカフト）。

初田牛（はったうし） ハッタウシ hat-ta-us-i 山ブドウ・採る・いつもする・所　根室市西部の酪農地（松浦図ハッタウシ）。北部は別当賀川が流れ牧草地、南部は森林地帯である。集落はＪＲ駅前に形成、鉄道と並行して道道が走っている。「ハッタラウシ」（hattar-us-i、淵が・ついている・所）説もある。

松浦山川図　十四

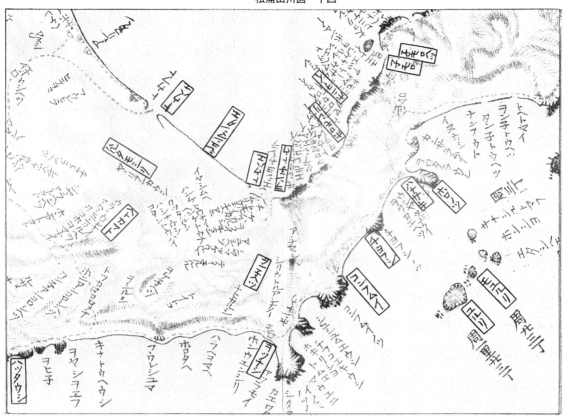

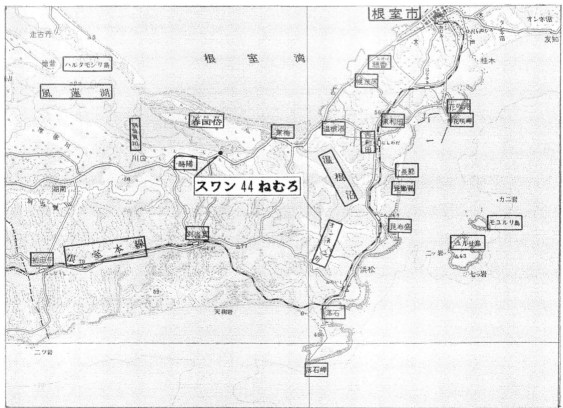

20万分の1　根室（平15）

27、根室市

根室 ニムオロ ni-mu-oro 木・密生している・所 「永田地名解」は「元名ニムオロ 樹木繁欝する処の義」とある。昔、木が密生していたのを風通しを良くして海霧を解消しようと伐採したという。「駅名の起源」は「メムオロペッ」(mem-or-o-pet、湧壺の・所に・ある・川)から転訛したと思われるとして、もともと根室湾に注ぐ小川の名であったという。他に「ニモイ」(ni-moy、木・湾)説や、「ニムイ」(ni-muy、木・箕)説がある。

根室港は古くはネモロ（松浦図子モロ）といい、1799年（寛政11）幕府直轄となり和船が来航、のち運上屋（会所）が設けられネモロ場所と呼称されるようになる。それまでは、約8km北東にあるノツカマフ（現ノッカマップ川口）が流通の拠点であった。ノッカマップ（同ノツカマフ）は、「永田地名解」に「岬上なる処 古岬上にアイヌ部落ありしとき此の谷川の鮭を取りて岬上の村即ちノッカマフへ運びたりと云ふ」と出ており、not-ka-oma-p（岬の・上に・ある・所）の意である。

以後海岸部に集落が形成され、漁業の発達とともに政治・経済の中心地として発展してきた。近年は漁業海域が狭められ多くの問題を抱えているが、沿岸資源の増殖を図るなど水産加工や製造業に活路を見出している。

根室港

友知 トゥモシルシ tu-mosir-us-i 二つの・島が・ある・所 根室半島南岸の沿岸漁業集落。トモシリ岬（松浦図トモシリウシノツ）の沖に「チトモシリ島」と「友知島」の二つの島（同トモシルシ）がある。東方に「双沖」があるが、「沖根婦」（同ヲケ子ヘツ）と「沖根辺」（同ヲヒ子ヘツ）（共に o-kene-pet、川尻に・赤楊ある・川）の両漁村を合わせた地名である。

珸瑤瑁 コヨマイ koy-oma-i 波・ある・所 納沙布の南岸、コンブ漁を主とする集落が段丘上にある（松浦図コヨマヘツ）。「集落地名地理」によると、沖にある小さな島に波が寄せるところからコヨマイ島（現カブ島）と呼ばれ、その対岸の陸地側の地名になったという。「歯舞」（同ハホマイ）の集落は、殆どがコンブ・ウニの採取やサケ定置網漁などに従事している。「永田地名解」には「アポマイ 氷島 アプオマイの急言 氷の内に在る島の義」とあり、apu-oma-i（流氷・ある・所）の意とされる。

納沙布 ノッサム not-sam 岬の・傍ら 「上原地名考」には「ノッシャブ。夷語ノッシャムなり。則、崎の際と訳す。此崎の際に昔時よりアイヌ村有る故、此名あるよし」とある（松浦図ノッシヤム）。「北海道の地名」によると、元来は岬ではなく岬のそばにあったコタンの名が、いつの間にか岬名としても使われたとしている。西の方にある「トーサムポロ沼」（同トウシヤム）は、直訳すると to-sam-poro（沼の・そば・大きい）となるが、「永田地名解」には「沼傍広き処 古アイヌ此処に住しアサリを取り食ひしと云ふ」とある。「温根元」（同ヲン子モト）は「オンネモイ 大湾 オンネモトと呼ぶアイヌ村ありし処」と出ており、onne-moy（大きい・入江）の意である。

納沙布岬は根室半島先端にある日本最東端の岬。珸瑤瑁水道を挟んで歯舞諸島を遠望でき、近接した位置には「貝殻島燈台」が見える。この岬はガスと呼ばれる海霧の日数が道内で最も多く、古くから岩礁と相まって海の難所として恐れられてきた。1872年（明5）に道内初の本格的灯台が設備され、6年後には点鐘も設置された。岬には、北方領土返還運動の高まりによって望郷の岬公園が建設され、シンボル像「四島のかけ橋」が威容を誇っている。

地図には歯舞諸島の一部が載っている。榊原正文著「北方四島のアイヌ語地名ノート」によれば、松浦図ヲトキ（o-tuk-i、そこに・生えた・もの）は「オドケ島」、キナウシトマフ(kina-usi-tu-oma-p、草・群生する・岬・ある・もの)は「萌茂尻島」、シイシヤウ（si-iso、大きな・波かぶり岩の転訛）は「水晶島」、ユウル（urir、鵜の島）は「勇留島」、アキロ、（ak-urir、弟の・鵜の島）は「秋勇留島」とされる。

納沙布岬

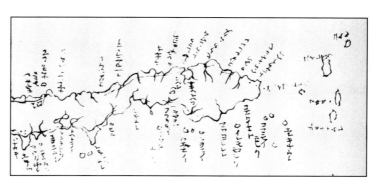
武四郎が描いた
根室半島の地図
（「戊午日誌」より）

松浦山川図　十四

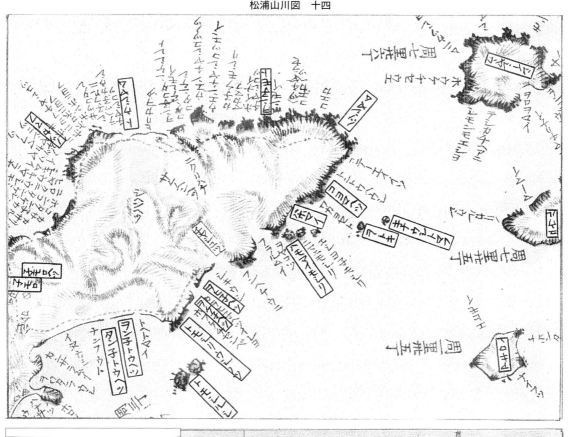
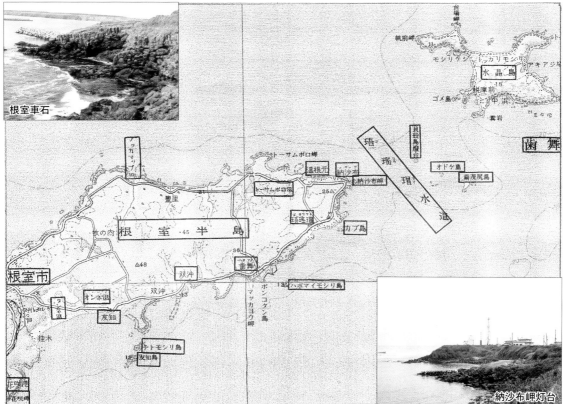

20万分の1　根室・標津（平15）

28、別海町

春別川　シュムペッ　sum-pet　油・川
松浦図ホンシユンヘツ、シユンヘツ（次ページ）。「東蝦夷日誌」には「名義、油川と云儀也。昔し鯨を取、油を絞りしが故に此名有と」と出ている。一方「永田地名解」は「溺死川 エシュムペツの略言なりと云ふ」としている。esum-pet（溺れる・川）の略語だというが、前者の方が正解らしい。

床丹　トゥコタン　tu-kotan　山崎の・村
トコタンの地名は各地にあるが、いろいろに読めるので判断しにくい。ここの場合（松浦図トコタン）も、表記の解はこの崎にアイヌの家があったからとされるが、他に tu-kotan（二ツ・村）説や、to-kotan（沼・村）説がある。「永田地名解」には「二ッ村　今のトゥコタンとライチコタンを呼びて二ッ村と称せしが後世一村の名となりしとアイヌ云ふ」と出ている。

風蓮湖

ライチコタンは「死枯村」とあり、ライトコタンの別称らしい。支流のチエブンナイ川（同チエフンナイ）は、cep-un-nay（魚が・入る・沢川）の意。また南の海岸にある「茨散沼」（同ハラサン）は、para-san（広い・棚）の意である。

現図にはもう無いが、中春別と別海の中間にかつて「平糸」という駅（標津線）があった。別海村の北が平糸村で、「ピラエトゥ」（pira-etu、崖・鼻）から付いたという。その名のもとになったらしいヒラウトルが松浦図の海岸線に書かれており、平糸村は内陸までを含んでいたのであろう。

西別川　ヌウシペッ　nu-us-pet　豊漁・ある・川
西別川（松浦図ニシヘツ）は流長77km、標津川と並ぶ大川である。川水が清澄で、この川の鮭の味は北海道一と称せられてきた。「永田地名解」には「ヌーウシュペッ　豊漁川　安政帳にも西別の元名ヌウシュペッとあり」と記されている。しかし「東蝦夷日誌」は、「ヌウシベツの転にして、川上に湯の如き温き水噴出す。故に号る也」と別の解を書いた。現在、別海市街には「別海ふれあい温泉」があるが………。この温泉は別海市街の中心地から1.5km南、総合運動公園にある温泉。泉温39℃の食塩泉は麦茶色をしており、湯冷めしらずという。

西別川のサケは、江戸期には幕府献上鮭であった。仕立方には細かい規定があり、鮭の大きさ、箱の寸法、荷造りまで厳重に定められていた。役人立ち会いの上、支配人に選ばれた者が仕立て、アイヌや他の人は近寄れなかったという。

別海　ペッカイェ　pet-kaye　川を・折る
別海村発祥の地は西別川河口の「本別海」であった。1934年（昭9）、役場所在地を約15km上流の西別市街に移し、そこが別海と呼ばれるようになった。「永田地名解」には「ペッカイェ　破れ川　又折れ川とも　別海村」とあり、西別川の海に出る所が曲がりくねっているので、そう呼ばれたものであろうか。

当町は近隣の町と同じく、鮭鱒漁業の発展に伴って海岸集落ができ、後に原野の開拓が進んで農業集落が形成された。内陸部は明治末期から開拓が始まり、昭和30年代以降のパイロットファーム事業・新酪農村事業などで飛躍的に草地化が進んだ。野付郡は標津郡と根室市の間の郡であり、別海町一町を指す。

矢臼別　オンネヤウシペッ　onne-ya-us-pet　大きい・網・ついている・川
風蓮湖北西隅の地名。現図にはヤウシュベツ川（松浦図ヲン子ヤウシ）と、北側に並流するポン（小さい）ヤウシュベツ川が流れている。当地は陸上自衛隊の演習場となっている。矢臼別と風蓮川（同フウレンヘツフト）の間を「奥行臼」といった（今下略して奥行という）。「永田地名解」は「ウコイキウシ　争闘せし処　根室ポロモシリ村のアイヌ厚岸アイヌと戦ひし処なりと云ふ」と書いた。ここを流れて風蓮川の川口に西から入っている木村川は、古くはウコイキウシ川（ukoyki-us-i、けんかする・いつもする・所）と呼ばれていた。

風蓮湖　フーレペッ　hure-pet　赤い・川
「永田地名解」は「フーレン湖　原名はトーなり　和名風蓮湖と名く」と書いた。湖はただ to と呼んだが、風蓮川が注ぐ湖なので、後に風蓮湖と呼ばれたのである。川筋はヤチが多いので、赤いヤチ水が流れているという意味で、この名で呼ばれたのであろう（松浦図に谷地にして小川多しとある）。風蓮湖北岸の漁業集落を「走古丹」というが、「アシッコタン」（asir-kotan、新しい・村）からとされる。根室アイヌのチンペイの勢力が強かった時、別海のアイヌをここに移して新村ができたので、こう呼ばれたという。

走古丹漁港

松浦山川図　十四

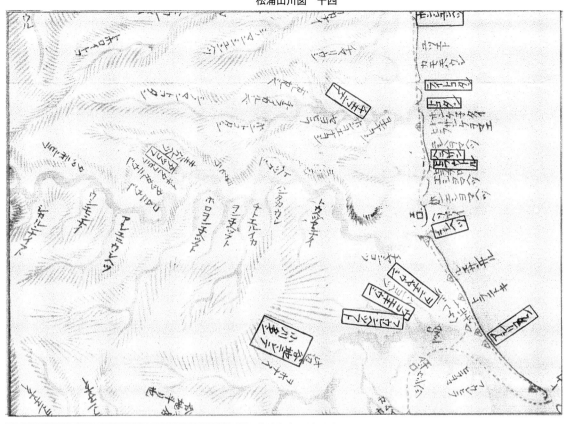

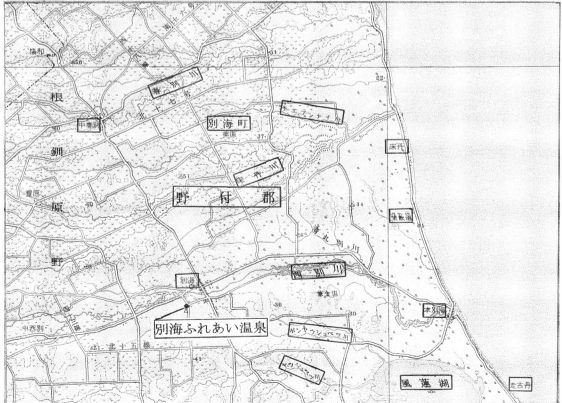

20万分の1　標津（平15）

２９、標津町・中標津町・別海町

標津　シペッ　si-pet　大・川　標津川（松浦図シヘツ）は根室海峡に注ぐ大川で、川沿いの土地もその名で呼ばれていた。標津郡はその中心として置かれ、北の目梨郡、南の野付郡の間の地域である。「永田地名解」には「シペッ　大川　シベオツ（鮭居る処）の説あれども非なり　標津村と称す」とある。「北海道の地名」は、「シペオッ」（sipe-ot、鮭・多くいる）説はこの辺りが鮭場所であったことから出た解であるが、表記の解が元来の語義だったのではなかろうかとしている。やや北にあるポー川左岸にはカリカリウス遺跡があり、自然公園には竪穴住居跡が復元されている。

茶志骨　チャシコッ　casi-kot　砦・跡　「標津町史」によれば、この付近に竪穴が多くチャシ跡が遺跡として残っているという。内陸の方は俗に"山茶志骨"とも呼ばれ、ほとんど酪農地域である。海岸の「住吉」辺りは"浜茶志骨"（松浦図チヤシコツ）と呼ばれ、大部分が漁業に従事し定置網が多い。

野付半島　ノッケウ　notkew　下顎　長い砂岬が海中に突き出して広い野付湾を抱いている。その突端部を野付崎（松浦図ノッケ）と呼ぶ。海水流入でトドマツ林が立ち枯れ、荒涼とした景観を呈した「トド原」は、近年風化して倒木化が進んでいる。半島にはエキタラウス（同イキタラウシ）・キマキ（同木巻）・キナチャウス・ナカシベツなどのカタカナ地名があったが、ほとんど死語化している。

ポー川史跡自然公園

　野付のもとになったアイヌ語は、「上原地名考」には「ノッケ　夷語ノッケウなり。則、顎といふ事。昔時、此所へ大きなる鯨流れ寄て此崎となる故、字になすといふ」と出ている。野付半島は古くから国後島方面への渡海地で、湾曲部の海峡側のキマキは国後との連絡のための烽火場といわれた。

　先端の竜神崎灯台付近にはセンダイハギ・ワタスゲの群落があり、冬期には風蓮湖と並んで１万羽を超えるオオハクチョウが飛来する。この砂嘴に定住者はなく、９〜１１月のサケ定置網漁業の番屋が数棟みられるのみである。

当幌川　トーホロ　to-horo　沼・川　当幌川（松浦図トホロ）下流は標津町と別海町の境になっている。松浦武四郎「東蝦夷日誌」は、「トホロ。名義は沼川と云。此川上に沼多き故に号。両岸芦荻原なり」と書き、「永田地名解」は「トーホロ　沼川　アイヌ云ふホロは川の義」としている。地図で見ると上流まで湿原の中を流れており、昔は所々に沼があって、この名で呼ばれたのであろう。horo は道東部では川の意だったようである。

尾岱沼　オタエトゥ　ota-etu　砂・岬　野付湾に突き出た市街地の所が、この名の発祥地とされる（松浦図ヲタエト）。オタエトゥが「おたいと」と訛り、それに尾岱沼と当て字したもの。国道244号の両側に尾岱沼港を中心とした市街を形成、別海町東北部の中心地として発展している。市街地北端の岬町に「尾岱沼温泉」、漁港沿いの港町に「野付温泉」がある。また約３km南に道の駅「おだいとう」がある。

　尾岱沼地区への定住が始まったのは、1886年（明19）頃からとされる。当時漁業は、野付湾内でのカレイ・チカ・サケ・マス・ホッキ貝などが主であったという。明治末期には缶詰所が２ヵ所あったが、昭和の初めには廃業している。昭和30年代は浅海増殖事業が中心となり、40年代はサケ定置網の協業化、50年代はホタテ漁場の保全事業などが行われた。

　1962年（昭和37）、野付風蓮道立自然公園に指定されると、野付半島とともに尾岱沼の海岸地域も指定区域に入った。野付湾での三角帆の打瀬舟による北海シマエビ漁や、冬のコマイ氷下待網漁などは観光資源となっている。

　尾岱沼温泉は1983年（昭58）に湧出した新しい温泉。泉温43℃の弱アルカリ性食塩泉は、神経痛・疲労回復・痔疾などに効くという。露天風呂から国後島の島影や野付半島を一望でき、ゆったりした気分が味わえる。

　野付温泉は漁業関係者をはじめ地元の人々が汗を流しに訪れる。この温泉には温度と泉質が異なる２本の源泉がある。一つは28.4℃のアルカリ性単純温泉、もう一つは58.5℃の食塩泉である。ゆったりとした造りの露天風呂は、漁師マチ独特の風情がある。

おだいとう

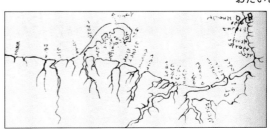

武四郎が描いた沿岸図
ノッケ　ベツカイ　ニシベツ　フウレン　子モロ
（「戊午日誌」より）

松浦山川図　十四

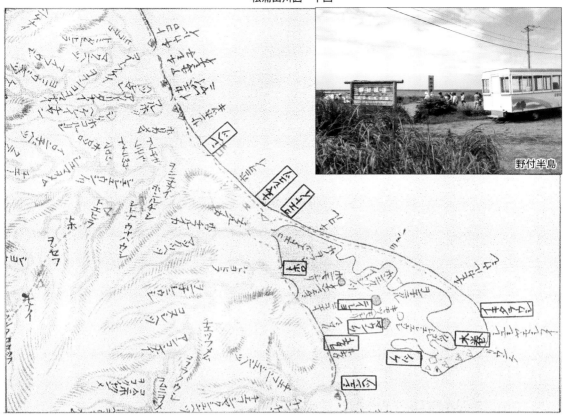

野付半島

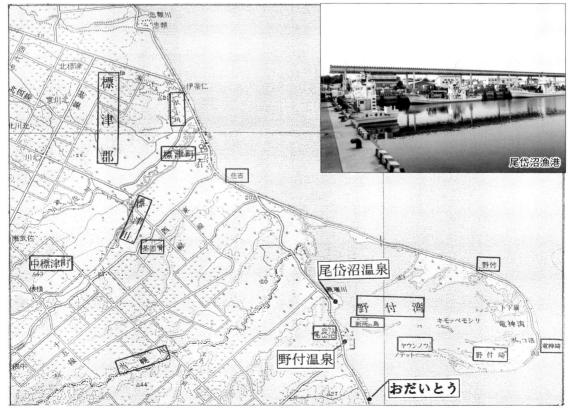

尾岱沼漁港

20万分の1　標津（平15）

３０、標津町

陸志別川　ルクシベッ　ru-kus-pet　路が・通る・川
松浦図ホロルウクシヘツ、ルウクシヘツ。海岸には漁家が散在、内陸は農業地域。河口北岸に「峯浜」の市街がある。「永田地名解」には「ルクシュベッ　山越　古へ斜里郡へ山越したる路なり」とある。上流に鉱床でもあるのか、川石が真っ赤であるという。山の方に開拓に入った人たちと、浜の方にいた漁業に従事する人たちが、それぞれに励もうということで峯浜の名が付けられたという。山裏になる斜里の「峰浜」と同名なのも面白い。

植別川　ウェンペッ　wen-pet　悪い・川
羅臼町と標津町の境界の川（松浦図ウエンヘツ）。「永田地名解」には「悪川　此川のほとりにアイヌ村ありしが悪疫流行のとき今のウエンベッ村に転居せり　此川にて蝦夷折々溺死する故に此名あり」と出ている。江戸期サケ・マスの漁場であった植別川流域にはアイヌ村があったが、江戸後期には住人はなく、近接する「ヨロマフ」（植別川北側のオルマップ川流域）に集落ができ、運上屋も置かれていた。「永田地名解」にある"今のウエンベッ村"とはヨロマフ（同ヨヲロマフ）のことである。

薫別川河口

崎無異　サキペモイ　sakipe-moy　鱒・湾
崎無異川河口の漁業地域（松浦図サキムイ）。「永田地名解」には「サキベモイ　鱒湾　一説シヤクモイ夏湾の義　此湾夏日鱒漁を為す故に名く　崎無異村と称す」とある。「標津町史」は"鱒の入江"としており、一説ならばsak-moy（夏・湾）となる。

薫別川　クンネペッ　kunne-pet　黒い・川
松浦武四郎「戊午日誌」には、「クン子ヘツ　川巾十間計、転太石急流、両岸に赤楊・柳の木多し。魚類鮭・鱒・アメマス・チライ等多しと云」と出ている。流域には摩周火山噴出物が広く分布、集落は河口にある漁港。「永田地名解」には「クンネペッ　黒川　此川の魚皆黒し故に名く　薫別村と称す」とある。黒川と呼ばれたのは、この地に砂鉄があるから、あるいは濁流だったからという説もある。しかし、現在の川水は澄んでいる。
　「戊午日誌」によれば、番屋・板蔵６・稲荷社のほかアイヌ住居が10軒あるが、若い者はノツケ（野付）・ネモロ（根室）に出稼ぎに出ている。また、薫別川を少し遡ったラルマニウシナイにもアイヌ住居が１軒あり（ラルマニはおんこの木のこと也）、さらに上流のウエンコロマフに温泉があったと記されている（コロマフは温泉壺の儀なり、ウエンは悪き也）。この温泉が「薫別温泉」と思われる。温泉ガイドによると、薫別川の上流約10kmの左岸崖下に、岩棚をくり抜いた簡単な露天風呂（泉温65℃、泉質食塩泉）があるという。ヒグマの棲息地に湧く秘湯中の秘湯であるが、林道が複雑で一般の人には向かないといわれている。

古多糠　コタヌカ　kotanu-ka　その村の・上の所
「知床日誌」には「コタヌカ。村所と云義。此所昔し人家有しが今サキムイ（崎無異）に引取てなし」とある。また、「戊午日誌」には「むかし此地にコタン有しよりな づく、平浜に川有。川巾七八間急流なり。川の手前に番屋一棟、塩切蔵、稲荷の社、是コイトイ（前ページ松浦図、野付半島基部コエトイ）アイヌの出張所也。……漁業は秋味のみ也」と出ている。「永田地名解」は「コタノカ　村跡」としており、今の「浜古多糠」の辺りをいったものであろう。

忠類川　チウルイ　ciw-ruy　水流・激しい
古多糠川の一本南の川名（松浦図チウルイ）。「永田地名解」には、「チュウルイ　急流川　チューは流れ、ルイは大なり　忠類村と称す」と出ている。河口で見ると付近の諸川に比して急流なので、この名で呼ばれたのであろう。
　「戊午日誌」によれば、かなり上流に「ソウ　高凡三丈七八尺、是チウルイ川の滝に成て落るなり」とあり、「金山の滝」（同ホロソウ）の記述と思われる。さらに、「ソウエンコロヲマフ　左りのかたに小川、是滝の上にあると云儀のよし。両岸峨々たる高山、其傍に温泉あるなり」と記され、「川北温泉」（同ソエンコロマフ）かと思われる。東流する標津川及びその周辺の湿地帯の北岸にあるので、

川北温泉

この名が付いた。1979年（昭54）までは町営の温泉保養所があったが、現在は残っていたタイルの浴槽に石や岩を配し、脱衣所やトイレなどを整備して露天風呂として利用している。泉温59.6℃の含硼酸食塩硫化水素泉は、ややしょっぱくて硫黄の臭いがする。

伊茶仁　イチャニ　ican-i　その鮭の産卵場
伊茶仁川下流の漁業地域、さけ・ますふ化場がある（松浦図イシヤニ）。「知床日誌」には「イジャヌ。名義は鮭が卵を置と云義也」、「戊午日誌」には「イジヤニ　相応の川有、川の南に番屋一棟・板蔵八棟・いなり社・御制札・井戸等有。其地名の訳は此川細けれども鮭よく卵を置堀をほるによって号るとかや」と出ている。「永田地名解」は「イチャニ　鮭の産卵場」としている。南から流入する「ポー川」流域には「伊茶仁カリカリウス遺跡」がある。

松浦山川図　十三・十四

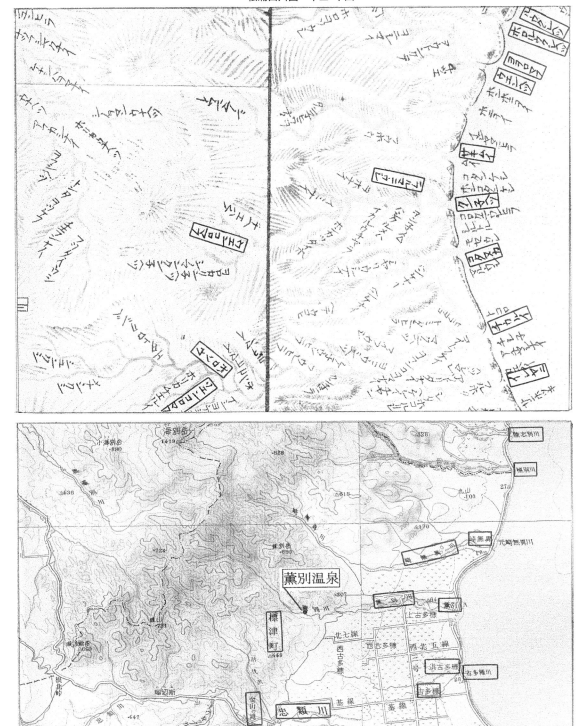

20万分の1　斜里（平13）・標津（平15）

３１、羅臼町・斜里町

知床岬　シレトク　sir-etok　地の・突出部＝岬
元来は、今知床岬（松浦図シレイトコ）と呼ばれる辺りのやや東寄りの小岬「ヌサウシ」（nusa-us-i、幣場・ある・所）を指したものであろう。ここは第一番の出岬なので、アイヌの人たちは海神を祀る時は必ずここに来て、イナウ（inaw、木幣）を削り神酒を捧げたという。語源は長い間"地の果て"を意味するとされてきたが、最近は表記の解が有力である。

西海岸の「獅子岩」は、カムイエバ（同カムイハ）と呼ばれた蛇頭岩。昔、弁慶の妹を呑み込もうと大蛇が追って来たのを、弁慶がここで踏み潰したものが岩になったという伝説がある。この北部に「啓吉湾」と「文吉湾」がある。いずれも斜里アイヌの首長、宮島啓吉と坂井文吉の名から付けられた。

赤岩
「アカイワ川」は、昔「キナウシ川」（kina-us-i、ガマ・群生する・所）と呼ばれていた。そこに赤い大岩が二つあったので名付けられた。その一つには洞窟があって、潜って通ることができたという。「滝ノ下」は、男滝・女滝が海岸に懸かり、崖下に番屋がある。昔「ニカルシ」（ni-kar-us-i、木を・取り・つけている・所）と呼ばれていた（松浦図ニカルウシ）。

相泊温泉

船泊
番屋が数軒ある無住地。「ペキノノ鼻」は松浦図には「ヘケレノッ」と出ている。「戊午日誌」には「ヘケレノツ　此処一ツのまた岬になり、此山樹木なくして明るきによつて号る也」とある。peker-not（明るい・岬）が訛ってペキノノになり、さらに岬の意味の鼻が付けられたものらしい。南の方に「モイレウシ川」（同モエレウシ）が流れているが、moyre-us-i（静かで・いつもある・所）の意とされる。

化石浜
岩礁海岸、サケ定置網・コンブ漁の番屋が点在。貝や魚の化石が出る所だという。北寄りの入江をデバリ、南寄りの入江を中番屋と呼んでいる。「観音岩」はレプイシララ（repuy-sirar、海岩）からとされる。「崩浜」は崖崩れの多い所。季節的なサケ定置網・コンブ番屋が点在。北部をクズレ、南部をカモイウンベ（kamuy-un-pe、熊・いる・所）と呼ぶ（松浦図はホロとホンのカモイヲ、ヘツ）。

相泊
海岸ロードは相泊で行き止まりとなる。北西風（アイ風）を避ける泊地の意。ここに「相泊温泉」があり、大きな入江の海岸に露天風呂がある。湯船の底の小石から、75℃の熱い澄んだ弱食塩泉が湧き出している。

瀬石
羅臼市街から海岸線を北へ、22kmほど行った瀬石の浜に露店風呂「セセキ温泉」がある。セセキとは seseki-i（熱い・所＝温泉）の意である。温泉のことを日本語伝来のユ（yu）で呼んでいるが、セセキが本来のアイヌ語であったらしい。　海岸の岩の隙間から71℃の食塩泉が湧き出し、天然の岩風呂になっている。少しぬるめの湯にのんびり浸かっていると、海の向こうに北方領土の国後島がくっきりと望まれた。松浦図にはセセキの滝はチヤラセナイ（carasse-nay、小川が細い滝をなして滑り落ちている）と出ている。

セセキ温泉

昆布浜
松浦図トカラモイ（tukar-moy、アザラシ・入江）。サケ定置網・夏季コンブ漁の番屋がある。ヲショロコツ（osor-kot、窪地の川）が流れ込む。ルサ川を遡り知床半島の山の一番低い所を越えると、斜里町のルシャ川で羅臼側〜斜里側間の古くからの通路（シヤリクシルシヤ）であった。ルサとはルエサニ（ru-e-san-i、路が・そこで・浜の方に下る・所）の意である。

モセカルベツ川　モセカラペッ　mose-kar-pet　イラクサ・採る・川
モセは繊維材料とした"おおばいらくさ"だという。松浦図キ、リヲヘツは kikir-pet（虫・川）で、蚊や虻などが多い川の意である。ヲチカハケ（オッカバケ川）は南風を防ぐ岩というが、o-cikap-ewak-i（そこに・鳥が・住んでいる・所、通称鷹の巣）の意もあるという。シヤシルイ（サシルイ川）は sas-ruy（昆布・甚だしい）の意で、他に砥石のある所という説もある。

羅臼　ラウシ　ra-us-i　低い所に・ある・もの
松浦図ラウシ、「永田地名解」は「ラウシ　低処」とあり、「ラウネナイ」（rawne-nay、低い所を流れる川）と同意ではなかろうか。しかし、ラウシにはもう一つ"臓腑"の意味もあるという。この川の源は沼なので、鮭鱒がたくさん産卵して魚の腸が川一面になったとする説や、昔鹿熊等を捕り必ずここで屠殺したとする説である。さらにこの地方では葛の蔓などをラといい、それが多い所の意であるという説もある。

羅臼市街に道の駅「知床・らうす」、国道を３kmほど行くと「羅臼温泉」（松浦図、温泉）がある。「知床日誌」には、「上に羅牛岳と云神霊著しき岳有、麓に温泉有よし」と出ている。泉温99℃もある源泉を沢水で割って入る「熊の湯」は、1978年（昭53）に地元の有志によって造られた含食塩硫黄泉の露天風呂である。

羅臼温泉熊の湯

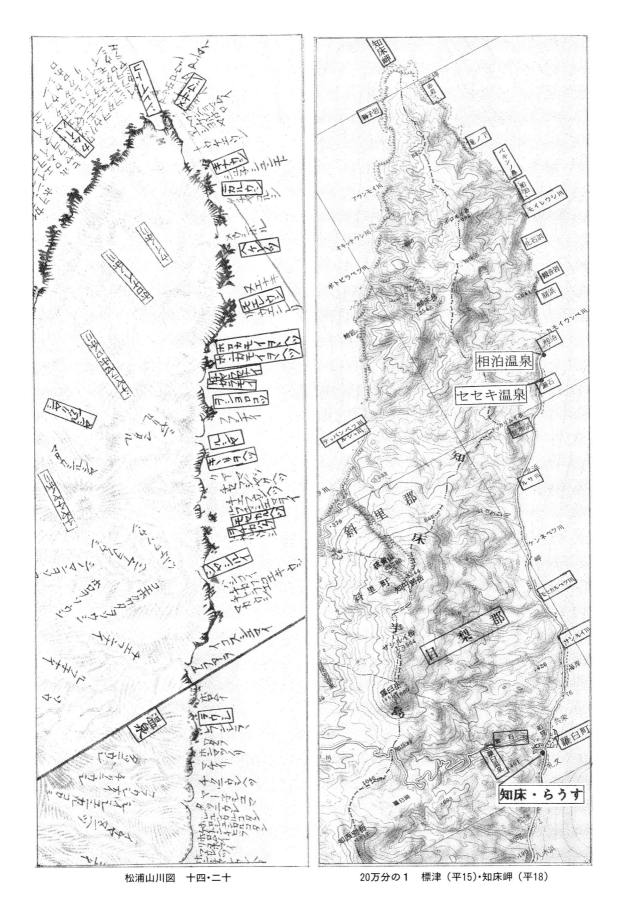

松浦山川図　十四・二十　　　　　20万分の1　標津（平15）・知床岬（平18）

32、斜里町・羅臼町

ルシャ川 ルエサニ ruesani 浜に下る路　前ページで述べたように、古くからの羅臼側～斜里側間の通路（松浦図ルシヤ）。テッパンベツ川はレッパンペッ（rep-pa-an-pet、三つ・上に・ある・川）の意で、シレトコ岬より第三番目の岬（カシュニ崎）にあるので名付けられたという。ウブシノッタ（同フブウシナイ）は、up-us-not（トド松・群生する・岬）の意。知床林道が海岸に下る所を流れるポンプタ川は、旧名シユフンウシ（supun-us-i、ウグイ・多い・所）の意である。

カムイワッカの滝 カムイワクカ kamuy-wakka 神の・水　北部にある「硫黄山」（1562m）から流れ出すカムイワッカ川は、硫黄分が強くて飲めないので"魔の水"の意味である。「カムイワッカの滝」（松浦図カモイワツカ）は全国に知れ渡った秘湯中の秘湯（70℃、酸性硫酸塩）である。イダシュベツ川は etaspe-un-i（トド・いる・所）の意、昔山より大岩を転り落して下に臥しているトドを獲った所であるという（同イタシヘウニ）。

岩尾別 イワウペッ iwaw-pet 硫黄・川　イワウベツ川（松浦図ユウナイ?）は「羅臼岳」（1660m）の北西斜面の水を集めてオホーツク海に注ぐ。「永田地名解」には「硫黄川　白濁の水僅に流る、未だ温泉あるを見ずと云」とあるが、さけ・ますふ化場もあり、特に硫黄分の多い川ではないという。

岩尾別温泉露天風呂

　川筋の土地は岩尾別の名で呼ばれ、上流約4kmには「岩尾別温泉」と山小屋があり、羅臼岳への登山口になっている。この温泉は昔アイヌの人によって発見され、利用され始めたのは戦後で、当初は簡単な小屋であったという。1962年（昭37）、温泉に至る道路が完成してバス路線が延長され、翌年にはホテルが本格的な営業を始めた。泉温61℃の食塩泉は、広く石灰華（湯の華）の沈殿物が付着しているが、知床の空気のように澄んで透明だ。羅臼岳は「チャチャヌプリ」（caca-nupuri、親爺さん・山）と呼ばれ、大昔からアイヌの人だけでなく、和人も崇拝して親しんできた山とされる。松浦図では硫黄山（ユワヲノホリ）と羅臼岳（チヤチヤノホリ）が逆になっている。

フレベの滝 フーレペ hure-pe 赤い・水　松浦図にはフレヘとある。象の鼻は poro-suma-enrum（大・岩・岬）、チカポイ岬は cikap-o-i（鳥・群居する・所）の意である。プユニ岬（同フユニ）は、puy-un-i（穴・ある・所）の意、この崖穴は今は崩れて無いという。昔、庫のような木が岬の上にあったという pu-un-i（木倉・ある・所）説もある。

ウトロ ウトゥルチクシ uturu-ci-kus-i その間・我らが・通行する・所　旧図には「ウトゥルチクシ」と出ており、「永田地名解」は「間の通路」としている。「斜里町史」は表記の解で、岩と岩との間の細道を通って部落から浜へ往来したので、この名があるとしている。ウトロ漁港近くのゴジラ岩（ローソク岩）と鍋型の大岩の間のことをいうらしい。

ゴジラ岩

　宇登呂は昔は静かな漁村であったが、今では立派な市街となり、近代的な築港ができて、知床遊覧船の基地にもなっている。しかし、元禄郷帳（1700年）には宇登呂の名はなく、この辺りは「べりけ」（ペレケ）と書かれているという。perke-i（裂けている・所）の意であるが、松浦図ではヘケレノツ（peker-not、明るい・岬）となっている。ペレケ（裂けている）とペケレ（明るい）とが似ているので、このような例は諸地に見られるという。北側を「ホロベツ川」（poro-pet、大・川）が流れている。松浦武四郎「戊午日誌」には、「ホロベツ　此処峨々たる出岬と平浜の間に大川壱すじ有。………此処ウトルクシと対して一湾をなして、鯡・鱒の漁場のよし也」と出ている。ウトロの市街地に、道の駅「うとろ・シリエトク」と「ウトロ温泉」がある。温泉は昭和40年代の秘境ブームに乗って開発され（61.6℃、含重曹食塩泉）、オホーツク海に沈む夕日やウトロ港が眺められる。

オシンコシン崎 オシュンクウシ o-sunku-us-i 川尻に・エゾ松・群生している・所　岬は材木石（柱状節理）から成り、木幣を削って捧げて通った所（松浦図ヲシユンクシ）。オシンコシンの滝は、チャラッセナイ川（carasse-nay、崖を滑り落ちる・沢川）に懸る滝である。やや北のフンベ川は、humpe-oma-pet（クジラ・入る・川）の意。昔この川口へ鯨が寄り上ったという（同フンヘシヤハ）。

オンネベツ川 オンネペッ onne-pet 大きい・川　転太石の急流で、アメマス・マス・ウグイ・イトウが多かったという。シレトコ岬からこの辺りまでの一番大きな川として名付けられたものであろう（松浦図ヲン子ヘツ）。源流部北方に遠音別岳（1331m）が聳える。「真鯉」は mak-oo-i（奥・深い・所）の意。昔、判官様（源義経）がここに幕を張ったので名付けたという伝説もある（同マクヲイ）。

松浦山川図 十九・二十

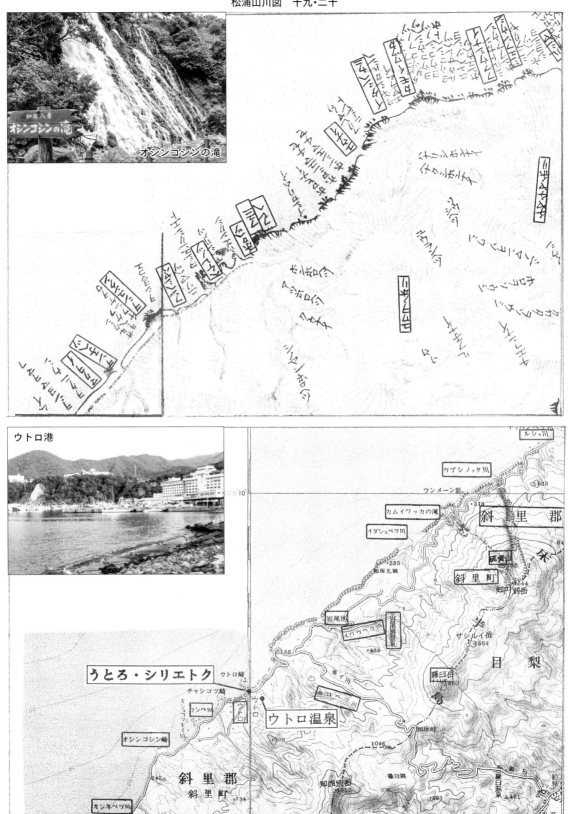

オシンコシンの滝

ウトロ港

20万分の1　網走（平14）・知床岬（平18）

３３、斜里町

斜里 サラ sar ヨシの生えた湿原　江戸期から見える地名（松浦図シヤリ）、古くは「しやる」ともいい、社里・舎利とも書いた。松浦武四郎「廻浦日記」によれば、斜里川の西側をクシタと呼びアイヌ住人20軒、東側に運上屋・稲荷社・米蔵など、少し離れた浜手のバナに30軒のアイヌ住人があったという。クシタは kus-ta（川向こうに・ある）、バナは pana（川下の方）の意である。1860年（万延元）当地方の警備を担った会津藩の陣屋が設けられ、明治になるまで代官が駐在した。1931年（昭6）釧網本線全通、斜里駅周辺は町の中心地として発展した。

　1964年（昭39）知床半島が国立公園に指定され、1998年（平10）その玄関口ということで「知床斜里駅」と改称した。知床は2005年（平17）7月14日、南アフリカのダーバンで開かれたユネスコの会議で、世界自然遺産への登録が正式決定された。ここに、北海道100番目の道の駅「しゃり」がある。

しゃり

以久科　松浦図には「タン子ウシ」（tanne-ni-us-i、長い・木・群生する・所か？）とあり、前述した"浜手のバナ"はこの辺りを指していると思われる。「戊午日誌」には、アイヌの子供が裸になって海に入り、ホッキやカレイ等を採っていたと記されている。我等を見て一同に喜び寄り来る也とある。海岸の砂丘はハマナスやえぞすかし百合の群生地で、「以久科原生花園」と呼ばれている。この地は眺望に優れ、南方に斜里岳、東方に海別岳、オホーツク海を挟んで北東に知床半島の山並みを望める。

幾品川 エクシナペッ e-kusna-pet そこを・突き抜けている・川　「猿間川」（松浦図シヤリハ）の東支流で、上記の解は「斜里町史」によるもの（山の際まで突き抜けている川の意味）。「永田地名解」は「イクシュペッ 彼方の処 ヤチ川なり」とある。「北海道の地名」は、この川は斜里の方からは一番遠い川なので、当時何かの目標物があって「イクシナペッ」（i-kus-na-pet、それの・向こう側の・方の・川）の意だったのではなかろうかとしている。

　幾品川から海岸までの土地は、前述のように違う字を使って「以久科」と呼ばれる。幾品川を遡ると、中流のポンイクシナ川との合流点付近に「越川温泉」（52℃、ナトリウム・カルシウム―塩化物・硫酸塩泉）がある。鉄を多量に含んでいるので、少し赤茶けた色をしている。

朱円 シュマトゥカリペッ suma-tukari-pet 石の・こちらの・川　オホーツク海に面する畑作地帯。「斜里町史」によると、峰浜の辺りを流れていたシュマトゥカリペッ（現シマトツカリ川）を境にして、斜里方面は砂浜、東の方は石原なのでこの名が付いたという。シュマトカリがシュマドカ（朱円）となり、音読みで「しゅえん」となったもの。

海別川 ウナペッ una-pet 灰・川　松浦図ウナヘツ、「永田地名解」には「ウナペッ 灰川 古へ噴火せしとき全川灰を以て埋めたりしが今は灰なし」と出ている。なお「奥蘂別川」は、o-kus-un-pet（川向こうにある川）の意とされる。

峰浜　松浦図シュマトマリ、オホーツク海に面するサケ・マス定置網漁業と畑作農業地域。「海別岳」（1419m）の峰が北に延びて海岸に迫り、これより東は岩石海岸となる。山麓一帯は火山灰で覆われており、バレイショ・テンサイ・ムギ類を産する。スキー場近くに「ウナベツ温泉」（44.3℃、単純硫黄泉）がある。4～5km先から引くお湯は、知床で最良の湯質といわれる。

ウナベツ温泉

　松浦武四郎「戊午日誌」によると、「峰浜」辺りの記述として「ウナヘツフト（海別川口） 川巾十間計。浅瀬なるが此川水時々切、落処失よしなり。底は小石也。ウナヘツ（海別海岸） 此処人家三軒野原に立たり。皆草原也。此浜ホツキ並に小貝多し」と出ている。また「シユマトカリヘツ（シマトツカリ川） 小川有。此処よりシヤリ（斜里）の方小石一ツもなし。よって一人が出てはだしにて舟を引行。石なきによって号るよし也」とある。さらにその先は、「ノツカマフ（糠真布川） 小川有。小石原。本名ノツカヲマフと云よし。此岬第一番に出たるによっての由也」と出ている。

糠真布川 ヌプカオマプ nup-ka-oma-p 野の・上に・ある・もの　河口近くの畑作農業と沿岸漁業地域を「日の出」というが、以前の名は「幌泊」（poro-tomari、大きい・泊地）であった（松浦図ホロトマリ）。かつては四十数戸を数えた農家も、過疎化により激減。やや北にある「知布泊」はcip-tomari（舟の・泊地）の意で、漁港周辺に水産加工場や番屋・倉庫などがある。

オチカバケ川 オチカプエワキ o-cikap-ewak-i そこに・鳥が・棲んでいる・所　知布泊から約2km北を流れる川。「永田地名解」には「オチカバケ 鷲の栖 チカバケはチカプエワケの短縮語」と出ている。「戊午日誌」は「ヲチカバケ 往昔より鴨必ず年々此処にて卵をなすが故に此名有るよし也」。

松浦山川図　十三

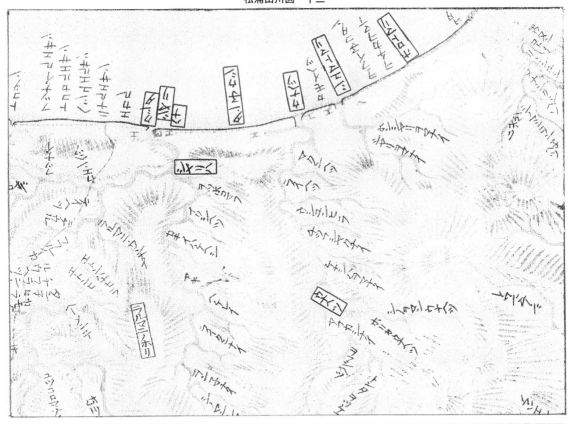

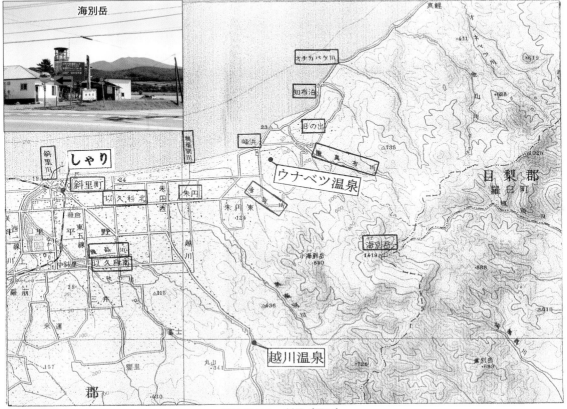

20万分の1　斜里（平13）

３４、網走市・大空町（旧東藻琴村）・小清水町・清里町

藻琴（もこと） 網走市東郊の地名・湖名・川名（松浦図モコト）。元来は「藻琴湖」から出た名であるとされる。「モコトー」（mokoto、小沼？）、「ムㇰトー」（muk-to、塞がる・沼）、「ポコッㇳトー」（po-kot-to、子・持つ・沼）、「モコッㇳトー」（mokotto、眠っている沼）などの諸説がある。東藻琴村は元来網走町内であったが、網走が市になった時に分離されて独立の村となった。藻琴湖の東に位置することから名付けられたとされるが、南藻琴といったところか。2006年（平18）、女満別町と合併して大空町となった。

浜小清水（はまこしみず） 小清水町北西部のオホーツク海に面する畑作地、町内第二の集落を形成。小清水町の海岸にあるのでこの名が付いたが、もとは「古樋」（hur-tuy-i、砂丘が・断たれている・所）と呼ばれていた（松浦図フレトエ）。現在「フレトイ展望台」がある。ここの国道244号沿いに、JR浜小清水駅も兼ねる道の駅「はなやか（葉菜野花）小清水」がある。昔この辺りは、松浦図にあるアヲシユマエ（矢落ちたる処の意）に、「蒼珥」という難しい漢字を当てて村名としていた。

はなやか（葉菜野花）小清水

涛沸湖（とうふつこ） トーブッ to-put 湖の・口 砂丘によってオホーツク海と区切られている海跡湖。アイヌの人たちはただトーと呼んでいたようであるが、和人が湖口の「トーブッ」を採って今の湖名にしたという。砂丘上には、ハマナス・エゾスカシユリ・センダイハギなどが分布し、小清水原生花園と呼ばれるオホーツク海最大の植物群落地となっている。湖にはフナ・ウグイ・ワカサギ・エビなどが生息している。

浦士別（うらしべつ） ウライウシペッ uray-us-pet 簗・ある・川 涛沸湖の東南隅に注ぐ浦士別川左岸の畑作・酪農地域。この川（松浦図ウライウシヘツ）は湖水に注ぐ最大の川で、小清水町と網走市の境界になっている。昔は、名の聞こえたアイヌ首長の村がこの川岸にあったという。近くを松浦図ではトツホシ（ツッポチ川）とウカルシヘツ（ウカルシュベツ川）が流れている。「永田地名解」によると、前者は「ウグヒ魚居る処」、後者は「椎打の遊戯せし処沼に注ぐ」と出ている。

止別（やんべつ） ヤㇺペッ yam-pet 冷たい・川 止別川下流の畑作地帯、JR止別駅前に市街がある。松浦図はヤンヘツ、「永田地名解」は「ヤㇺペッ 冷川 川の近傍にメㇺ（泉池）ありて冷泉湧出するを以て名く 止別村と称す」とある。しかし、「斜里町史」は"冷たい川"説には賛成できないとし、元の形は「ヤワンペッ」（ya-wa-an-pet、内地の方・に・ある・川）であるとしている。斜里より手前（網走の方から見て）にある川だからそう呼んだという。

小清水（こしみず） 「駅名の起源」によると、1891年（明24）駅遞設置の際に、止別川の支流「ポン止別川」（pon-yam-pet、小さい・冷たい・川）を意訳して小清水にしたという（松浦図ホンヤンヘツ）。町の行政・経済の中心である小清水市街は両川の合流点南方にある。1919年（大8）、斜里村から分離して小清水村が成立。当初は第一次産業人口が7割以上を占める農村として出発したが、1962年（昭37）を境に減少に転じ5割を下回るようになった。平成に入ると建設業やサービス業の比率が高まり、近年は第三次産業人口が約47％となっている。この市街地に「小清水温泉」（泉温51.8℃、弱食塩泉）がある。

ニクル沼（にくるぬま） ニクルトー nikur-to 林の（所の）・沼 JR止別駅の東にある小沼。「永田地名解」には「リニクル 高林 丘上樹林あるを以て名く」とあり、「斜里町史」は「ニクル沼。原名ニクル・オンマクン・ト（nikur-osmak-un-to、ニクルの・背後に・ある・沼）」としている（松浦図リイフルケリ辺りか？）。

涛釣沼（とうつるとう） トーウトゥル to-utur 沼・間 ニクル沼と並んでいる大沼。ニクル沼（子沼）に対してオンネトー（親の沼）とも呼ばれたが、後に二つの沼の間の地名であった to-utur を付けて、涛釣沼と呼ばれるようになった（松浦図トコタン辺りか？）。

清里（きよさと） 網走地方東部の畑作・酪農の町。1943年（昭18）、斜里町と小清水町から分割統合して上斜里村設置。1955年（昭30）町制施行と同時に、小清水の清と斜里の里より清里になる。中心になっている清里市街（もと上斜里）に「清里温泉」（52.7℃、食塩泉）がある。

エトンビ川（えとんびがわ） 清里市街の少し上で斜里川に入る東支流（松浦図エトンヒ）。「斜里町史」は「エトンビ。エ・トゥ・ウン・ペッ（e-tu-un-pet、頭が・山へ・入り込んでいる・川）」としている。同じく「チエサクエトンビ川」は「チェプサクエトゥンピ。cep-sak-etunpi（魚の・無い・エトンビ川）」。「ペーメン川」（同ヘーメンテ）は「ペー・ウェン・メㇺ（pe-wen-mem、水の・悪い・湧水の池）」の意。

JR原生花園駅

松浦山川図　十三

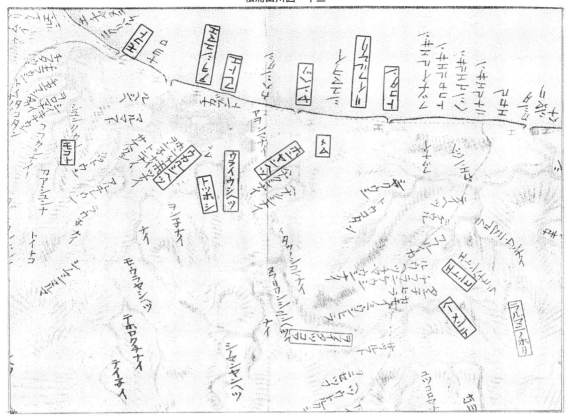

20万分の1　斜里（平13）

３５、網走市・北見市（旧常呂町）

網走 チパシリ ci-pa-sir 我らが・見付けたる・岩　語義については諸説があり特定できない。「永田地名解」は「チパシリ　我等が見付けたる岩　昔しアパシリ沼の岸に白き立岩あり　笠を蒙ぶりて立ちたるアイヌの如しアイヌ之を発見してチパシリと名けて神崇し木幣を立つ後アパシリと改称すと云ふ」としている（松浦図アハシリ）。もともとは、アイヌが崇拝する沖の神の幣場があった、網走川の河口に近い海にある「帽子岩」（同チハシリシュマ）に付いた名であるとされる。その意味ではcipa-sir（幣場ある・島）であるが、チパが古語であるため、後のアイヌに理解されなくなるに及んで、表記のci-pa-sirの解釈が生じたという（網走市史）。近くにモヨロ貝塚で有名になったモヨロ（moy-or、入江の・所）も出ている。

網走川　「網走市史」は「リンナイは網走川の古名。リㇽ・ナイrir-nayから転じたものでリㇽは潮、ナイは川、リンナイは潮の入る川の意」としている。なお網走湖は和人が付けた名で、アイヌの人たちはただ「トー」（to、湖）と呼んでいたという。松浦図には湖口にチハシリ・クツチヤロ（kutcar、のど口）とある。網走川河口に道の駅「流氷街道網走」がある。

流氷街道網走

能取湖 ノトロ not-or 岬の・所　もとは岬の辺りの土地を呼んだ名であろうが、それが岬名にも湖名にもなっている。この湖もただトーと呼ばれていたが、和人が能取の湖だという意味で付けた名である。松浦図では能取岬の所にノトロ本シンノノトエトとあり、sino-notetu（本当の・岬）の意である。また「美岬」の所にはウハラ、イノトロとも云と書いてある。現在の「能取」は湖口の西方にあり、北岸には75mの美しい丘モイワ（mo-iwa、小さい・山）がある。

卯原内 ウパラライ u-par-ray 互いに・川口・死ぬ＝口無川　卯原内川は能取湖に注ぐ最大の川である（松浦図ウバラ、イ）。「永田地名解」には「ウパラライ　口無川　ウは互いに、パラは川口、ライは死す、此川は三脈あれども皆川口なし故に名く」と出ている。「駅名の起源」は「オパラナイ」（o-para-nay、川口・広い・沢川）で、湖に注ぐ川口（同ウハラ、イフト）が広くなっているからとしている。

リヤウシ湖 リヤウシトー riya-us-to 越冬する・いつもする・湖　網走湖北西端にある小さい湖（松浦図リヤウシト）。そこにいつも越冬するリヤウ・コタン（越年・村）があり、そこにある湖なのでこう呼ばれた。あるいは、この湖でウグイの多くが越年するので名付けられたともいう。西側を「越歳川」が流れ、中流の畑作地を「越歳」という。越年を意訳したものか。

呼人 イオピトー i-opi-to それを・捨て去った・沼　網走湖東岸に湖の北東が細長く入り込んでいて、湖本体との間はひょろ長い出岬（呼人半島）になっている。その長く入り込んだ湖の部分が、元来の「ヨピトー」（yopi-to、親沼から別れ出ている湖）である。「呼人」地区について、「戊午日誌」には「ユービトウ　其名義は沼よりまた別の沼の如く入江が有ると云義也。此処まで岸山にして、是より奥は皆平地也。………ユービトウエンルン（呼人半島）一ツの岬なり。ユーヒトウに有る岬と云義也」と出ている（松浦図ユウヒトウ）。この湖畔に「網走湖畔温泉」（23～50℃、アルカリ性単純温泉）がある。

常呂 トゥコロ tu-kor 山崎を・持つ　「北海道の地名」によると、古い時代の文献にはどれも「ツコロ」と書かれているという。元来はトゥコロであったが、当時はツコロと書き、その山崎は常呂川東岸の長尾根のことであったらしいとしている。しかし「永田地名解」には「トコロペツは川名なり　現今の常呂川は常呂村の岬側に至り海に注ぐとも往時はライトコロ（死したるトコロ川）の筋を流れて猿間湖（サロマ湖）に注ぎたり　トコロペッとは沼を有つ川或は沼の川とも訳すべし」と出ている。もう一つの解「トコロペッ」（to-kor-pet、沼を・持つ・川）の意である。松浦図に書かれている河口近くのソウは「瀑布にあらずして急瀬なり」、ヘツモシリは「川島」、ア子トウは「細長き畑」、トウルハは「高土の端」と出ている（永田地名解）。

東浜 豊浜の岬（松浦図シレト）を東に回った所に大島川という小流がある。大島という土地の川だが、シラリカタナイと出ている。sirar-ka-ta-nay（岩礁の・上の・方にある・沢川）の意であろうが、今ではほとんど川形が失われているという。海岸がゆるく入江形になっている辺りはモヲロとあるが、モヨロ貝塚のモヨロと同意である。

ライトコロ川 ライトゥコロ ray-tukor 死んだ・トコロ川　サロマ湖は東方端がずっと東に入り込んでいて、そこにライトコロ川（常呂川の古川の意）の川口がある。「北海道の地名」によると、現在の常呂川は東の山裾を流れているが、古い時代には西側の方に流れてサロマ湖に注いでいたことがあったらしく、平野の中にはその川跡が所々に残っているという。

常呂川

松浦山川図　十三・十九

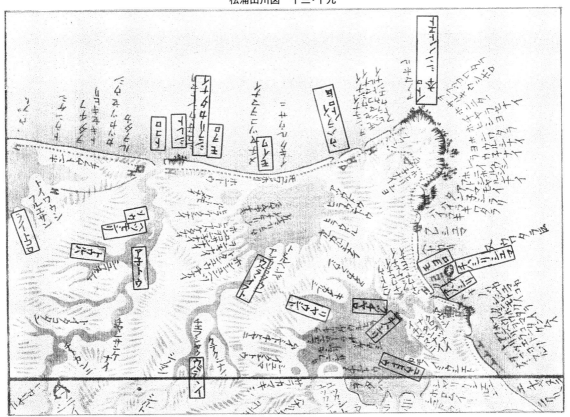

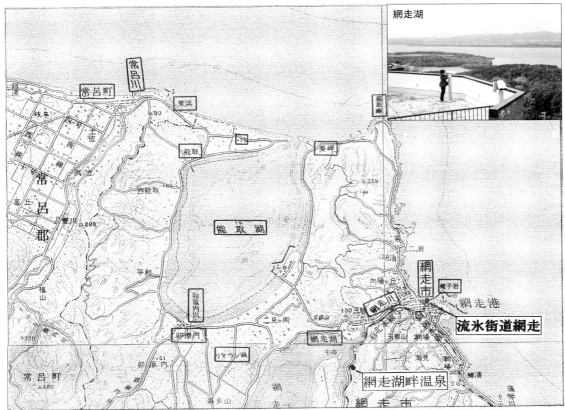

20万分の1　網走（平14）・斜里（平13）

３６、湧別町・佐呂間町

ワッカ ワッカオイ wakka-o-i 飲み水が・ある・所　「北海道の地名」によると、昔はこの海中道が北見海岸の東西交通路であったが、大部分が狭い砂丘地帯で飲み水が無い土地であったので、途中に飲み水のある場所がワッカオイと呼ばれ、それが「ワッカ」という地名になったという。

登栄床 トーエトク to-etok 湖の・奥　昔はサロマ湖の湖口が東北端にあったので、ここが一番奥として呼ばれたものである（松浦図トウイトコ）。「テイネイ」は低湿地なので、teyne-i（濡れている・所）と呼ばれたのであろう（同テイ子イ）。「福島」は大正時代、福島県人が入地したが地味が悪く、戦後入植した緊急開拓者も離農が多かったという。

芭露 パロ paro その口　芭露川がサロマ湖に入る所の酪農・畑作地（松浦図ハーロ）。湖岸に市街があり漁家もある。「北海道の地名」によると、芭露川の口がこの辺りで大きい川口だったのでパロの名で呼ばれ、それが川名にも使われたのであろうとしている。流域には上・西・東の付く芭露地区がある。

サロマ湖 サロマトー sar-oma-to ヨシ原に・ある・湖　湧別郡と常呂郡の間にある大湖。「永田地名解」は「サロマトー　茅ある沼　沼の周辺すべて是茅故に名く」と書いた。「北海道の地名」によると、アイヌの人たちはこの種の大湖はただトー（湖）と呼び、特別の名では言わなかったそうである。和人が来るようになり、和人の流儀にならって呼んだものか。

サロマ湖

志撫子 シュプンウシ supun-us-i ウグイ・多い・所　サロマ湖に入る志撫子川下流域の漁業・畑作地（松浦図シフシ）。「永田地名解」には「シプシュ　大破？」とあるが、上記の解釈が妥当と思われる。昔は「士武士」の字を当てていたという。芭露と志撫子のちょうど中ほどの「月見ヶ浜」に、道の駅「愛ランド湧別」がある。月見ヶ浜は、初秋に湖岸を赤く染めるアッケシソウ（通称サンゴ草）が美しい。

計呂地 ケレオチ kere-ot-i 削らせる・いつもする・所　計呂地川がサロマ湖に入る所の漁業・酪農地。「永田地名解」は「ケロチ　鮭履を忘れたる処」としており、「ケリオチ」（keri-oci、履き物・多くある所）という解釈もあるようだ。「集落地名地理」によると、「円山」（160m）のサロマ湖に突き出ている岬（ケロチノッ）が、いつも削られているの意ではなかろうかとしている。

富武士 トプウシ top-us-i 竹・群生している・所　湖岸はホタテ養殖業、内陸は畑作・酪農地。「永田地名解」は「トゥプウシ　小きウグヒ魚居る処」とあり、「戊午日誌」には「トッポウシ　其名義は二寸三寸位の桃花魚の事のよし也。アイヌ桃花魚の小さきをトッホウシといへるとかや。此川多く居る故に号とかや」と出ている。トプは一般的に竹のことだが、シシャモを柳葉魚と言うように、小さいウグイを"竹のような魚"とでも呼んだものか。

富武士漁港

浪速 サロマ湖に面する畑作地。1945年（昭20）大阪より37戸が集団入植。浪速は大阪の古名である。ここに道の駅「サロマ湖」がある。名所の「ピラオロ台」は、pira-oro（崖の・所）の意か。背後の森はサロマ湖展望台で知られる、標高376mの「幌岩山」（poro-iwa、大きい・山）である。しかし決して大きい山ではなく、霊山だったらしい。

　幌岩山の湖岸に出た岬は、「戊午日誌」には「ホロイワエンルン　此処峨々たる高山の麓一ツの岬に成て出張たる処也。ホロイワとは大山の義也。エンルンは岬也。大岩の岬と云儀。アイヌは是をカムイシレトと云り。其義は神居岬と云儀也。アイヌ皆木幣をなりと納め出立せり。此岬東はア子フと対し、北はトコタンと対して一対をなすなり」と出ている。「カムイシレト」は kamuy-siretu（神の・岬）、また「ア子フ」（松浦図キンマアー子フ）はキムアネップ岬を指し、kim-ane-p（山側の・細い・もの）の意とされる。

　"北はトコタンと対して"とあるが、「床丹川」とするならば西に当たる。「トコタン　此処湾の奥。少しの転太浜有。其処相応の川有。往昔は此川端にアイヌ多く住せし由、よって号るとかや」（同日誌）と出ている。「トコタン」は tu-kotan（廃・村）か、to-kotan（沼・村）の意とされ、床丹川流域の漁業・酪農・畑作地域を「若里」という。

佐呂間　佐呂間町の中心市街は「佐呂間別川」中流にある。この川の川尻一帯がヨシ原であったので、「サロマペッ」（sar-oma-pet、ヨシ原に・ある・川）と呼ばれていた。ここは以前「中佐呂間」であったが、近年「佐呂間」に改名された。サロマ湖に注ぐ川口（松浦図サルマフト）は「浜佐呂間」と呼ばれる。また「知来」（同チライヲツ）は、ciray-ot（イトウ魚・多くいる）の意。

松浦山川図 十八

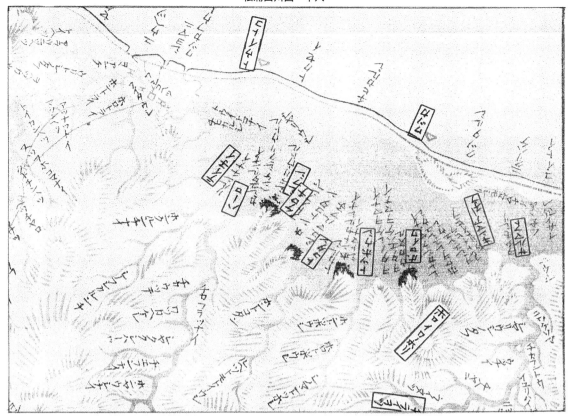

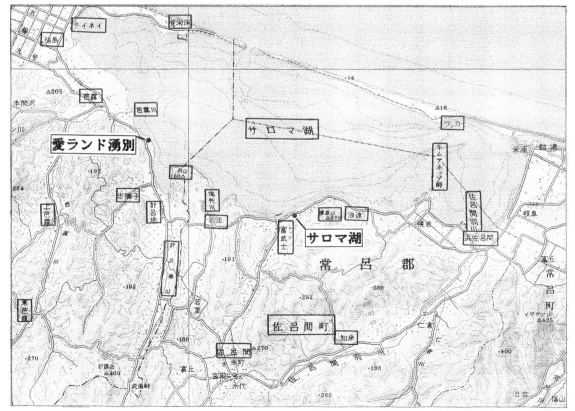

20万分の1　紋別（平14）

３７、紋別市・湧別町

渚滑川（しょこつがわ）　ソーコッ　so-kot　滝の・凹み（滝つぼ）　渚滑川（松浦図ショコツ）は流長83km、遠く石狩川源流と天塩川源流の裏山から発して、滝上町の中を流れ、紋別市域に入ってその西端部を通り海に注いでいる。「永田地名解」には「ショーコッ　瀧凹　瀧の下凹みたるを以て名く　今渚滑村と称す」とあり、ポンカムイコタンの滝の下の深くえぐれた所が、渚滑川の名のもとになったものらしい。

紋別（もんべつ）　モペッ　mo-pet　静かな・川　紋別市街から約２km東の「藻鼈川（もべつがわ）」（松浦図モウヘツ）が語源とされ、その川筋も「藻別」で呼ばれている。「永田地名解」は、この川を「モペッ　静川　流早からず、古より疫疾なし故に名く、今人元紋別と呼ぶ　藻別村の元名」としている。川口の辺りが遅流なので、その名が付いたのであろう。ここ（元紋別）が紋別発祥の地であるが、港としてはより有利な自然条件をもつ現在地（同モンヘツ）に漁港ができ、当初あった運上屋（交易所）もこちらに移って中心地となった。
　松浦武四郎「西蝦夷日誌」には「モンヘツ番屋　モンヘツ川（藻鼈川）は是より四十丁余南に当る処の地名なるが、今此場所の惣名と成たり。………アイヌ小屋昔は三百余軒弐千人も有しと。今は少し」と出ている。元紋別に道の駅「オホーツク紋別」、本町に「紋別温泉」（23℃、含食塩重曹泉）がある。

オホーツク紋別

ウエンヒラリ岬　ウェンシラㇻ　wen-sirar　悪い・磯　旧図には「ウェンシララナイ」という川が流れ（松浦図ウエンシラリ）、「リーシララ」（ri-sirar、高い・磯）もあった。この辺りの海岸は荒磯であったことが分かる。

弁天岬（べんてんみさき）　オンネノッ　onne-not　大きい・岬　紋別は北に弁天岬が突き出て入江を囲んでいるが、その岬は昔「オン子ノッ」と呼ばれていた。また岬の北側（弁天町）は、「アルトゥルコタン」（arutur-kotan、山向こうの・村）であった。「永田地名解」に前者は「大岬　此辺の大岬なり　紋別村の元名なり」、後者は「蔭村　紋別村アイヌの部落なり　山向ふの処の義」と出ている。

紋別山（もんべつやま）　紋別市街西方にある標高334ｍの山、通称「大山」ともいう。山麓は森林公園やスキー場になっている。旧図には「チプカニイワ」と出ている。舟の形がそこにある山の意とされ、津波で浸水した時、この山頂だけが丸木舟の形に見えたことによるという。アイヌ伝説では、この山は沖漁の時、紋別の方向を知らせる大事な山で、山に向かって祭壇を設け祭りをしたという。

藻別（もべつ）　江戸初期モウベツと呼ばれ当地方の中心地であったが、後期に隣接するモンベツに漁番屋が設けられると、経済の中心は徐々に移行した。明治中期、白楊樹を原料としたマッチ軸木の製造が開始されたが、後期には原木資源の枯渇から閉鎖。1915年（大４）、藻鼈川の上流約30kmの山間地で金鉱床が発見され「鴻之舞金山」と命名、アイヌ語のクオマイ（ku-oma-i、仕掛け弓・ある・所）からとされる。
　地図には出ていないが、「上藻別」上流の標高点431ｍ付近である。当時は産金量日本一を誇り、1960年（昭35）には鴻之舞地域として1334戸、6742人を数えた。しかし、鉱源枯渇によって新鉱床発見の努力も空しく、1973年（昭48）閉山、無住地となった。

八十士（やそし）　ヤスシ　yas-us-i　網で魚をすくう・いつもする・所　「ヤッシュシナイ川」流域の酪農地域（松浦図ヤシコシ？）。この川でアイヌの人たちがウグイやイトウを網で漁したという。1905年（明38）上流で「八十士金山」が発見され、紋別地方の砂金熱は異常な高まりをみせ、河川や谷では"猫流し"という砂金掘り具一式を肩にした人々でにぎわったという。

鉄道資料館（中湧別）

コムケ湖　コムケトー　komke-to　曲がっている・沼　この湖（松浦図コムケトウ）は、中央部が細くくびれて曲がっているので、こう呼ばれていた。この湖の西岸の酪農地を「小向」というが、土質は畑作に不適な重粘土地である。コムケに巧い字を当てたものである。近くを「オンネコムケナイ川」（同ヲン子コムケ）が流れる。

シブノツナイ川　シュプノッナイ　supun-ot-nay　ウグイ魚・多くいる・沢川　この川（松浦図シュフヌツナイ）は紋別市と湧別町の境になっており、海岸の所に「シブノツナイ湖」（同シユフントウ）がある。中流左岸段丘上に酪農地域の「志文（しぶん）」があり、湖の南に「信部内（しぶない）」があるが、川名から採った名である。

湧別（ゆうべつ）　ユーペッ　yu-pet　温泉の・川　地名発祥は湧別川（松浦図ユウヘツ）とされ、表記の解釈は「上原地名考」の「ユウベツ　ユウとは湯と申事。ベツは川の事にて温泉の川と訳す。此川内に温泉のある故、字になすと云ふ」によるものである。湧別川筋には現在、上湧別・瀬戸瀬・丸瀬布・白滝に温泉がある。上湧別町と湧別町は2009年（平成21）合併して湧別町となった。

松浦山川図 十八

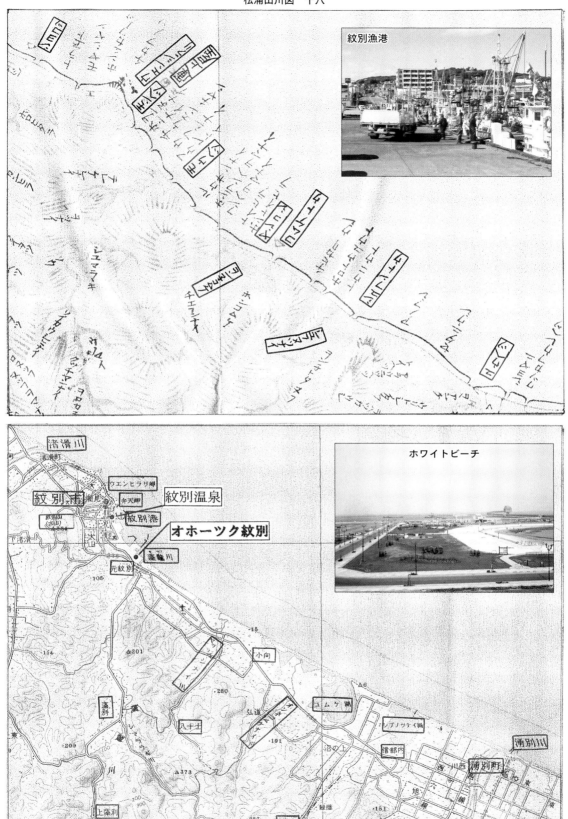

20万分の1 紋別（平14）

38、雄武町・興部町

日の出岬
アイヌ名は「ピノット」(pi-not、石・顎)であった。「永田地名解」には「ノテトゥ 岬」とあり、not-etu (顎・鼻)で岬を意味している。岬には松前藩が設置した烽火台跡と、「オホーツク温泉」(66.2℃、強食塩泉)がある。

沢木　サラキペッ　sarki-pet　ヨシ・川
オホーツク海に面した日の出岬を挟んで、北が「元沢木」、南が「新沢木」(沢木漁港がある)。共に漁業地域であるが、元沢木が先に開発された。「元沢木川」がゆったり流れ、この付近ではここ以外にヨシがなく、家造りの大事な材料だったのでこの名が付いた。「永田地名解」には「サラキッ 鬼茅ある処 和人澤喜(村)と称す 浜近き処に鬼茅あり故に名く」と出ている。

沢木漁港

日の出岬のある沢木について、松浦武四郎「西蝦夷日誌」は、「サワキヘツ(元沢木) 小川、是を西サワキと云、近年迄アイヌ三軒有、当時一軒のみ有。名義蘆が山寄の水際に有ると云よし。………此沢(元沢木川)越て左りに岬(日の出岬)有、ノット岩岬と云り。………サワキ(現在の新沢木) 通行屋、板蔵一棟、茅蔵一棟、アイヌ昔し十二軒、今は五軒に成たり。………ヲニシ(御西川) 川有、口五六間。名義川口沼の様に成(オニシ沼)、上は川に成るが故に号く」と記している。

御西　オニウシ　o-ni-us-i　川尻に・木・多くある・もの
御西川流域の牧草・酪農地。「オニシ沼」付近では、縄文晩期の堅穴住居跡と土器・石器群が発見されている。「永田地名解」には「オニシュッパオマナイ 樹根多くある処」と「オニシ ？」の二つが出ている。「北海道の地名」によれば、前者は o-nisuppa-oma-nay (川尻に・木の切り株・ある・沢川)で、後者が今の御西川の所らしいという。

興部　オウコッペ　o-u-kot-pe　川尻・互いに・くっつく・もの
「北海道の地名」によれば、興部川と藻興部川(mo-oukotpe、小さい方の・興部川)が並行して町の西部を流れていて、それが興部の名の起源になったという。その川尻は約4kmも離れているが、昔は砂丘の後ろを流れて、合流してから海に注いでいたものであろうとしている。「永田地名解」は「オウコッペ 川尻の合流する処 和人興部村と称す 古へはオウコッペとモオウコッペと合流したる故にオウコッペの名あり」と記している。

「西蝦夷日誌」に興部川は、「ヲコッペ 川有巾七八間、舟渡し、遅流にて深し、アイヌ往古五十余軒、今四軒有、仮小休所有。名義合ふと云事のよし。昔しは此川ルロチ、モヲコツへと当川三ツ合して落しが故に号しと」と出ている。藻興部川は「同じく砂浜にはカンゾウまたヒルガホ多し。過てモヨコツベ上に沼有、川口なし。アイヌ小屋の腐れしもの二軒有、昔しは八軒有し由也。此川ルロチと同川口なり」とある。瑠橡川は「砂浜過てルロチ 川巾七八軒船渡し、往古人家十軒余当時一軒。名義此川汐水なるが故に号るよし」と出ている。

現在、この"興部三川"は海岸に向かって並流しており、興部川は単独で、藻興部川と瑠橡川は河口を同じくして海に注いでいる。興部市街の中心部に道の駅「おこっぺ」がある。

おこっぺ

瑠橡川　ルロチ　rur-ot-i　海水が・いっぱいある・もの
「永田地名解」は「ルロチ 潮上る川 潮上りて水塩気あり 飲むに堪へず故に此名あり 瑠橡村と称す」とある。「北海道の地名」によれば、川尻がごく緩傾斜なので、満潮時に海水が入ってくる川という意味でこの名が付いたとされる。

沙留　サロロ　sar-or　ヨシ原の・中
沙留川河口近く、オホーツク海に面する漁港。海岸に沿った段丘上に市街地が形成され、「沙留岬」にかけて弓状に広がる海岸は、遠浅の美しい砂浜として古くから知られている。「永田地名解」は「サロロ 茅の中なる川 沙留村と称す 小川にして支流なし 然れども川口の砂深く渉人極て危険なり」と書いた。沙留岬付近は、硬い基盤岩上に薄い堆積層が載る対置海岸といわれる地形である。軟弱な堆積層は海食作用を受けて無くなり、埋積地形が洗い出されて残り、出入りのある美しい海岸線が形成された。

当地は、大正末期から昭和初期にかけて毛ガニ漁やホタテ漁が盛んになり、漁民の安定した収入源となっていた。1934年(昭9)、沙留船入澗(現在の沙留漁港)が完成。また興部川を溯上するサケ・マスが増加して、人工ふ化事業にも取り組んできた。現在はホタテ貝やコンブの養殖、漁礁づくりなど魚田開発に力を注いでいる。

「西蝦夷日誌」には、瑠橡川を過ぎてから三つの小川を渉り、「是より小坂一ッ越る。此岬をノツ岩岬(沙留岬)と云也。下りてシヤロ、(沙留) 秋味番屋昼所に成る也。板蔵一棟茅蔵二棟 昔夷家二十余軒、今十一軒有と。畑作よろし。春は鰊、秋は鮭、夏は昆布・ナマコ多しと。名義は蘆荻の湿沢場と云事也。本名シヤリヲロのよし也。過てシヤロ、ヘツ(沙留川) 川巾五六間歩行にてよし」と記されている。

松浦山川図 十八

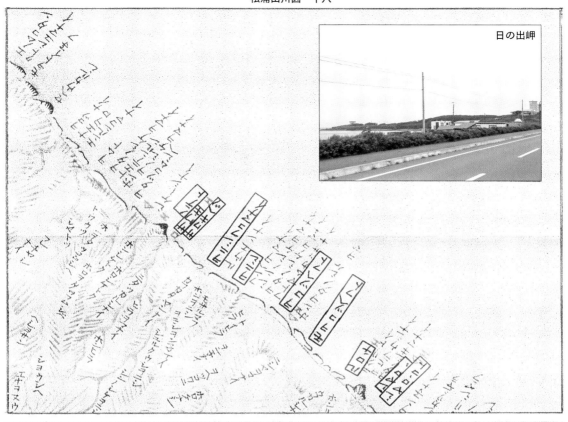

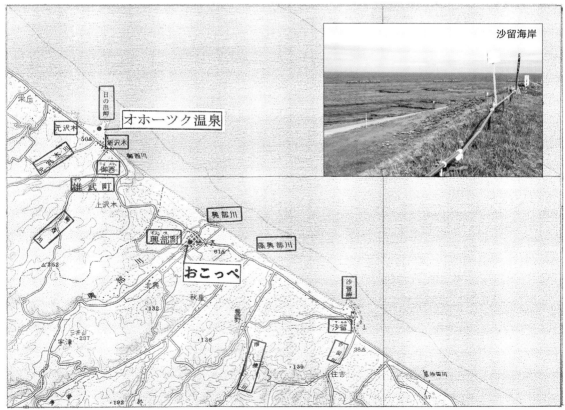

20万分の1 紋別（平14）

３９、枝幸町・雄武町

風烈布 フレㇷ゚　hure-p　赤い・もの　「永田地名解」は「フーレㇷ゚　赤き処」と書いた。「北海道の地名」によると、フーレㇷ゚はイチゴやコケモモを呼ぶ言葉であるが、ここでは「赤い・川」の意だったかも知れないという。やち水が流れてでもいて赤かったのであろうか？松浦図はフウレヘツ、「西蝦夷日誌」には「フウレツプ　石川にして洪水の時船渡しに成る。名義は赤崩有るが故に号ると」と出ている。

音標 オチシペッ　o-cis-pet　川尻・くぼんだ・川　枝幸町のほとんど南端に近い所の川名・地名。松浦図や日誌はどれを見てもヲチシペである。「永田地名解」は「オチシュペッ　川尻の凹みたる川　川尻凹みたる故雨後は深くして渉る能はず」と書いた。「北海道の地名」は永田説か、あるいはo-cis-un-pe（川尻に・くぼみ・ある・もの）ぐらいの形から、オチシペ→音標と訛ったとでも見るべきかとしている。

「西蝦夷日誌」に「ゴメ島」は、「トンナイウシモシリ　周十二丁鷗多し。周廻皆岩石のみなり」とあり、春３月から４月にかけて鷗が集まり、一斉に産卵するのでこの名になったという。また「トイナイ川」は、「トエナイ　小川　名義黒土多きが故号く」と出ている。

雄武　江戸期から見える地名で、古くはヲム・ヲヲム・ヲ、ムともいった。「天保郷帳」には「モンベツ持場之内、ヲ、ム」とある。江戸中後期は、松前藩の場所請負制のもと、ニシン・サケ・マスを中心とする漁場が置かれた。春から初夏にかけて、この地方特有の南西風"日向風"が強く吹く。この風はアイヌの祭歌に「ピカタは波をとばす」とあり、地元の漁師には「人をとる風ヒカタ」と恐れられている。陸から海へ向かって吹くので、船出しに都合よく"だし風"とも呼ばれる。雄武町はこの風に煽られて、過去二度にわたる大火（いずれも５月）を経験している。国道238号沿い、旧国鉄興浜南線「雄武駅」跡地のバスターミナルが、道の駅「おうむ」になっている。

おうむ

幌内川 ポロナイ　poro-nay　大きい・沢川　名寄の「ピヤシリ山」（987m）から流れ出す、流長45kmの大川である（松浦図ホロナイ）。この川筋は、古くから内陸部とオホーツク海岸を結ぶ道として知られ、山中の人たちが雄武の海辺と往来していたことを物語っている。現在、下川方面から「サンル川」沿いに「幌内越峠」を経て道道が走っている。

天塩～北見間の交通路として、「天北峠」（現国道239号）が開削されたのが1903年（明36）。幌内越峠はさして難所はないが、渓流沿いの山道で利用度の面から開発が遅れ、1961年（昭36）開通し舗装もほぼ完成した。

音稲府 オトイネㇷ゚　o-toyne-p　川尻・泥んこである・もの　松浦図ホロヲトエ子ㇷ゚、道北の「音威子府」と同じ地名である。「永田地名解」には「オトイネㇷ゚　川尻濁りたる泥川」とあり、音稲府川口付近は川水も濁っていて、泥底であったことが分かる。現地形図には、「音稲府岬」の所に「ウエンコタン」と出ている。wen-kotan（悪い・村）の意であるが、何が悪いのか分からない。「永田地名解」には「イウンコタン　蛇村」とあり、「アイヌ語地名解」は「エンコタン」（en-kotan、尖った・村、海岸に突き出た村のことか）もあるとしている（松浦図ウエンノ子）。

音稲府岬灯台

「西蝦夷日誌」には「ウエンノツ岩岬、悪岬と云、海岸通り難きが故に号なり。廻りヲウンコタン此処え下るまたアウンコタンともいへり。湾に成て昔鯡多くより、漁屋を立しより号ると」と記されている。また「音稲府川」については、「ヲトイ子ツプ　小川川巾十余間、御通行の時ホロナイ（幌内）よりアイヌ来り、平日歩行わたり也。渡守昔し有と。今はなし。名儀ヲソエ子ㇷ゚にて水獣のよし。此魚ここに居るが故に号るといへり。是は人間にさわるや、爪にて疵を附る魚のよし。恐らくはなまずのことの由に思はる。………上にトハシ岳（丸山）と云高山有。後ろホロナイ川（幌内川）筋に当る」と出ている。武四郎は、川名はエサマンチエプという水獣（なまず）から付いたとしているが………。

元稲府 モオトイネㇷ゚　mo-otoynep　小さい・音稲府川　「オトイ子ㇷ゚」の南約３kmの所を流れている「モオトイ子ㇷ゚」が語源。「永田地名解」は「モオトイネㇷ゚　小き泥川」としている。並流する音稲府川より短いので、対称した意味でモ（mo、小さい）を付けたのであろう。「魚田」は元稲府川口のやや北、元稲府漁港がある。「集落地名地理」によれば、魚田開発の基地として発展した所であるという。

雄武川 オム　o-mu　川尻・塞がる　松浦図ヲムト、「永田地名解」は「オムイ　川尻塞る処　暴風雨の時川尻塞る川なり　雄武村」。雄武川は風や潮流で砂が川尻を塞ぐことがあったので、この名が付いたとされる。現在、河口付近を「川尻」地区と呼んでいる。雄武市街はここから３kmほど北にある。船着きの関係で、そこが中心地になったと思われる。

松浦山川図　十七・十八

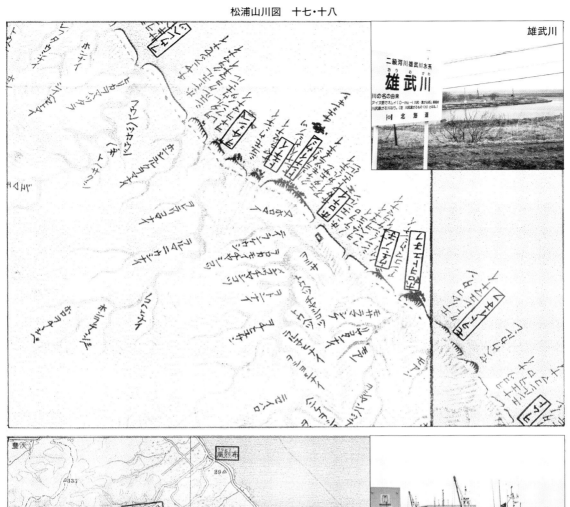

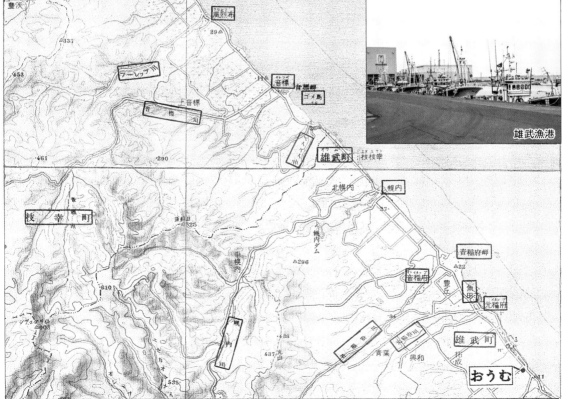

20万分の1　枝幸（平15）・名寄（平11）

４０、枝幸町（旧枝幸町・歌登町）

枝幸　エサウシ　e-sa-us-i　頭が・浜に・付いている・所＝岬　エサシのサシが昆布に通ずるところから昆布と訳され、「永田地名解」にも「エサシ　昆布　沖に岩ありて昆布生ず故に名く　枝幸（郡村）と称す」とある。しかし「地名アイヌ語小辞典」は表記の解釈である。北部では昆布をサシとはいうが、エサシとはいわないという。
　枝幸の市街は海に突き出した土地に開けたが、「上原地名考」は「エサシ　夷語エシヤシなり。則、海岸へ出たる崎といふ事にて、此崎海岸へ尖く出たる故、地名になすと云ふ」と書いている。当町は江戸期以来漁業を中心に発展してきた。特にカニの水揚量はオホーツク海随一を誇り、タラバ・毛ガニ・ズワイと種類も豊富で、カニ加工の町として名声を高めてきた。南の「ウエンナイ川」は「ウェンナイ　悪川　鮭魚上らず水深し故に悪川と名く」（永田地名解）と出ている。町内に「枝幸温泉」（泉温43℃、含芒硝石膏泉）がある。

北見幌別川　ポロペッ　poro-pet　大きい・川　枝幸市街から約６km南の所にある川名（松浦図ホロヘツ）。道内諸所に同名があるので、区別して北見を付けている。流長46kmの大川で、中上流は旧歌登町を流れている。この川筋を遡って天塩川に越える古くからの交通路があった。

岡島　ウカゥシュマ　ukaw-suma　重なり合う・岩　一見日本語の地名のようであるが、語源はアイヌ語だという（松浦図ウカウシュマ）。「永田地名解」は「ウッシュマ　手玉石」とし、熊とトドが戦って岩となったという伝説を書いている。「アイヌ語地名解」によると、現地の海岸に熊石や海馬岩というのがあり、それをウコッシュマ（ukot-suma、交尾する・岩）と呼んだのが訛ったものではないかとしている（同ウ、コツナイ？）。ここに道の駅「マリーンアイランド岡島」がある。

マリーンアイランド岡島

オッチャラベ川　オイチャヌンペッ　o-ican-un-pet　川尻に・鮭鱒の産卵場・ある・川　岡島の３km南に川口がある。松浦図にはヲイチヤヌンベヲと出ており、訛ったものか。しかし、「アイヌ語地名解」はオ・チャラ・ぺで、川口で水の散らばる川の意としている。

徳志別　トプシペッ　top-us-pet　竹・多い・川　沿岸漁業地域、内陸は酪農地。語源は徳志別川から出たとされる（松浦図トウシヘツ）。「アイヌ語地名解」によると、根曲竹の笹の子を採る所であったというが、「トクシシペッ」（アメマス川）とも解されるという。

山臼　ヤムワッカウシ　yam-wakka-us-i　冷たい・水・ある・所　山臼漁港を中心とする漁業・酪農地域（松浦図ナマムシヤヲマナイ？）。枝幸町北部目梨泊地区にある「ヤマウス」は、「永田地名解」に「ヤマウシ　網場」とあるが、同じ解かも知れない。

乙忠部　オキトウンペッ　o-kito-un-pet　川尻に・ギョウジャニンニク・ある・川　松浦図はヲチ、ウべ、「永田地名解」は「オキトゥンペッ　韮（あいばかま）多き川　韮極めて多き処なり」と書いた。「北海道の地名」は、オキトウンペッ→オチツンペ→乙忠部となったのではないかとしているが、他にオチスンペ（o-cis-un-pe、川尻に・高岩・ある・もの）などの説もある。

歌登　オタヌプリ　ota-nupuri　砂・山　旧図を見ると、徳志別川口辺りに「歌登村」と出ており、海岸にあった砂山が語源とされる。名のもとになった日本名「砂盛」、アイヌ名では「オタヌプリ」と称した高さ15尺の砂丘は、1916年（大５）12月の大暴風で消失したという。歌登の市街地は、北見幌別川口から14kmほど遡った内陸にある。1939年（昭14）枝幸町より分離した時に内陸部にこの名が残ったが、2006年（平18）再び合併して枝幸町となった。

パンケ内サケの里

辺毛内　ペンケナイ　penke-nay　川上の方の・沢川　歌登市街地の手前で北見幌別川に北から注いでいるのが「パンケナイ川」、市街地付近に南から流入しているのが「ペンケナイ川」である。ふつう、パンケ（panke、川下の方）とペンケ（penke、川上の方）は並流する川に付けるが、ここでは対岸の川の名になっている。パンケナイ川は歌登市街地の水道の水源で、サケが遡上する川として知られ、サケ・マスふ化場や資料館がある。流域を「パンケナイ」（般家内）と呼んでいる。パンケナイ川筋では、1898年（明31）砂金が発見された。その道の専門家と不漁に悩んでいた漁民数百人が砂金採取に殺到、一人当り毎日１匁から1.5匁の砂金を採ったという。一方、ペンケナイ川上流（辺毛内）にあるのが「歌登温泉」（12.2℃、含炭酸土類重曹泉）である。

志美宇丹　徳志別川支流の志美宇丹川中流域、盆地状の農業地域。「集落地名地理」は、「シピオタアンナイ」（si-pi-ota-an-nay、大きい・石・砂浜に・ある・沢川）からとしているが定かではない。

松浦山川図　十七

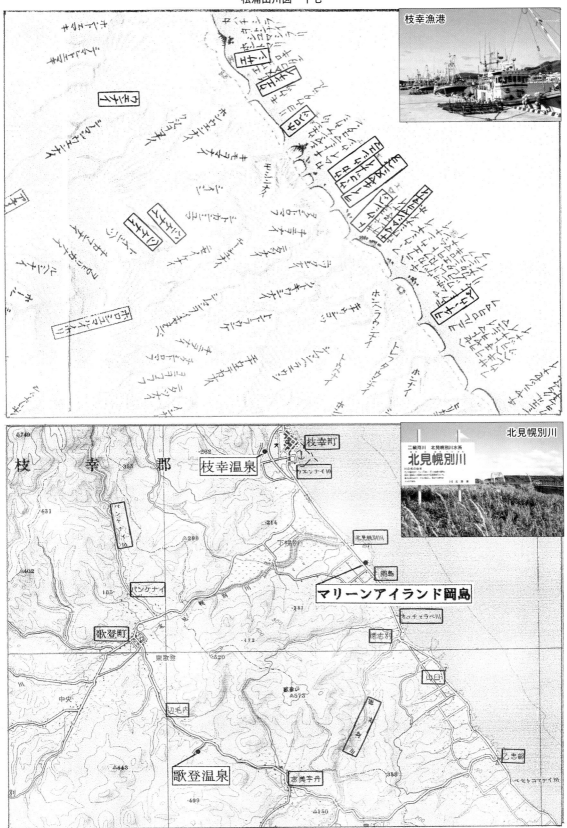

20万分の1　枝幸（平15）

41、浜頓別町・枝幸町

浜頓別　河口の所が頓別で、内陸に浜頓別があるので変な気がするが、もともと頓別村であったのが、町制施行の時中頓別村を分村し、海側にあるということで浜頓別町と改称した。もとは頓別川河口に市街があったが、その後の鉄道開通で駅付近に中心が移り、今の所が浜頓別町の中心市街地となった。浜の方は昔のままの頓別で残ったという訳である。クッチャロ湖畔白鳥公園に「はまとんべつ温泉」（47℃、含重曹食塩泉）がある。

仁達内　ニタッナイ　nitat-nay　低湿原野の・沢川　クッチャロ湖の小沼の南端に流れ込んでいる川の名、その川筋の地名。「ポン仁達内川」（小さいニタッナイ川）も流れ、同じ地域名もある。

宇曽丹　ウソタアンナイ　u-so-ta-an-nay　お互いに・滝を・掘って・いる・沢川（？）　頓別川支流「宇曽丹川」流域の酪農地域（松浦図ウスタニ）。1898年（明31）以降、再三にわたり枝幸砂金ブームの中心的役割を果たした地域。宇曽丹川は"東洋のクロンダイク"といわれ、流域には砂金採掘時に築いた石垣が並び残っているという。源流部にある「珠文岳」（761m）の名は、sup-un-nay（チョウザメの産卵穴・ある・沢川）からとされる。

豊寒別　トイカンペッ　toyka-un-pet　地面に・ある・川　頓別川の河口に南から入っている支流の名、その流域の地名。松浦図ではトイカンヘツとなっている。中下流域は平地で湿地が多いので、そのような所を流れる川の意と思われる。現称は、当てられた漢字の豊に引きつれた呼び方であろう。

斜内　ソーナイ　so-nay　岩礁・沢川　「上原地名考」は、「ショーナイ。夷語ショーとは滝の事。ナイは沢といふ事にて。滝の沢と訳す。此崎の右に滝の沢の有る故、此名ある由」とある（松浦図シヤウナイ）。しかし「永田地名解」には「シオナイポ　糞多き小川　古へアイヌ村ありし処にて此川へ糞をしたりと　斜内村と称す」と出ている。現地から見て、岩礁地帯を流れる川が正しいようである。斜内にはかつて22〜3軒のアイヌ小屋があったが、1856年（安政3）には若い者は運上屋に徴発されて老人のみの2軒となり、ニシンが群来ても手のつけようがなくなっていたという。

神威岬　カムイエトゥ　kamuy-etu　神・岬　積丹町の同名の岬と区別するために「北見神威岬」と呼ばれる。物凄い岩岬で、南の方からがよく見える。松浦図にはカモイエトと出ている。旧図には「イナホカルウシ」（inaw-kar-us-i、木幣を・作る・いつもする・所）などの地名も見られ、岬の突端で木幣を捧げ、航海の無事を祈願したとされる。岬背後の山はかつて「神威岳」（カムイノホリ）と呼ばれていたが、「斜内山」（439m）と改称された。

北見神威岬公園

目梨泊　メナシトマリ　menas-tomari　東風の・泊地　神威岬の南の小入江。北側に細長い岩岬が出ていて（目梨泊岬）、それが防波堤のようになっているので、東風の荒れる時には正に有難い停泊地となる。目梨泊の発展には、宇曽丹川の砂金採掘が関与している。ここから山越えの道が付けられ、一時戸数は70戸を超え郵便局・寺院・医院も置かれたが、明治末期には砂金ブームも下火になったという。

　目梨泊岬は松浦図にはヘラウシと記されている。「北海道の地名」は、「ペライウシ」（peray-us-i、釣りをする・いつもする・所）であるという。「上原地名考」には「ペラエウシ。………釣を成す所と訳す。最寄のアイヌたちここに集りて釣を成す故、此名ある由」とあり、「永田地名解」は「ペラウシ　小川ある処　古へアイヌ部落ありし処」としている。ペライ（釣る）という語は所々の小地名の中に出て来るが、ほとんど忘れ去られているという。やや南に「201m」の小山があり、国道が急斜面の下の狭い海際を通っているが、「リキピリ」（ri-kipir、高い・水際の急崖）と呼ばれた所である（同リキヒリ）。

問牧　トゥイパケ　tuy-pake　崩れた・出崎　山が迫り平坦地は少ない。「永田地名解」は「？　川名　鮭上る川なり」とだけしか書いていない。表記の解は「駅名の起源」によるものである。

ウスタイベ岬　枝幸市街から3kmほど北にある岬。「永田地名解」は「ウシュタイペ　湾内に在る川？」とあり、松浦武四郎「西蝦夷日誌」には「ウシタイベ　小岬　湾に海草多く打上、腐りて臭きと云義。ウシは深きタイベは塵埃の事也と云」と出ている。「アイヌ語地名解」によると、元来は岬の南にある小川の名で、「ウソルタイペ」（usor-tay-p、湾内・林にある・もの）であったと思われるとしている。なお「千畳岩」は、旧図では「シュマオトマリ」（suma-o-tomari、石・多い・入江）となっている。「幌内保」は「永田地名解」に「ポロナイポ　少しく大なる小川」と出ている。

ウスタイベ千畳岩

松浦山川図　廿二

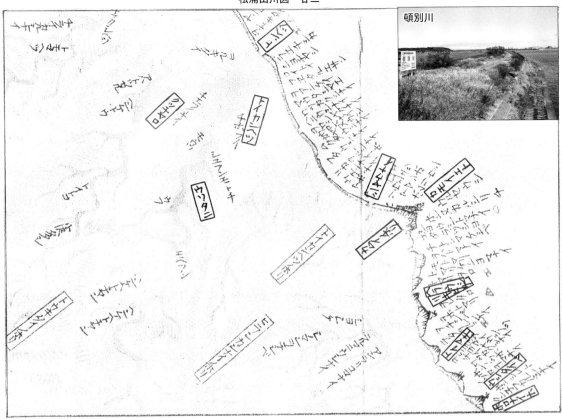

頓別川

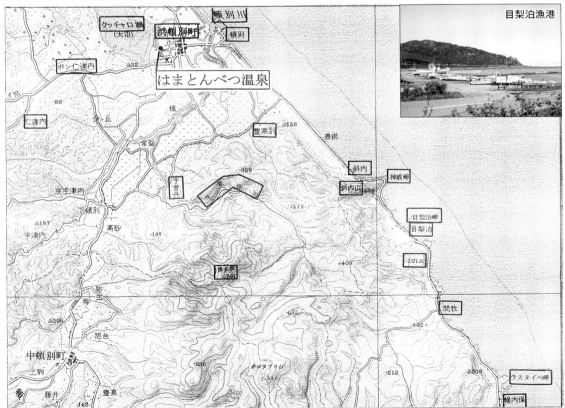

目梨泊漁港

20万分の1　枝幸（平15）

４２、猿払村・浜頓別町

鬼志別 オニウシペッ o-ni-us-pet 川尻に・樹木・群生している・川　旧天北線駅前に市街が発達し、猿払村役場がある。鬼志別川河口には漁港がある「浜鬼志別」がある（松浦図ヲニシベツ）。「駅名の起源」は「オヌウシペッ」（o-nu-us-pet、川口・豊漁・ある・川）もあるとしている。国道238号沿いに道の駅「さるふつ公園」があり、公園の一角に「猿払温泉」（31.9℃、アルカリ性食塩泉）がある。道の駅の海寄りの所に、インディギルカ号遭難者慰霊碑がひっそりと建っている。

1939年（昭14）12月12日、カムチャツカ漁場からの引揚者とその家族・船員など1125名を乗せ、ウラジオストクに向けて航行中のソ連貨物船インディギルカ号（4200ｔ）が吹雪で進路を誤り、魔の暗礁といわれる浜鬼志別から１km沖合のトド岩付近の浅瀬に乗り上げて横転。702名が溺れ、あるいは凍死するという世界海難史上まれな大惨事があった。

1971年（昭46）、ソ連からシベリア産花崗岩と788万円の寄付があり、総工費1200万円で遭難者慰霊碑が建立された。私が訪れた日は波が穏やかで、遭難した海とは全く別人のようで、そのことが余計に哀れさを誘った。

さるふつ公園

エサンベ エサムペ esampe 岬　現在、猿骨沼（旧図はシャレウコットー）の対岸にある海岸の集落をそう呼んでいる（松浦図エシヤンベ）。「永田地名解」には「エサンペ　岬　岬前に飛島二あり」と出ている。「アイヌ語地名解」はこれは単に岬ではなく、岬の前にある飛島を呼んだものであるとしている。現在のエサンベは砂浜で飛島もないが、本来の地は1.5kmほど北寄りの出鼻を指すという。

猿骨　猿骨川河口が「猿骨」である。松浦図ではシヤシウコツ（sar-e-ukot、ヨシ原川が・そこで・くっついている）と出ている。昔は、猿骨川の川下は海岸に沿って南流し、逆に北流してきた猿払川と一緒になって海に入っていたのである。この二川は共にサル（sar、ヨシ原）の川であり、ここが合流点であったことが分かる。支流の「エコペ川」は、e-kot-pe（そこに・くっついている・もの）の意だろうか。猿骨の西に「芦野」という集落があるが、この一帯はアシが群生していた所だという。つまりサルの意訳といえようか。やや南に「キモマ沼」があるが、kimun-oma-to（山に・ある・沼）の訛りだろうか。水深２〜３ｍでマリモが生息しているという。

「ポロ沼」はporo-to（大きい・沼）の意で、北海道で一番最初に白鳥が来る沼だという。その沼口に流れ込む「狩別川」は、「永田地名解」に「カリ　曲り川　源をエタンパクフ山に発しポロトーに入る」と出ている。kari-pet（曲流する・川）の意だろう（松浦図カレ？）。なお「エタンパック山」（313m）は、「エタンパクフ　溺れ山　洪水の時水に溺れたる山」と出ている（ホロノホリ西方）。

猿払 サルプッ sar-put ヨシ原の・川口　旧図によると猿払川は「サロペッ」（sar-o-pet、ヨシ原に・ある・川）とあり、川口の所が「サルプッ」と呼ばれ、その後付近一帯の地名となった（松浦図サルフツ）。猿払市街はやや内陸の旧天北線駅前に発達したが、元来のサルプッは今は「浜猿払」となっている。

浅茅野台地　標高15〜30ｍの台地。表層には重粘土が厚く堆積し、長く未開拓であった。「駅名の起源」によると、この付近には泥炭地が多く、丈の低い茅が生えていたので名付けたとされる。その後、土地改良や草地造成が進み酪農地帯に変貌した。「モケウニ沼」（松浦図モケウニ）などの湖沼がある。モは小さい、ケウニとは「枯木ある処」（永田地名解）だという。

猿払川

クッチャロ湖 トークッチャロ to-kutcar 湖・喉　オホーツク海岸にある砂丘群と、背後の浸食された緩やかな丘陵地との間にできたラグーン。北の「小沼」と南の「大沼」からなる。昔はただトー（沼）と呼ばれていたという。その沼の水が川になって流れ出る口が、to-kutcarと呼ばれていたので、和人がそれを採ってクッチャロ湖と呼ぶようになったらしい。

湖にはウグイ・ボラ・エビ・シジミなどが生息し、道北で最も多くの水鳥が集まる湖である。海岸の砂丘には、100種以上の植物が見られるポドソル土壌の「ベニヤ原生花園」がある。ベニヤとはアイヌ語ではなく、元所有者の名字とのこと。松浦図ではその辺りにヤンワツカルと出ているが、yam-wakka-ru（冷たい・水のある・道、山軽の地名）の意である。

頓別川 トーウンペッ to-un-pet 湖に・入る・川　流長74kmの大河（松浦図トンヘツ）。その河口の所にクッチャロ湖の水が流れ込んでいる。昔大沼はもっと大きく、頓別川も一たん沼に入ってから改めて海に出ていたという。「クッチャロ川」と呼んでいる川ももっと短く、沼から海に出る出口であったという。

松浦山川図　廿二

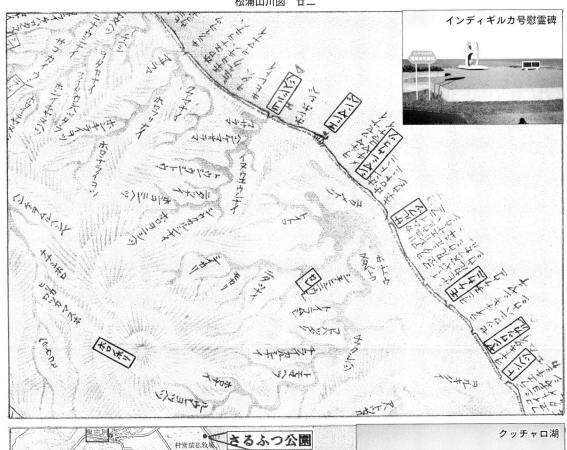

インディギルカ号慰霊碑

クッチャロ湖

20万分の1　枝幸（平15）

４３、稚内市

野寒布岬 ノッサム　not-sam　岬の・側　稚内市の北西端にある岬（松浦図ノツシヤフ　本名ノツトサウシ）。「上原地名考」には「ノツシヤブ。夷語ノツシヤムなり。則、崎の際と訳す。ノツとは山崎の事。シヤムは際亦は側といふ事にて、此崎の際に夷村のある故、字になすといふ」とある。岬の南西には「恵山泊港」（esan-tomari、岬・泊地）がある（同エシヤマヌンナイ？）。

富士見　半島の西海岸に位置する。コンブ・カレイ・ウニ・ニシン漁などを主とする沿岸漁業集落と、最近人口が急増している富士見団地のベッドタウンから成る。海を隔てて西方に「利尻富士」（1721m）を見るのでこの名がある。ここに「稚内温泉」（34.4℃、含重曹強食塩泉）がある。
　松浦図を見ると、この辺りには北からシユモウトマリ・クトニヨイ・チカフカルシの地名が見られる。「永田地名解」によると、各々「石多き泊」「寄木の澗？」「鵜の巣を作る処」と出ている。現図にはカタカナの地名が三つ出ている。「ウロンナイ」（松浦図ウロナイ）は「永田地名解」に「ウロナイ　ウロ草の沢　ウロは草名なれども和名未詳」とある。「ルエベンルモ」（同リベンルン）は同じく「リベンルム　高岬」、「マタルナイ」（同マタル）は「マタルー　冬路積雪の際越る路なり」とある。マタルナイは「又留内」とも書かれ、この沢から稚内への旧道があったそうだが、今は通れないということだ。

稚内 ヤムワッカナイ　yam-wakka-nay　冷たい・飲み水の・沢川　稚内の地名はヤムワッカナイが前略されたものである（松浦図ヤムワツカ）。現在の「宝来」地区付近は水がよくなかったそうで、そこによい水の川があったので名付けられたという。当時はほんの小地名であったが、後に樺太航路の起点として大発達を遂げ、現在は漁業と観光の中心地となっている。市街地から野寒布岬にかけて、「大黒」や「恵比須」といった繁盛を願う地名も見られる。ＪＲ稚内駅のビル内に、最北の道の駅「わっかない」がある。

声問 コイトゥイェ　koy-tuye　波が・崩す　古くはコイトイともいった（松浦図コエトイ）。波のために砂場が潰決する所。全道の海岸に同じ地名が多い。川尻が砂浜の中を海岸線と平行するような形で流れていて、風波がその砂浜を破り、川がそこで海に直流するようになった所に付いた名である。

わっかない

　声問岬は松浦図にはウエンノツ（wen-not、悪い・岬）とあり、「永田地名解」は「岬下に暗礁多く舟行がたし」と理由を書いている。そこに流れ込む声問川（同ウエンナイ）は稚内市内で一番長い川で、昔は長く北流して来て大沼に入り、さらにそこから流れ出して海に注いでいた。

大沼 シュプントー　supun-to　ウグイ魚・沼　松浦図シユフントウ、稚内市域で最大の沼。川と海の魚が共存し、イトウなどの淡水魚、カレイなどの海水魚のほか、ヤマトシジミも生息する。稚内空港の南に「メクマ」とあるのは、「永田地名解」に「メークマ　土地の高低畝の如し」とあり、なだらかな波状起伏の台地地形をいったものであろうか。近くにゴルフ場や「メグマ沼」があり、1875年（明8）千島樺太交換条約で北海道へ来住した樺太アイヌの最初の居住地であるという。東部を「増幌川」（同マシウホイ？）が流れているが、同地名解には「マシュポポイ　鴎の躍る処　潮入の川なり　婦女の踊をオポポと云ふ」とある。カモメが鳴きながら群れ飛ぶ姿をウポポと呼び、「マシウポポ」（mas-uppo、カモメ・唱舞）がマシポロ（増幌）に訛ったものらしい。

宗谷 ソーヤ　so-ya　岩・岸　松浦図にはソウヤと出ている。「永田地名解」には「ソーヤ　岩嶼　ソーヤはサンナイの海中にある岩嶼の名にして此地の名にあらず　場所を置く時ウエントマリの名を忌みてソーヤを以て此の地の場所の名とす　宗谷村」とある。すなわち珊内の海中にあった大岩から付いた名であるが、wen-tomari（悪い・泊地）の名を嫌って、会所を現在地（宗谷半島西岸の漁業集落）に移した際、名前も一緒に移ったものらしい。

珊内 サンナイ　san-nay　浜の方に出る・沢川　宗谷岬から約1km西の漁業集落。珊内川が流れている。「アイヌ語地名解」は、猟などをして山から海岸に下りて来る道の川であろうとしている。しかしサンナイとは、一般的に洪水の時にどっと水が流れ出る川を指すようである。ここも、上流が手の平を開いたように拡がっているので、水が出る意味だったかも知れない。

宗谷岬 ノテトゥ　not-etu　顎・鼻（岬）　松浦図にはノットムと出ている。日本最北端の岬として知られるが、厳密にはこの岬の沖合にある「弁天島」が最北端になるという。低い草の生えた丘が突き出していて、前に広場があり、その先の海中には一面の岩礁がある。「永田地名解」には「ノテトゥ　岬　燈台ある処」とあり、「ノッ」（not、顎）と「エトゥ」（etu、鼻）を続けて呼んで岬を意味している。

宗谷岬

松浦山川図　廿一・廿二

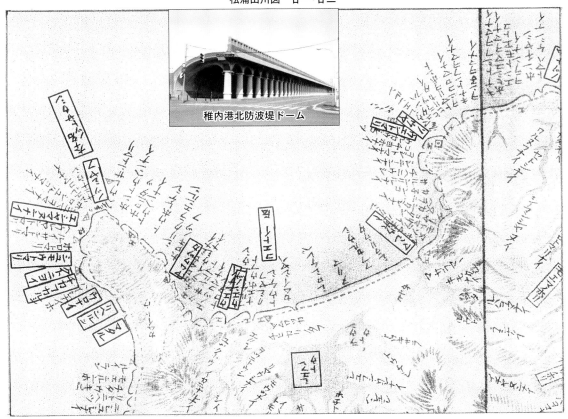

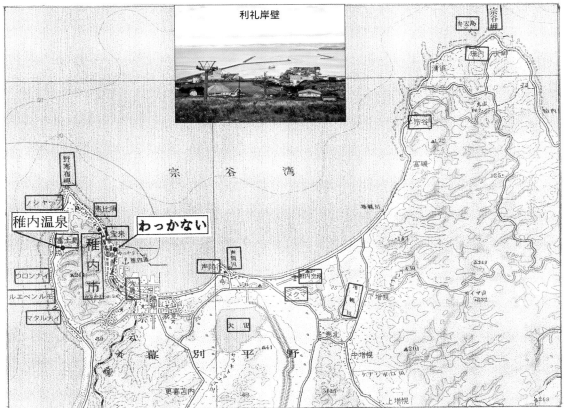

20万分の1　稚内（平16）

４４、稚内市・豊富町

更喜苫内 サラキトマナイ　sarki-to-oma-nay　ヨシの・沼に・ある・沢川　大沼に南から入るサラキトマナイ川流域の畑作・酪農地域。流域にはヨシが多く生えていたのだろう。この北方に日本最北の平野「幕別平野」が広がる。声間川の支流「マクンペッ」（mak-un-pet　後ろに・ある・川）から付いたとされる。「永田地名解」には「後背の川　沼（大沼）の後背にある川にして此辺の大川なり」と出ている。道内各地にマクンペッがあったが、その多くは本流から分かれた小分流で、少し行ってまた本流と合している川筋である。

抜海 パッカイペ　pakkay-pe　子を背負う・もの　松浦図ハツカエ、人を負う所。この海岸の山際に、石を背負う形の大きな岩があるという。南のはずれにある抜海岩を指しているようだ。かつてのソウヤ場所のほぼ南限に当たるといい、宗谷に通じる西海岸沿いにあったため通行屋も設置された。岬のかげを利用した抜海港は、稚内港が流氷で使用できない場合の補助港となったこともある。岬の南北には高さ５m前後の砂丘が連続し、エゾキスゲ・ハマナスなどが咲き乱れ、抜海原生花園として知られている。

抜海

クトネベツ クッネペッ　kut-ne-pet　地層が露出した崖に・なっている・川　抜海地区の畑作・牧草地。クトネベツ川は抜海市街の２～３km北を流れている。「永田地名解」は「大虎杖川」と書き、大きなイタドリが生えている川としているが、表記のような解だったかも知れない。

勇知 イオチ　i-oci　それ・多くいる所　松浦図ユウフ、勇知川流域の酪農を主とする農業地域。上・下・浜などが付く。「永田地名解」には「ユーチ　蛇多き処」とあり、ヘビというのをはばかって"それ"といったのであろう。

オネトマナイ オネトマプ　o-net-oma-p　川尻に・流木・ある・もの　稚内市日本海岸南端の地名。「上原地名考」は「ヲ子トマリ　夷語ヲ子トマプなり。則、流木の在る所と訳す」とあり、「永田地名解」も「オネトマプ　寄木ある処」としている。

兜沼 上サロベツ原野北端にある小沼。旧図には「ペライサルトー」（peray-sar-to、釣りをする・ヨシ原の・沼）と出ている。沼名の由来は、沼の形が兜の鍬形に似ていることによる。沼の北東にＪＲ兜沼駅があり、沼にはウグイ・ワカサギなどが生息する。

阿沙流 兜沼南部の酪農地域。豊富町内では最も早く入植した所である。もと「アチャルペシペ」と呼ばれ、西の山を越える峠道沢の意というが、よく分からない。松浦武四郎「西蝦夷日誌」には「従是アチャルベシベと云て、テシホのサルフト（サロベツ川口）に出るによろしと。ここにて寛文の頃（1660年代）皆砂金を掘しが、………」とあり、昔砂金が出た所だと記されている。松浦図の

兜沼

中ほどに大きく書かれているアチャルシヘノホリは、「タツナラシ山」（224m）のことだろうか？この辺りには、それ以外に大きな山は見当たらない。

サロベツ川 サロペッ　sar-o-pet　ヨシ原に・ある・川　広漠たる低湿原野を流れ、天塩川の下流に注いでいる。長い川で下流は幌延町、中上流は豊富町、源流の一部は稚内市になっている。「芦川」はサロマベツ（芦原にある川）の意訳とされる（駅名の起源）。「目梨別」はmenas-pet（東の・川）の意。

豊富 上下の「エベコロベツ川」（ipe-kor-pet、食物を・持つ・川）が、東方の山から流れ出し、並んで西に流れてサロベツ川に注いでいる（松浦図イヘコルヘツ）。ヤチの中の泥川で、あまり魚はいないようだが、豊富とはエベコロベツの意訳だという。駅のある市街地から、下エベコロベツ川を約5.5km遡った所に「豊富温泉」がある（次ページ地図参照）。

化石塩水を主体とする食塩泉で38℃前後。天北油田の中央部にあり、豊富背斜の深度800mが湧出層となる。1926年（大15）、石油採掘中に天然ガスとともに湧出、早くも翌年には茅葺きの小屋が建てられ開湯した。以来地元の人々から湯治場として親しまれ、道北唯一の温泉街を形成している。褐色味を帯びた油の混じった湯は、特に皮膚病に効くと評判である。

松浦山川図 廿一

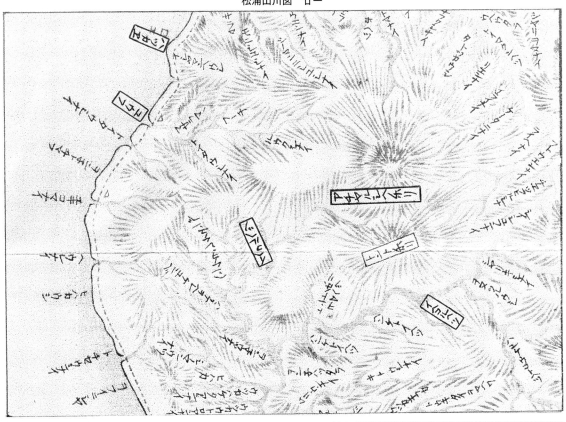

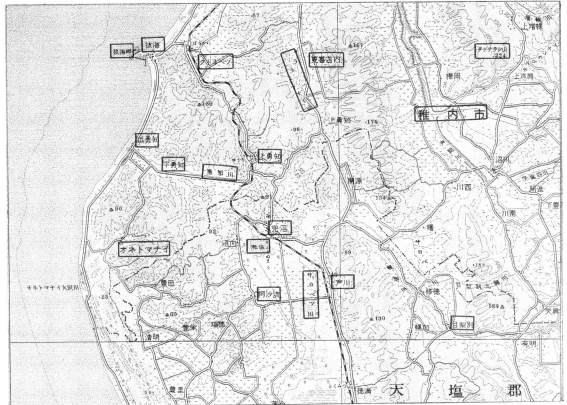

20万分の1 天塩（平14）

４５、豊富町・幌延町・天塩町

稚咲内 ワッカサクナイ wakka-sak-nay 飲み水・ない・沢川　「上原地名考」は「ワッカシヤクナイ　水なき沢と訳す。此川水、鉄気強ふして、飲事ならざる故、字になすと云ふ」とあり、「永田地名解」も「ワッカサクナイ　飲水無き沢」としている（松浦図ワッカシヤクナイ）。昔の駅逓のあった所は現在地から約２km北で、そこが元来の稚咲内であったらしい。川が流れているが、鉄錆色のヤチ水で飲めたものではないという。

　広大なサロベツ原野は、北の方が「上サロベツ原野」（豊富町）、南の方が「下サロベツ原野」（幌延町）と呼ばれる。原野の３分の２が泥炭地で、湖沼の排水は悪く、融雪期には広く氾濫する。動植物の種類が多く、湿地植物によるサロベツ原生花園がある。北海道にサル（ヨシ原）の付く地名は多いが、これだけ広く昔の姿が残っている所はここしかないといわれる。

音類　「永田地名解」には、オトンルイとだけあって説明はない（松浦図ヲトンルエ）。o-to-un-ru-i（そこから・沼へ・行く・路・所）とか、o-to-un-ruy（川尻に・沼・ある・甚だしい）の解釈もあるが定かではない。「幌延町史」によると、"魚が寄って腐っている所"の意もあるというが………。今漁業は不振であるが、大正末期まではサケ・マス・ニシン漁でにぎわったという。アイヌの人たちは漁期には浜の仮小屋で漁をし、冬は定住していた天塩の山奥に引き揚げるという二重の生活をしていた。

音類の風車群

下沼 パンケトー panke-to 下流側の・沼　サロベツ川の東側に二つの大きな沼が南北に並んでいて、「パンケ沼」（松浦図ハンケトウ）「ペンケ沼」（同ヘンケトウ）と呼ばれている。そのパンケ沼を意訳した地名で、ＪＲ下沼駅がある。南側には「長沼」があり、その入口にビジターセンターがある。「オンネベツ川」が蛇行しているが、onne の意味は年老いたる・大きい・親であるなどの意とされる。ここでは、小流の中の中心的な川であるぐらいの意味だったろうか。

パンケ沼

幌延 ポロヌプ poro-nup 大きい・野原　幌延は昭和初期までは"ほろのぶ"と振り仮名されていた。従来から表記のように解釈されてきたが、元来はどこの地名だったかはっきりしないという。松浦図では、天塩川が西流して来て海岸の手前で左折する辺りにホロヌフと書いてあるが、あまりに辺地の小地名である。また、昔は天塩川が現市街地のすぐ南側で大きく湾曲していたので、ホロノタフ（poro-nutap、大きい・川の湾曲部）から出たという説もある。ホロノタフは東方にもある。

ウブシ ウプウシ up-us トド松・群生する　天塩川下流部の大規模酪農地域（松浦図ヘンケウフシ、ハンケウフシ）。トド松は hup とも up ともいった。「産土」の漢字が当てられ、北・東・中などが付いた地名が見られる。ウブシの北に「作返」（同サマカイシ）という地名が見られるが、sak-ka-i-us（夏・表面に・水が・多くなる）の意である。夏になると、近くにある沼の水が増えたのだろう。また「振老」という地名は、hura-wen-i（臭い・悪い・所）からである。泥炭地の臭気を指したものであろう。

川口　天塩川河口左岸の酪農地域。昔あった「サラキシトー」という沼から、「トーウッナイ」（to-utnay、沼の・脇川）という川が海岸線と平行して北上し、この辺りから天塩川に注いでいた。このことから「川口」の名が付いたと思われる。旧図を見ると、浜の方へ渡る渡船場があったことが分かる。当時はこの辺りを「コイトイ」（koy-tuye、波が・崩す）と呼んでおり、烽火場があった（松浦図コエトイ）。現在、竪穴住居が復元された遺跡風景林がある。

安牛 ヤスシ yas-us-i 網で魚をすくう・いつもする・所　天塩川東岸、幌延町内の地名。ＪＲの駅があり酪農家が点在する。松浦武四郎「丁巳日誌」には「ヤスシ　左り小川。少し平磯有。網をむかし張し処と云」とあり、天塩川の網引き場があった所。その位置は、天塩川が大きく蛇行していた「犬吼湖」の南側であったと思われる。

雄信内 オノプンナイ o-nup-un-nay 川尻に・原野・ある・沢川　旧図は「オヌプナイ」で、ウンを省いた形であった。天塩川の南大支流で、雄信内市街はその河口の所にある。上流部には「男能富」という地名も見られる。ＪＲ宗谷本線の駅は、天塩川北岸幌延町内にあって「おのっぷない」と呼ぶ。そしてこの辺りを「雄興」（興隆する雄信内）という。幌延町内にはＪＲ宗谷本線の駅が８駅あるが、「糠南」（地図外）「雄信内」「安牛」「南幌延」「上幌延」「下沼」の６駅は、全国の秘境駅ランキング100位以内に入っているという。

松浦山川図　十六・廿一

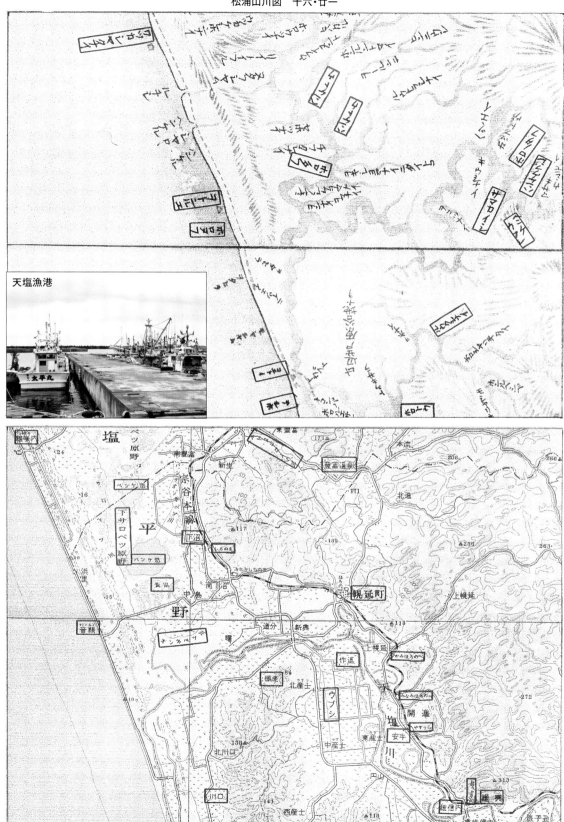

天塩漁港

20万分の1　天塩（平14）

４６、天塩町・遠別町・初山別村

天塩 テシオペッ tes-o-pet　簗・多い・川　松浦武四郎「天塩日誌」には「本名テシウシなるを何時よりかテシホと詰る也。テシは簗の事、ウシは有との意なり。此川底は平磐の地多く、其岩筋通りて築柵を結ひし如く、故に号しと。又アイヌの言に、築と言う物は、大古此川筋に石の立並べる処有を神達が見て始めし物とも言伝へたり」とある。「永田地名解」には「テシュオペッ　築川　天鹽の原名」と出ている。地名発祥の地は、道の駅「びふか」（美深町大手）付近の水中を岩盤が横切っていた所であった。天塩町市街地に道の駅「てしお」があり、鏡沼海浜公園には「てしお温泉」（38.9℃、強食塩泉）がある。

鏡沼海浜公園

六志内 ルークシナイ ru-kus-nay　路が・通っている・沢川　天塩町中央部、六志内川が西流する畑作地。この川を遡って「ロクシナイ峠」（松浦図ルウクシナイ、前ページ）を越えると雄信内に出る。昔からここに"けもの道"のような通路があったと思われる。天塩川の最下流は大きく屈曲しているので、この峠越えをするのが上流への近道であった。

更岸 サラケシ sar-kes　ヨシ原の・末端　あるいは「サッキウシ」（sarki-us-i、ヨシ・群生する・所）だったかも知れない（松浦図サルケシ）。昔ここに「サラキシトー」という大沼（同ホロトウ）があったが、今は無く「干拓」という地名が残るのみである。「民安山」（182m）は、「ポロシㇼ」（poro-sir、大切な・山）と呼ばれていた。沖に漁に出た時、村の方向を知る大事な山であった。

丸松 パロマウッナイ par-oma-utnay　口・ある・肋骨川　遠別市街から北へ約5km、旧羽幌線「丸松駅」のあった所。遠別川の北に「ウッツ川」（松浦図ウツ）など三つのウッナイが並流していたが、その一つの「パロマウツナイ川」（同モウツ一名マルマウツ）が訛って、マルマウツ→丸松となったものらしい。

遠別 ウェンペッ wen-pet　悪い・川　地名の起源となった遠別川を、松浦武四郎は魚類至って少なしと書いているので、魚が獲れない川という意味か（松浦図ウエンベツ）。しかし旧図を見ると「ウイェペッ」（u-ye-pet、相・話する・川）となっており、「永田地名解」も「ウイェペッ　相話する川　天塩山中のアイヌ海浜に出て来りて此処のアイヌと相話するを楽みとす因て名く」とある。

富士見　稚内市の富士見と同様、海を隔てて西方に利尻富士を見るのでこの名が付いた。国道232号沿いの富士見ヶ丘公園の一角に道の駅「富士見」がある。ここから1.5kmほど南に「クマウシュナイ川」（松浦図クマウシナイ）が流れているが、kuma-us-nay（魚を乾す竿・多くある・沢川）の意である。

金浦　遠別市街から南へ約4km、旧羽幌線「天塩金浦駅」のあった所。「駅名の起源」によると、元この地に小学校長・金野憲一という人がいて人望があり、この人の「金」と、ニシンが多く獲れる浜であったことから「浦」の字を採ったという。この地区を流れる「トマタウシュナイ川」（松浦図トマタウシナイ）は、toma-ta-us-nay（エゾエンゴサクの根・掘る・いつもする・沢川）の意である。

旭温泉

オタコシベツ川 オタクシペッ ota-kus-pet　砂浜を・通る・川
　遠別町と初山別村の境をなす川（松浦図ヲタコシヘツ）。現図はオタマシベツと間違えている。松浦武四郎は1857年（安政4）6月2日（陽暦7月22日）、石狩を発って日本海沿岸を北上し、8日（28日）天塩運上屋に着いているが、最終日この川を越えている。内陸に6kmほど入った「モオタコシベツ川」沿いに「旭温泉」（27.4℃、食塩泉）がある。

歌越 オタクシ ota-kus　砂浜を・通る　オタコシベツ川の河口にある農漁村。オタクシが訛って歌越になったもの。当初「歌越別」だったものを、別をとって簡明にしたという。「オタ」（ota、砂浜）が「歌」になる例は道内に多い。南を流れるトコマナイ川（松浦図トマヲマナイ）は、「トコㇺオマナイ」（tokom-oma-nay、こぶ山・ある・沢川）の意で登駒内川とも書く。河口の南にある「大沢」地区は、海岸に漁村はあるものの過疎化が進む。

豊岬　初山別村で最も早く開けた所。「風連別川」（hure-pet、赤い・川）が流れ、昔は「風連」と呼ばれていた（松浦図フウレベツ）。先端の岬を「金比羅岬」と呼ぶが、松浦図にはやや南にシリヤントマリと出ている。sir-yan-tomari（天気・陸へ寄る・泊地）の意で、南風の時ここに寄って天気を待ったという。内陸部の稲作を主とする農業地域を「明里」というが、明朗な農村を願って付けられた。港を見下ろす公園に、道の駅「ロマン街道しょさんべつ」と「しょさんべつ温泉」（31.3℃、食塩泉）がある。

初山別 ソエサンペッ so-e-san-pet　滝が・そこで・流れ出ている・川　「永田地名解」には「シュサムペッ　シュサㇺ魚の川　シュサㇺは魚の名（ししゃも）」とあるが、「北海道の地名」は表記のような解釈であったろうとしている。松浦図にはシユサンベツと出ており、豊岬の方にシ、ヤモヘツとある。

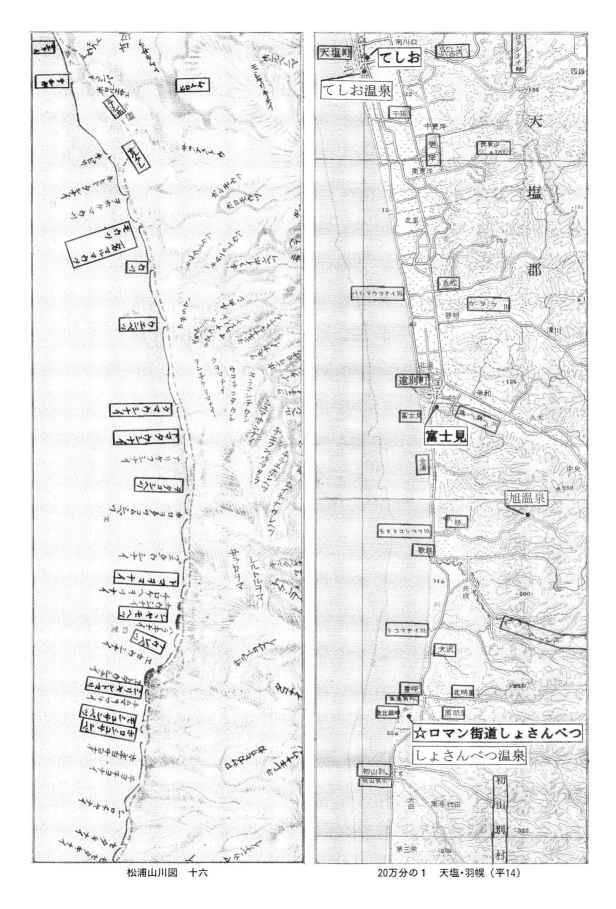

松浦山川図　十六　　　　　　20万分の1　天塩・羽幌（平14）

４７、羽幌町・苫前町

築別（ちくべつ） チュクペッ cuk-pet 秋・川　「築別川」（松浦図チュクベツ）と「茂築別川」（同モチュクベツ、小さい・チュクペッ）が流れている。秋に秋味（鮭）が多く上る川だったのだろうか。しかし「駅名の起源」は、この解は疑問があるとして「チケッペッ」（cikep-pet、切り立った崖の下を流れる川）としている。かつて上流に「築別炭砿」があったが、1970年（昭45）閉山し無住地となる。閉山にともなって「羽幌炭砿鉄道」も廃止された。

汐見（しおみ）　羽幌市街北方にある海岸段丘上の漁業集落。地名は潮汐の見える地域であることによる。明治後期以来、「ニカルス」（似軽巣）と称するニシン漁業集落が発達（松浦図ニカルウシナイ）。nikar-us-nay（はしご・いつもある・沢川）からとされ、海が荒れて海岸の通行ができない時、この沢筋の崖にはしごを架けて山越えしたという。ニシン漁衰退後過疎化が進み、酪農地帯に変貌。

羽幌（はぼろ） ハプル hapur 柔らかい　松浦武四郎「西蝦夷日誌」は、この海岸は砂が柔らかいのでこの名になったとしている（松浦図ハボロ）。しかし、「永田地名解」は「ハボロペッ」（ha-poro-pet、流失・広大の・川）とし、水があふれる時は砂浜が大きく流失する川と説いた。また、「駅名の起源」は「ハッオロオペッ」（ウバユリの鱗茎・そこに・多くある・川）としており諸説が多い。福寿川が国道232号と交わる辺りに、道の駅「ほっと♡はぼろ」があり、「はぼろ温泉」（33.6℃、強食塩泉）を併設している。

苫前（とままえ） トマオマイ toma-oma-i エゾエンゴサク・ある・所　古くはトママイといい、十万前・苫舞などとも表記した（松浦図トマ、イ）。アイヌの人たちは、エンゴサク草の根の豆のようなものを集めて好んで食べたという。相当古くから和人が入り、1872年（明5）開拓使宗谷支庁の苫前出張所が置かれ、この辺り一帯の中心地であった。「西蝦夷日誌」には「此地本名エンルムヲマムイと云ふ」とあり、enrum-oma-moy（岬に・ある・入江）の意とされる。正にその通りの所で、旧市街は段丘下の浜にある。海を見下ろす高台に、道の駅「風Ｗとままえ」と「とままえ温泉」（48.5℃、強食塩泉）がある。

風Ｗとままえ

　天塩の海岸は留萌から北は殆ど直線状であるが、苫前の所は岬に抱かれた入江があり、相当古くから和人が入っていた。18世紀後半には、和人の派遣する商船が来てアイヌと交易を行っていたが、1779年（安永8）に天然痘が流行して、この地方のアイヌは殆ど死に絶えたという。その後天塩川流域のアイヌが移住してきて、トママイはテシホ場所に包含されるようになった。アイヌの人たちは半ば強制的に運上屋や漁場の所在地に移され、当地の産物であった鰊・鮭・ナマコ・コンブなどの漁獲に従事させられた。

　松浦武四郎「蝦夷日誌」には「トマ、イ……此場所は岬の陰なれば、わずかの一小湾を得て船懸りもよろしき也。……岡の方平山にして土地至て肥沃せり。運上屋の廻り菜園有。皆よく出来たり。……勤番人数ソウヤ詰支配也」と記されている。

三豊（みとよ）　苫前市街南部の漁業集落。旧行政区画第三区の三と豊漁の豊を採った。東部の「旭」地区は畑作・酪農地帯である。朝日のように輝く未来を祈念して付けたという。

香川（かがわ）　古丹別川下流域の水田地帯。1894年（明27）頃から香川県人の入植が始まる。「長島」は、1896年（明29）三重県桑名郡長島村と木野岬村より移住した長島団体の入植地である。

古丹別（こたんべつ）　1938年（昭13）苫前村字制定の際、古丹別川（松浦図コタンベツ）の２大支流である「三毛別川」と「チエボツナイ川」（cep-ot-nay、魚・多くいる・沢川、次ページチエホツナイ？）の合流点付近を、古丹別と称するようになった。昭和初期に国鉄線が開通してから、駅を中心に市街地が発達し町の中心となった。

　松浦武四郎は1856年（安政3）にここを訪れ、「此川今コタンヘツといへども、本名はコタンウシヘツなるよし。此処川巾三十五六間、川端の上に人家二軒有。然れども今一軒は明家に成て、当時只渡し守一軒のみ。…………出船せんと致せしに、椀にトマ（えんごさく）とアンラコロ（黒百合）を煮て是を入て船中の慰にとて呉たりけり」（戊午日誌）と記している。当時古丹別川では、秋味（鮭）・鱒・イトウ・ウグイなどの漁獲が多かったという。なお、古丹別川と三毛別川については次ページに記す。

古丹別川と風車

力昼（りきびる） リキピリ ri-kipir 高い・崖　力昼市街の南の海岸に突き出ている山崖の名からであろう。「西蝦夷日誌」は「リキビリ。訳て高山平（平は崖のこと）の義」と書いた。市街とその崖の間を流れている「番屋の沢」（旧名リキビリナイ）の名は、昔ここに漁場の番屋があったからである。

松浦山川図　十六

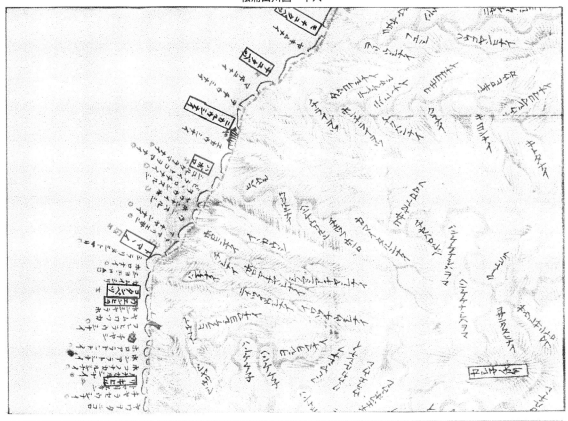

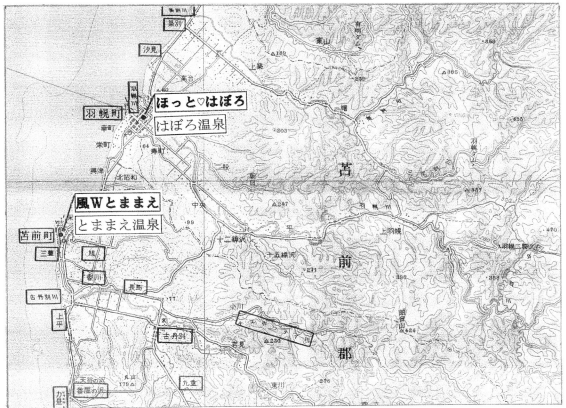

20万分の1　羽幌（平14）

４８、苫前町・小平町

古丹別川 コタンペッ kotan-pet 村・川 　苫前町内中央部を横流する大川。下流には幅約1.5kmの肥沃な谷底平野が広がり、蛇行による河跡湖が数か所残る。雨竜川筋とつながる国道239号がこの川を遡り、霧立峠を越えて添牛内に通じている。古丹別の街は河口から約5km上流の内陸にあるが、木材の集散・製材の中心地として、町内第一の市街を形成している。

　古丹別川河口の南を「上平」という。海崖があって「ウェンピラ」（wen-pira、悪い・崖）から付いた（松浦図ウエンヒラ）。なぜ悪いかは記録にないが、たぶん落石などで危険な場所だったと思われる。かつてニシン漁で栄えたが、今は牧場である。

三毛別川 サンケペッ sanke-pet 浜の方に出す・川 　古丹別川の南支流。「北海道の地名」は、諸地にある名だが、何を出したのかはっきりしない。大雨とか雪解けの時に、どっと水を出した川ではなかったろうかとしている。「アイヌ語地名解」は、サンは山の方から浜へ出ることもいい、昔この川沿いに冬のコタンが多くあって、これを通路としていたのではないかとしている。「九重」は、1896年（明29）三重県より団体移住入植。第9区の九と三重の重を採る。

港町 　港町の名は海岸中央に鬼鹿漁港があることによる。1928年（昭3）、旧国鉄羽幌線が開通し鬼鹿駅開業。明治以前からニシン漁場地として発展、鬼鹿村の中心地であった。しかし、1955年（昭30）より主要産業のニシン漁は漁獲皆無となり、村の経済崩壊の原因となった。

鬼鹿 オニウシカペッ o-ni-us-ka-pet 森林の中を流れている川（？） 　「港町」を中心とする地域を鬼鹿と呼んでいる（松浦図ホロヲニシカ・ホンヲニシカ）。表記の解は「駅名の起源」からであるが、はっきりしない。「上原地名考」は「夷語ヲニシカとは、則、雲の上に有ると訳す。……昔時、此所へ雷落ちて雲とともに上りし故、此名ある由」と書いた。しかし「永田地名解」はこの説を否定している。

　港町市街に流れ込む「温寧川」の旧名は「オン子オニウシュカペッ」（大・鬼鹿川）で、上の方が川名に残り、下の方が変形して字名になったものである。

広富 　こちらの方には「ポンオニウシュカペッ」（小・鬼鹿川）が流れていた。現名は「番屋沢川」で、この河口付近は明治前から出稼ぎ漁夫が多く、宿所があったりしたという（松浦図ニヲトマリ辺りか？）。有名な旧花田家番屋は1905年（明38）頃に建てられ、当時は200人のヤン衆が生活していたという。ここに道の駅「おびら鰊番屋」がある。前浜はかつてニシンの群来に沸いた千石場所であった。現在「にしん文化歴史公園」となっており、1856年（安政3）に当地を訪れた松浦武四郎の像と、この地で詠んだ歌が刻まれている。やや南にある「秀浦」地区（ヲムトカリ辺りか？）は、かつてここもニシン漁で栄えた浜なのでこの名が付いた。

おびら鰊番屋

大椴 ポロトゥトゥク poro-tu-tuk 大きい・岬・出っ張っている 　秀浦から2.5kmほど南に小椴、さらに3km南に大椴の海岸がある。各々「小椴子川」（松浦図ヲヘラウシナイ辺りか？）「大椴子川」（ホロヲヘラウシナイ辺りか？）が流れている。現在は国道232号が直線的に通っているが、昔は大小の岬が出入りしていたと思われる。

小平 オピラウシペッ o-pira-us-pet 川尻に・崖・ある・川 　地名発祥の川は、小平市街の北を流れる「小平蘂川」である（松浦図ヲペラシベツ）。「北海道の地名」によると、この河口に「インガルシ」（inkar-us-i、眺める・いつもする・所）という山が突き出していて（エンカルウシ）、その下が崖になっているのでこの名が付いたとされる。もと「小平蘂」と呼ばれていたが、1948年（昭23）に蘂を省いて現在名になったという。

にしん文化歴史公園

達布 ヌタップ nutap 川の湾曲内の土地 　小平町東部、小平蘂川流域の稲作・林業地域。炭鉱があったが、閉山により過疎化が進む。小平蘂川の蛇行により付いた名である。

臼谷 ウシヤ us-ya 入江の・岸 　小平町南端の小さな砂州による入江、牛屋とも書かれた。砂地が緩く湾曲しており、海水浴場になっている。

松浦山川図　十六

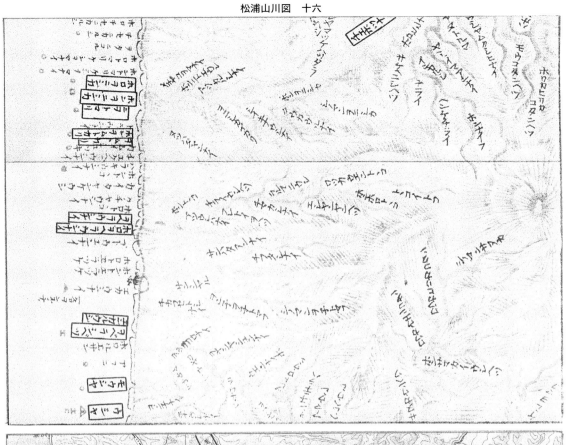

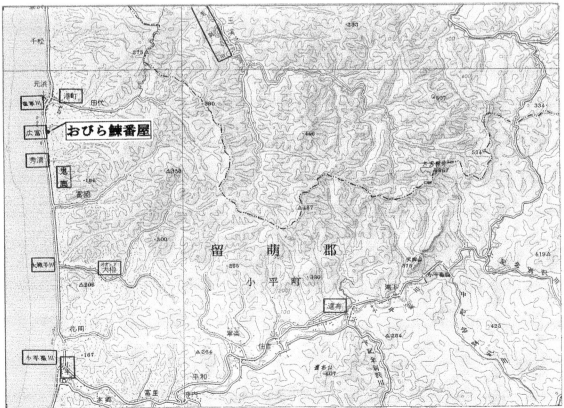

20万分の1　羽幌（平14）

49、留萌市・増毛町

三泊　サモトマリ　sam-o-tomari　和人・いる・泊
松浦図サントマリ、「永田地名解」は「シャモトマリ　和人の泊　三泊村と称す」とある。「駅名の起源」は「サントマリ」（san-tomari ? 出し風を避ける港）から出たもので、留萌の副港をなしていたものであるとしている。「集落地名地理」も、山より浜へ吹き下ろす出し風が吹くと、留萌河口では風が強いので北方の三泊へ避難したとある。

南にある地名は「永田地名解」によると、チニカハル（樹木短き処）、エンルンカ（岬上　砂嘴なり）、ヲムル（川尻塞りて路をなす処）と出ている。

留萌　ルルモオッペ　rur-mo-ot-pe　潮汐が・静かで・いつもある・もの
松浦図にはル、モツヘと出ている。「上原地名考」は「ル、モツペ　夷語ル、モヲツペの略語なり。則、潮の静に入る所と訳す」とあり、松浦武四郎も同じ事を書いている。「永田地名解」は「ルルモッペ　潮静川　ルルは潮、モは静、ぺは川なり　此川潮入りて流れ遅れし故に留萌村と称す」とある。

黄金崎
「永田地名解」には「ムルクタウシ　糠岬　ムルクタは粟稗等の殻を捨てる処即ち塵捨場なり　往昔アイヌ塵を捨てし処積りて山となりし処」とあり、mur-kuta-us-i（糠を・捨てる・いつもする・所）の意である。塵を捨てた所が黄金崎とは皮肉なことだが、当地はニシンの千石場所として明治期に至った。

岬の南に延びる浜を「瀬越浜」というが、松浦図にはセモシとある。腕のように曲がった所という意味のようだがはっきりしない。その南の「浜中」は「オタノシケ」（ota-noske、砂浜の・中央）を意訳したものである。「永田地名解」には「オタロマセタペッ　砂路の犬川　往昔神使の犬山より出来り　蹄跡を砂上に印して山に去る故に名くとアイヌ云ふ」と出ている（松浦図ヲタルヲヌセタヘツ）。

黄金崎

この近くにはアツカルシナイ（at-kar-us-nay、オヒョウニレの樹皮・採る・いつもする・沢川）もあった。

礼受　レウケプ　rewke-p　曲がっている・もの
松浦図レウケ、留萌市の日本海沿いの南端。漁港があり、集落は海岸段丘上。「永田地名解」には「レウケプ　曲りたる処　岬出でゝ曲りたる処に名く」とある。

阿分　アフニ　ahun-i　入る・所＝入口
松浦図アフシラリカ？信砂川河口より北部にかけての半農半漁の地。崖に洞穴があり、通称地獄穴とか地蔵穴と呼ばれているという。入口とは、「アフン・ル・パル」（ahun-ru-par、あの世へ入る・路の・口）を指すことが多い。

信砂　ヌプサムペッ　nup-sam-pet　野の・傍らの・川
松浦図ヌブシヤ、信砂川流域の水田地帯。信砂川は増毛町内中部の大川で、この川筋から石狩川筋に出る通路が古くから知られていた。

箸別　パシペッ　pas-pet　石炭・川
「永田地名解」には「パシュペッ　石炭川　川中に大なる黒岩ありて炭の如し故に名く　今此岩なしと云ふ」とある。松浦武四郎「西蝦夷日誌」も「ハシベツ……此処川上に石炭有り、依て号く。炭をハシハシと言也」と書いている。しかし、アイヌが必要のない石炭を地名にしたとは考えられないとして、「ハシペッ」（has-pet、灌木・川）であったという説もある（松浦図ハシヘツ）。

「舎熊」は「サックマ」（sat-kuma、乾く・物干し棹）の意で、海岸に魚乾場があったからの名であろう（同シヤクマ）。「永田地名解」には「魚乾棚　山の形状に名くと云ふ　舎熊村と称す」とある。また「朱文別」は、「シュプンペッ」（supun-pet、ウグイ・川）の意である。supunに朱文の字を当て、初めは「しゅぶん」のように呼んでいたのであろうか（同シユフンベツ）。

増毛　マシケ　mas-ke　カモメの・所
マシケは元来浜益の所の名であったが、そこの運上屋をここに移してから、ここが増毛といわれるようになった。この海湾一面にニシンが群来る時はカモメで一杯になったので、この名が付いた。「永田地名解」には「ポロモイ　大湾　ノツカ、パシュペトの二岬なる大湾にして増毛の原名なり」とあり、旧名は松浦図にあるホロトマリ（poro-tomari、大きい・泊地）であった。

増毛マリーナ

ノツカは野塚崎、パシュペトは箸別を指している。「中歌」は同地名解に「オタノシケ　中浜　浜中とも　沙場の中央を云ふ」とあり、ota-noski（砂浜の・中央）であった。「暑寒別川」はショカンベツ（so-ka-an-pet、滝の・上に・ある・川）の意で、「暑寒別岳」（1491m）はその水源山である。

別苅　ペシトゥカリ　pes-tukari　断崖の・手前
増毛市街西方の漁業集落（松浦図ベツカリ）。暑寒別川河口からの砂浜はここまでで、これより西方は海崖が続く。「カムイエト岬」はkamuy-etu（神の・岬）の意である（同カムイエト）。

松浦山川図　十

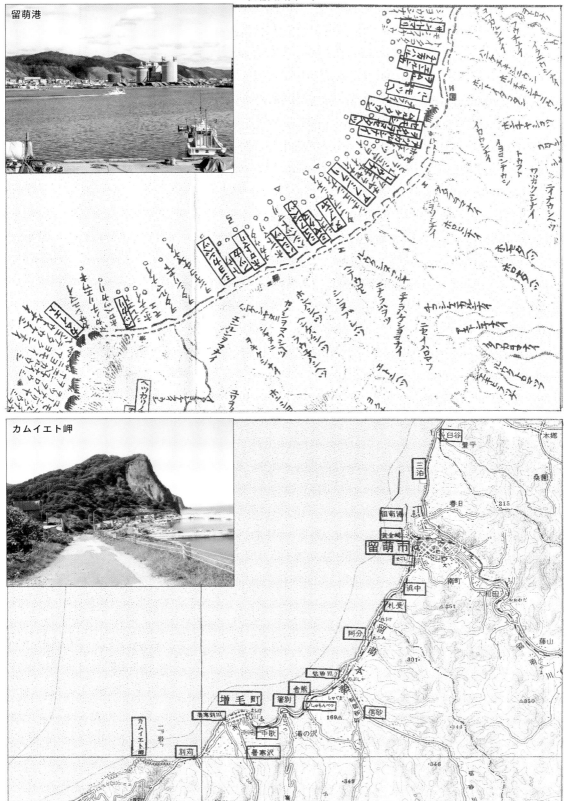

20万分の1　留萌（平17）

５０、増毛町・石狩市（旧浜益村）

岩老　イワウオイ　iwaw-o-i　硫黄・ある・所
日本海に面する海岸地域で、硫黄が露出している所があるという。暑寒別火山群に関係した硫黄だろうか。松浦武四郎「西蝦夷日誌」には「イワヲイ。上に温泉有りしと。依て号く」とあるが、海岸近くに「岩尾温泉」（13℃、酸性冷鉱泉）がある。

この辺りの小地名が「岩老」、大地名が「岩尾」である。西の知床と呼ばれる景勝地で、海の雄大な景色が楽しめる。松浦武四郎「丁巳日誌」には「イワヲトマリ　またイワヲイとも云。硫黄多き処也。上に温泉有なり。此上イワヲノホリと云て、此辺第一の高山也」とある。イワヲノホリ（松浦図ユワヲイノホリ）は「天狗岳」（939m）と思われる。また「ユウトマリ　温泉の末流此処え落来るよし也」と、現在の岩老漁港の辺りともとれる記述が見られる（同ユーナイか？）。さらに「アツヲロウシ（同ヲツヲロウシ）　アツは楡の一種、アットシ（厚司織り）に織る木の皮を取る木也。其木大に多しと云儀。カモエヒは神崎也。ホロヒは大岩岬也。アイヒコタン　鮑の処と云り。アイヒは鮑也」と述べ、ホロヒが「日方岬」、アイヒコタンが「歩古丹」と思われる。

岩老漁港

雄冬　ウフイ　uhuy　燃える、焼ける
増毛町と旧浜益村の接する所、海崖が続く（松浦図ヲフイ）。増毛側に市街や漁港がある。「上原地名考」は昔、ここに雷が落ちて近辺が焼けたためとしているが、海岸の絶壁には赤い岩層が目立つように露呈しているので、uhuy という名で呼ばれたのではなかろうか。「赤岩岬」は「永田地名解」には、「ケマフーレ　赤脚　岩脚赤し故に名く」（kema-hure、脚・赤）と出ている。

雄冬岬
雄冬岬は５万分の１図では、タンパケと呼ばれる岬に名が付いているが、実際の位置はタンパケと雄冬市街の中間、現在「雄冬岬トンネル」が通っている出崎の辺りだったようである。

「丁巳日誌」には「タンパケ（崖下也）、ヲフイ（大焼山の下也）、カモイアハナイ、ヒヤタアンナイ、イナヲサキ（此処マシケ・ハマ、シケ境目岬也）」と出ている。「永田地名解」には南から「タムパケ（岬、直訳刀頭なり）、ウフイプ（焼けたる処）、カムイアパ（神戸）、イナウシレトゥ（木幣岬）」と出ており、日誌の順序と一致している。つまりヲフイ（ウフイプ）が雄冬岬、イナヲサキ（イナウシレトゥ）が雄冬市街南端であると思われる。松浦図ではカムイアハ・ユナヲシレエトが出ている。

雄冬岬

千代志別　チセソソウシペ　cise-soso-us-pe　家を・崩・した・者
松浦図はチセショシベ、「丁巳日誌」には「少しの沢に成る也。昔し人の住せしと云処のよし。家の跡有と」とある。急流の千代志別川が、河口にあったアイヌの家を壊したものか？やや南の「床丹」（トコタン）は諸説あり特定し難いが、「浜益村史」は現地はマムシが多く棲息していることから、tokko（ni）-kotan（マムシ・村）が当を得ているとしている。

群別　ポンクンペッ　pon-kun-pet　小石川（？）
浜益村（現石狩市）北部、群別川河口の漁業集落（松浦図ホンクンヘツ）。「西蝦夷日誌」には「ポンクンベツ。名儀、訳して小石川の義なり」とあるが、「永田地名解」は「クンペッ　危川」としている。群別川はごろた石の上を流れる急流である。やや北にある幌川は「ポロクンペッ」（大きい・クンペツ川）で、地域名はそれを下略して「幌」と呼んだ（同ホロクンヘツ）。

浜益　アマムスケ　amam-suke　穀物を・煮る
もとは「ヘロキカルウシ」（heroki-kar-us-i、鰊を・獲る・いつもする・所）と称した所（松浦図ヘロカルシ）。1785年（天明５）マシケ場所が二分され、北側がマシケ場所、南側がハマ、シケ場所となった。以降当地はハマ、シケ場所の中心地となり、浜と益毛から浜益になったという。「西蝦夷日誌」には昔、判官公がここで飯を炊いたとあり、表記のような解釈も生まれている。

川下
浜益川河口近くの水田地帯。荘内藩ハママシケ陣屋跡がある。東から浜益川を下って来ると、河口の平野が山に囲まれて拡がっている。そこが昔の「オタコッ」（ota-kot、砂浜の・低地）で、和人の呼んだ川下であった。なお、浜益川は「オタコッペッ」（ota-kot-pet、砂浜の・凹地・川）と呼ばれていた。この川を３kmほど遡った「実田」に「浜益温泉」（40.3℃、含食塩化土類硫黄泉）がある。

黄金山
浜益川中流北岸に聳える740mの美しい三角山。黄金富士、浜益富士とも呼ばれる。「西蝦夷日誌」には、「タイルペシベ」（tay-rupespe、林の・峠越沢）というすり鉢を伏したような山ありと出ている。一説には下流南岸の「摺鉢山」（169m）と夫婦の山であったとされ、和人が金の採掘に入った時に付けられた名であるという（松浦図コカ子ヤマ）。

松浦山川図　十

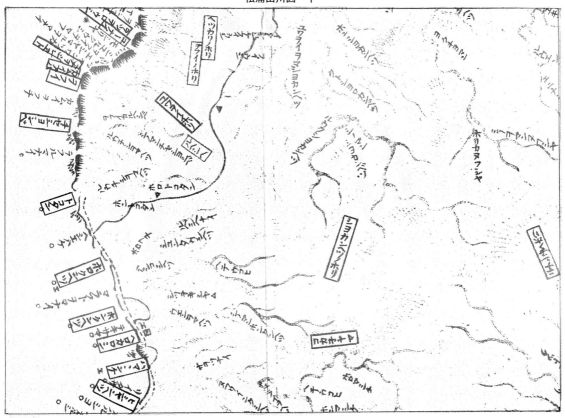

20万分の1　留萌（平17）

５１、石狩市（旧浜益村・厚田村）

毘砂別 ピサンペッ pi-san-pet 石が・流れ出る・川　毘砂別川河口の漁業集落（松浦図ヒシヤンヘツ、前ページ）。毘砂別川は傾斜の大きい急流で、今でも大雨が降ると砂利が流れ下る川だという。「永田地名解」には「トミサンペッ　軍勢を出したる処　上古ポイヤウンベと云ふ者此川上に砦を構へ兵を出し戦争せしことはユーカリにあり　今ピサンペッと云ふ」と出ている。ユーカラの少年英雄ポイヤウンベは、ここのチャシ（砦）で育ったと語られ、その居館が浜益にあったとする伝説が相当古くからあったようである。

愛冠 アイカプ aykap できない　愛冠の海岸は絶壁で通ることができない（松浦図アイカツフ）。松浦武四郎「西蝦夷日誌」には「昔し此処のアイヌ此の岩の上より矢を放ち、寄手もまた下より矢を放ちしが、互いに当らざりし故に号しなり」とあり、この場合は「届かない」という意味と思われる。足寄町や厚岸町にも同じ愛冠がある。アイカッは会話語では「不可能、できない」という意味に使われるが、地名の場合は、どこでも物凄い断崖である。

送毛 ウクルキナ ukur-kina タチギボウシ　海岸部は断崖で通ることができないので、内陸を「送毛山道」や「送毛トンネル」が通っている。ここにオクリキナという草が生えていて、葉や茎を細かく刻んで飯や粥に炊きこんだりして食べたという（松浦図ヲクリケ）。

濃昼 ポキンピリ pokin-pir 下の・渦巻　「西蝦夷日誌」は、ここの岬と厚田領の岬の間に水の渦巻があったためとしている。また「上原地名考」には「ゴギンビル　夷語ポキンビリなり　則、蔭の蔭なりといふ事」とあり、この辺りが岬の蔭だったからとしている（松浦図ゴキヒル）。

安瀬 ヤソシケ ya-soske 差網場（？）　厚田市街から少し北に行った所の海岸。「永田地名解」には「ヤソシュケ　差網場　アイヌ細小なる差網にて魚を捕りしと云ふ　今安瀬村と称す」とあり、「西蝦夷日誌」も「ヤソスケ。小き網をここに懸しと云儀なり」とある（松浦図ヨーショシケか？）。

厚田 アッタ at-ta オヒョウニレの皮を・採る　浜益村・厚田村・石狩市は、2005年（平17）合併して石狩市となった。「上原地名考」や「西蝦夷日誌」は、厚司織りの材料である at に関係した地名であるとしている（松浦図アツ）。厚田の山にはオヒョウニレの群生地があり、かつて漁師は漁具用の縄として、その樹皮を利用していたという。アッタは「永田地名解」には「元名アーラペッ　イモリ川の義　往時イモリ多し由て川に名く　旧地名解に楡皮を取る義と説きたるは誤なり」と出ているが、前述したようにオヒョウニレに関係した地名と考えられている。松浦図には三本のアーラ川が出ており、アッタノホリは「別狩岳」（666m）と思われる。

厚田漁港

　江戸時代初期には「厚田川」河口部右岸に運上屋が設けられ、ニシン漁を中心とする出稼者が多く入り込んでいた。後期になると、運上屋が南方のオショロコツ（現在の押琴）に移され、古潭が中心地となった。当時の産物はニシン・イリコ・昆布・鱒・鮭などであったという。厚田川を越えて南に行くと「別狩」に出るが、「ペットゥカリ」（pet-tukari、川の・手前）の意である。「西蝦夷日誌」には「ペットカリ。川の手前と云義。是全く運上やより云ことなり」とあり、南にあった押琴の運上屋の方から見て呼んだ地名である（松浦図ヘツトカリ）。

　さらに行くと「小谷」で、昔はポロ（大）とポン（小）の「コタンナイ」（kotan-nay、村・沢川）が流れていた。やや内陸の「ボクサナイ」は、「プクサウシナイ」（pukusa-us-nay、ギョウジャニンニク・ある・沢川）の意だという。

古潭 コタヌンペッ kotan-un-pet 村の・ある・川　「古潭川」は「永田地名解」に「コタヌンペッ　村の川　此川筋古よりアイヌの部落なるを以てコタヌンペトと云ふ　古潭村」と出ている。昔から居住適地であったと思われる。

　やや北にある「押琴」は現在無住地である。「オソロコッ」（osor-kot、尻・凹地）の意とされ、尻餅をついたような窪地があって、半円形の谷が海に向かって開いている。「西蝦夷日誌」は「ヲショロクチ。運上屋、板倉十二棟、前は船澗にして大船を容る。出稼や立並び頗る繁華の地なり。アイヌ多し」と記している。また、「上原地名考」は「ヲショロコツ。ヲショロとは尻の事、コツとは窪むと申事にて、此海岸に山の崩れし跡、尻の形状ある故、字になすといふ。以前はアッタにて交易をなせしが、不弁利なる故、今此所に移す由」と記している。

古潭漁港

松浦山川図　十

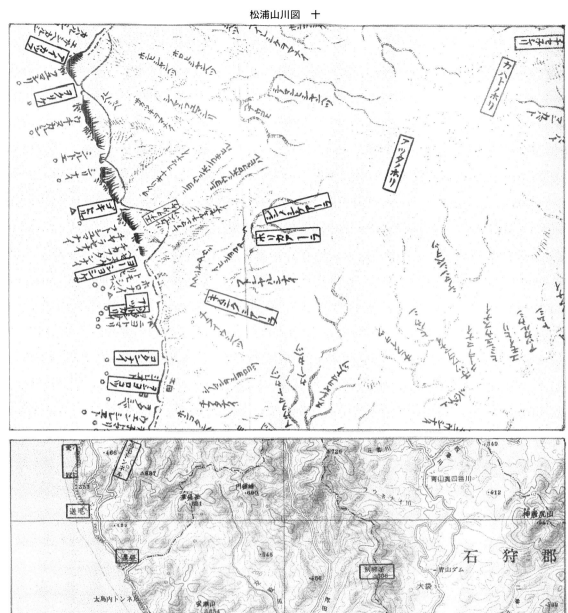

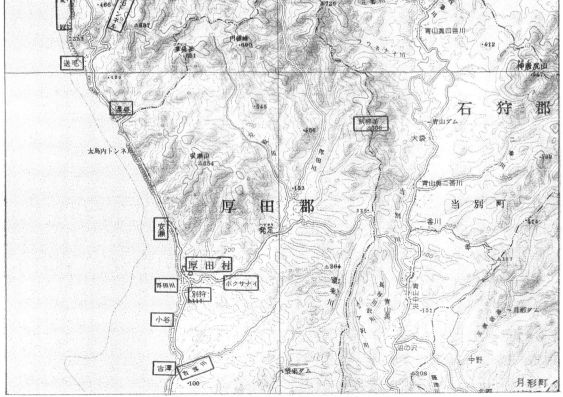

20万分の1　留萌（平17）

５２、石狩市・札幌市・小樽市

望来川 モライ mo-ray 遅流（川） 松浦図はモウラエ、「永田地名解」は上記の解釈である。mo-nay（ゆるやかな・川）から出たという。

知津狩 シラットゥカリ sirar-tukari 岩の・此方 松浦図はシリアツカリ。石狩の方からずっと砂浜続きであったのが、初めて山崎が出ている所で、岩は見えないが海中にはあるという。シュツフ（聚富）はスウォプ（suwop、箱）の意で、川の形状がほとんど箱の様であったためという。

弁天歴史公園

石狩 イシカリ isikari 塞がる（？） 石狩川から出た地名に間違いないが、表記の解釈は川筋が屈曲していて塞がって見えたとか先が見えないとの説で、「上原地名考」や松浦武四郎によるものである。これに対して「永田地名解」は「イシカラペッ」（is-kar-pet、美しく・作る・川）か「イシカラペッ」（isikar-a-pet、回流川？）としている。
　「石狩温泉」（36.5℃、強食塩泉）は、一千万年前の太古のはるか昔に、海底に閉じ込められた"化石海水"が温泉となって湧出した。温泉所在地の「弁天」には、1694年（元禄7）創建の弁天社がある。「親船」はかつて海上・河川交通の要地であった。対岸の「八幡」には、1858年（安政5）に箱館八幡宮の末社として奉斎した八幡神社がある。

茨戸 パラトー para-to 広い・沼 茨戸川が発寒川下流の別称であった。発寒川下流は砂山（昔の石狩湾海岸砂丘）の東下を流れているが、そこが札幌北部大湿原の終わりで、昔は川筋の至る所が沼になっていたという。その川口近くがパラトーだったので、茨戸川と呼ばれたのである。

花畔 パナウンクルヤソッケ pana-un-kuru-ya-sotke 川下人の漁場（？） 茨戸川が大きく西へ曲流する左岸の地名（松浦図ハンナンコロか？）。ヤソッケは網漁場のことらしい。パナウンクルは旭川の神居古潭から下流の人を指す。「北海道の地名」によると、幕末の漁場図ではハナンクロと出ているが、そのハナンが音韻転倒して「ばんなぐろ」になったのであろうとしている。旧図も「花畔村」となっている。茨戸川に囲まれた水田・畑作地を「生振」（同ヲヤウ）というが、o-ya-hur（尻が・陸地についている・丘）の意からとされる。

清川 元来の小樽内川（松浦図ヲタルナイ）は、「天狗山」（1145m）から北東流して星置川となり、さらに清川となって石狩湾に注いでいた。その川筋がずっと小樽郡と札幌郡の境であった。今は札幌の方から新川が入り新川口から海に直流させてあるが、昔は砂浜の草原の中を東に向かって横流していた。「永田地名解」は「マサラカオマプ　濱川」とあり、masar-ka-oma-p（海浜草原の・上に・ある・もの）の意であった（同マサラマ、）。この辺りは「石狩湾新港」の建設とともに、地形が大きく変貌した。

手稲 テイネイ teyne-i 濡れている・所 「永田地名解」は「テイネイ　濡処　ハチヤム川（発寒川）の水散漫して常に地を濡す処　手稲村の原名」と書き、低湿原野を意味した。

星置 小樽市と札幌市の境界付近。「永田地名解」には「ソーポㇰ　瀑下一名ホシポキと云ふ」とあり、「星置ノ滝」の下と書いている。ホシポキとは pes-poki（崖の・その下）のような名ででもあったろうか。

銭函 小樽市東端の名、和人の付けた地名。「永田地名解」に「モイハサマ　湾底　和人称して銭函と云ふ　此湾内鯡魚おびただしく群集し其利益甚だ多く尚ほ金庫の如し故に名く」とあり、現代風に言えば「ドル箱」の土地の意。

張碓 ハルウシ haru-us 食料・群生する 張碓川の大沢が名のもとである（松浦図ハルウス）。「永田地名解」は「ハルウシ　食料多き処　海陸共に食料に富む故に名く」とあり、オオウバユリ・ギョウジャニンニクなどが生えていた所で、現在も山菜の採集地として知られているという。

神威古潭 カムイコタン kamuy-kotan 神の・居所 朝里と張碓の間にある海岸大崖。落石が絶えず陸行者の大難所であった。「永田地名解」は「カムイヘロキ　神鯡　鯡魚おびただしく岩間に集る　アイヌ之れを手取りにせしを以て神の賜なりとして神鯡と名く　和人カモイコタンと呼ぶは妄称なり」とした。ここは元来、「カムイエロキ」（kamuy-e-rok-i、神・そこに・座します・所）であったのだろう。

朝里 アッウシナイ at-us-nay オヒョウニレ・群生する・沢川 松浦武四郎「西蝦夷日誌」は、「アサラ。本名アツウシナイのよし。今訛てアサリと云り。名義、楡皮多き沢の義」と書いた。「永田地名解」は「イチャニ　鮭の産卵場」からとし、転訛してアサリになったとしている。海岸から約4km上流に「朝里川温泉」（30〜45℃、含食塩塩化土類泉）がある。

朝里川温泉

松浦山川図 十

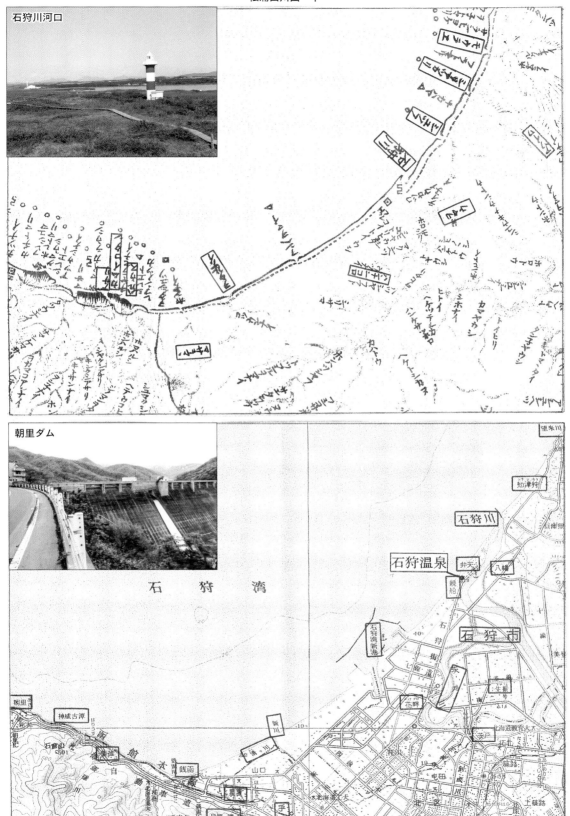

20万分の1 札幌（平17）

５３、小樽市・余市町

小樽 オタルナイ　ota-ru-nay　砂・路・沢川　現在の小樽市は、明治初年頃は忍路郡・高島郡・小樽郡に分かれていた。小樽の名のもとになった「小樽内川」は、銭函の東を流れていた川で、当時そこにはアイヌコタンがあって、和人も漁場を開いていたものらしい。
　「手宮」は小樽市街の北端部の名。松浦図のテミヤは位置がズレている。古くはテムヤともいい、「テムンヤ」（temmun-ya、菅藻の・岸）からとされる。海草が多く岸に打ち上げられていたので、この名で呼ばれたという。1880年（明13）道内で最初に開通した幌内鉄道の起点であった。小樽港北端に「小樽天然温泉」（50.8℃、芒硝泉）、南端の平磯岬に「平磯温泉」（60℃、含芒硝食塩泉）がある。

高島　小樽湾西北岸の地で、かつてここに運上屋があり、この地方の大中心地であった（松浦図タカシマ運上ヤ）。「永田地名解」には「タカシュマ　鷹石　鷹の如き石あり故に名く　高島郡の原名」と出ているが、「トゥカルシュマ」（tukar-suma、アザラシ・岩）が訛って高島になったとも考えられる。

祝津　シクトゥル　sikutur　野韮（エゾネギ）　「上原地名考」には「シクズシ。夷語シクトゥルなり。則、野韮と訳す。此所、野韮又は"あさつき"等多くある故、字になすといふ」と書かれている。「永田地名解」は「シクトゥッ　山葱（やまらっきょう）　満山皆葱　祝津村と称す」とある（松浦図シクシ、か？）。

オタモイ　オタモイ　ota-moy　砂浜の・入江　松浦図ヲタモエ、「オタモイ地蔵」の辺りは小樽の観光地である。地蔵堂の下の入江が小さな砂利浜になっているが、そこがこの地名でいうオタであったのだろう。

塩谷　「北海道の地名」は語源がはっきりしないという。松浦図はシウヤとなっている。「永田地名解」は「シューヤ　鍋岩　サパネクル（アイヌの村長）が鍋を岩に掛けたりと云ふ　塩谷村の原名」とあり、「駅名の起源」は宗谷などと同じで「ショー・ヤ」（岩・岸）としている。

蘭島　ラノシマナイ　ran-osma-nay　下り・入った・沢川　小樽市西端、海水浴場として有名（松浦図ラヲシュマナイ）。「永田地名解」には「古へ虻田アイヌ山を越えて此処に下り入りて住居し………」とあり、その子孫が沢沿いに住み着いた所だという。
　「忍路」は湾の形を指したもので、「ウソロ」（us-or、入江の・中）説や「ウプ　ソロ」（upsor、ふところ）説、「オソロ」（osor、尻）説などがある（同ヲショロ）。「桃内」は「ヌモマナイ」（num-oma-nay、果実・ある・沢川）か、海岸にある桃形の岩石（桃岩）からとされる（同ヌマモナイ）。

余市　ユオチ　yu-ot-i　温泉・多くある・所　地名の由来には二説あるとされる。一つは表記の説であるが、これに対して「永田地名解」は「イオチなり　蛇多く居る処の義　往時余市川筋蛇多し故に名く」とあり、i-ot-i（それ・多くいる・所）説である。
　余市は古くは与市とも書いた。「港町」のある旧市街地の西部と、国道5号や函館本線が走る余市川沿いの東部に分かれる。早くから和人が入り、江戸期には余市川左岸に「下ヨイチ」場所、右岸に「上ヨイチ」場所が設定され、ニシンの千石場所として開けた。下ヨイチの「濱中」は西の砂浜地帯で、「オタノシケ」（ota-noske、砂浜の・中央）を意訳したもの。「西蝦夷日誌」は「此処を惣称して浜中と云。ヲタノシケ、ハルトル、モエレ。此辺料理や、また浜千鳥といへる賤妓等有て、三絃、太鼓の音もせり」と書いた。モエレは、モイレ岬に囲まれたmoyre-tomari（静かな・泊地）の意で、ここに下ヨイチの運上屋があった。ハルトルはar-utor（向こうの地）の意で、余市川の方から岬の向こう側を呼んだ名であろう。
　余市町東端の国道5号沿いには、古代人が刻んだとされる岩壁彫刻のある「フゴッペ洞窟」がある。フゴッペの名について松浦図はフンコエとあり、hum-koy-ot-pe（音・波・ある・所）からか？国道229号沿いの中心街に道の駅「スペース・アップルよいち」があり、東方「栄町」の海岸には「鶴亀温泉」（48.2℃、ナトリウム塩化物泉）と「余市温泉」（36.8℃、食塩泉）がある。

余市港

フゴッペ洞窟

白岩　旧名は「出足平」で峠名として残っている。松浦図はレタリヒラ、「永田地名解」は「レタラピラ　白崖」とある。出足平峠辺りの山崖は目のさめるような白岩の壁で、まさにretar-pira（白い・崖）であるという。松浦図シリハ→シリパ岬。

豊浜　余市町海岸の一番西の漁業集落。旧名は「湯内」で湯内川が流れる。松浦図ユウナイ、yu-nay（温泉・沢川）の意で、ぬるい温泉だったそうだ。入江の外の海中に有名な「蝋燭岩」があり、昔はその周辺が盛んな鰊漁の海だったという。松浦図チヤラツナイ（エト）→チャラツナイ岬。

松浦山川図　九・十

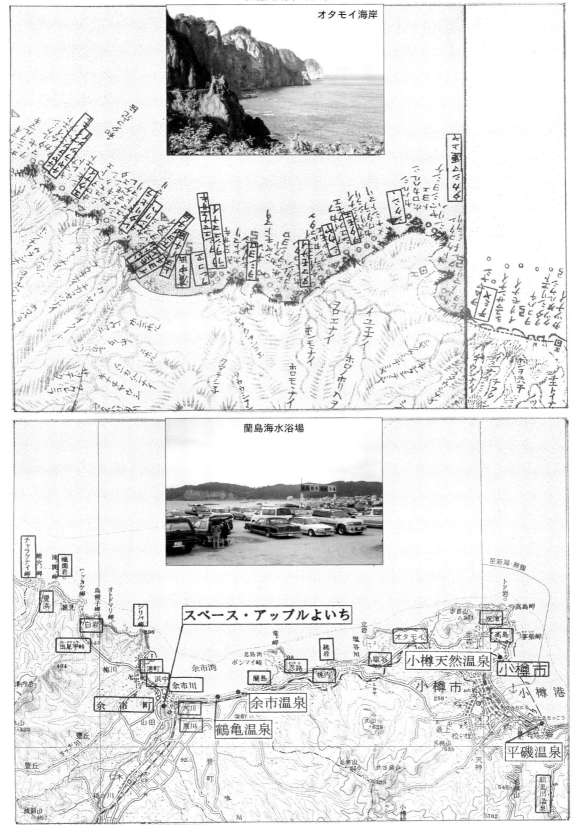

20万分の1　岩内（平9）・札幌（平17）

５４、古平町・積丹町・神恵内村

歌棄 オタスッ ota-sut 砂浜の・根元　日本海に面する観光レクリエーション地区。「永田地名解」は「オタシュッ　砂傍　歌棄村と称す」とある。「北海道の地名」によれば、砂浜からそろそろ岩磯地帯にかかる辺りの地名で「砂浜の・端」の場所であるという。

古平 フルピラ hur-pira 丘の・崖　松浦図はフルヒラ。「西蝦夷日誌」には「フルビラ。訳て小さき山の崩と云義のよし。さする時にはここの丸山岬あたりの地名か。アイヌの言にフウレビラにて赤崩平の義也と。さすれば古平川の南の崩岸を指して言といへり」と記している。「丸山岬」（同カムイシレハ）辺りを指しての表記の解釈か、古平川の hure-pira（赤い・崖）を指したものらしい。港を見下ろす丸山岬の高台に「ふるびら温泉」（55.3℃、食塩泉）がある。

港町　古平漁港や琴平神社のある所。「永田地名解」には「カムイミンダラ　神庭　熊居る処を云ふ　和人訛りて耳垂或は垂比見と云ひしが今は湊町と称す」とある。「北海道の地名」によると、kamuy-mintar は必ずしも熊の居場所ではなく、神様が来て遊ばれる神聖な場所だったらしい。漁港近くにソーラン節発祥地の記念碑がある。

群来 松浦図ではヘロカルシとあり、「永田地名解」は「ヘロッカルシ　鯡場　往時より鯡の群来る処なり」と書いた。heroki-kar-us-i（鰊を・獲る・いつもする・所）で、ニシンが群れをなして沿岸に押し寄せる様子を"群来"といった。「厚苫」は at-tomari（ニシンが群来る・泊地）の意か？。

美国 ポクニ pok-uni 蔭所（？）　積丹町内大字名で役場所在地である。上記の解釈は「永田地名解」のもので、美国を挟むように突き出している岬の蔭を指すものか。美国港は旧図には「ベンザイ泊」と出ており、弁財船（大型商船）がゆっくり入る泊地であった（松浦図ビクニ運上ヤ）。沖合の「宝島」周辺は好漁場で、かつてニシンの千石場所が築かれていた。美国川はヒクニヘツと出ている。

幌武意 ポロモイ poro-moy 大きい・入江　積丹半島先端東岸の湾入。漁港があり、集落は段丘上。松浦図はホロモエ。「西蝦夷日誌」には「ホロムイ。出稼多し。大湾の義。番屋二棟、板くら有」と記されている。北端の「出岬」の所には、美しいシャコタンブルーの海岸で知られる「島武意」（シュマモイ、suma-moy、石の・入江）がある（同シュマモエ）。また「女郎子岩」には、義経に恋したアイヌのシララ姫が、追手を逃れて月夜の海上に去った義経を恨み、絶壁から身を投げて岩になったという伝説がある。

島武意海岸

積丹岬 サクコタン sak-kotan 夏・村　積丹川の河口付近が、夏の好漁場だったためこの名が付いた（松浦図シヤコタン）。「永田地名解」には「シャッコタン　夏場所　春日鯡漁最も盛んにして又夏日に至れば常に天気晴朗海波穏にして鮑海鼠等の漁獲多し故に名くと云ふ」と出ている。積丹岬の根元にある入江の町を「入舸」という。同地名解には「ニトトマリ　弁財澗」とあり、net-o-tomari（寄木・多くある・泊地）であった。弁財船が入るので、入船の意味を難しい字を使ったものらしい（同ヘンザイマ）。「日司」は昔運上屋があった所。松浦図にはクツタルシ（kuttar-us-i、イタドリ・群生する・所）とある。「野塚」は「ノッカ」（not-ka、岬・上）からとされ、今の市街地の西側に突き出ている丘陵の先をいった言葉だったろうか。ここに「積丹温泉」（52.6℃、含重曹食塩泉）がある。

神威岬　古くは御冠崎とも称した（松浦図ヲカムイサキ）。西蝦夷三嶮岬の一つで、茂津多岬（島牧～瀬棚）・雄冬岬（増毛～浜益）とともに海路の難所として恐れられた。岬の根元の「草内」（同クチヤナエ）は、kuca-nay（狩小屋ある・沢川）から、「神崎」は神威岬のある漁村であることに由来する。また東方の「来岸」（同ライキシ）は、「永田地名解」に「シシャモライケウシ　日本人を殺したる処」と出ている。

沼前 ノナオマイ nona-oma-i ムラサキウニ・ある・所　ここまでが積丹町で、この南は神恵内村となる。「永田地名解」には「ノナマイ　海栗多き処」とある（松浦図ノナマエ）。やや北にある「尾根内」はヲン子ナイ（onne-nay、大・沢川）からで、周辺の沢の中で大沢という意であろう。

神威岬

珊内 サンナイ san-nay 浜の方に出る・沢川　珊内川は奥が深くて急斜面が多く、横の方からも水が集まってきて、大雨だと鉄砲水が出る川とされる。河口から約2.5kmは一本川であるが、そこから上は５本の川が半円形に開いていて、降水面積がえらく広い。ここのサンナイの意味は、水が出る（流れ出す）川と解してよいのではないか（松浦図サ子ナイ）。沼前以南珊内まで、オプカル石（同ヲフカルウシ）、ノット（ノット）、川白（カハシラ）、ノラン岬（ノロラン、次ページ地図）などの地名が見られる。

松浦山川図　九

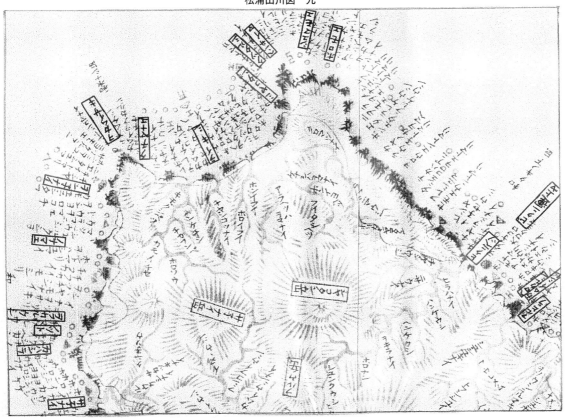

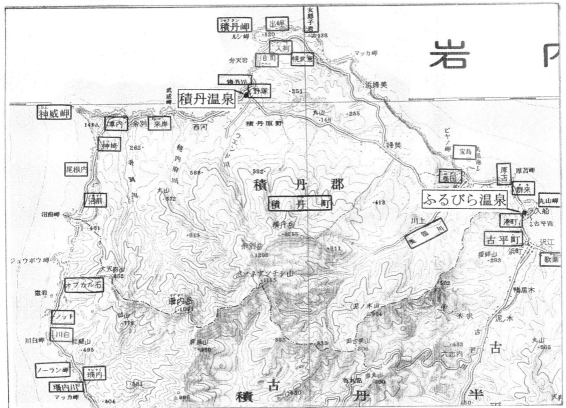

20万分の1　岩内（平9）

５５、神恵内村・泊村・共和町

キナウシ岬 ピㇼカキナウシ　pirka-kina-us-i　良い・ガマ・群生する・所　松浦図はヒイカキナウシ。この岬は高い岩崖なので、カモイシレハ（kamuy-sirpa、神の・岬）とも呼ばれていた。蒲（si-kina）は花ゴザの材料とされた。すぐ北側にまるで直立しているような70m位の高崖があるが、アイヌの人たちの"鹿落し"（鹿を崖から追い落とし、動けなくなったのを捕った）であるとされる。

大森　キナウシ岬から３kmほど南下した小集落。海岸に木が密生していたという。山から大森川が流れ込み、昔は大森トンネル辺りの海岸を「大森横澗」と呼んでいた。ここに道の駅「オスコイ！かもえない」がある。

赤石　松浦図フレチシ、「蝦夷日誌　二編」には「アイヌ元フウレシユマ又フレチシ等云しが、今は皆アカイシと呼也」とある。「北海道の地名」は hure-suma（赤い・石）か、hure-cis（赤い・立岩）の意であろうとしている。かつて赤い岩があったが、道路工事でほとんど無くなったという。

オスコイ！かもえない

神恵内　カムイナイ　kamuy-nay　神・沢川　松浦図にあるように、この辺りは昔フルウであったが、今は神恵内と呼ぶ。「北海道の地名」によると、北から市街へ流れる「長屋の沢」が多分カムイナイであって、それが大地名化したのであろう。カムイは場所柄、熊だったかも知れないと述べている。「永田地名解」には「フレナイ川筋　和名古宇川」、その枝川の一つに「カムイナイ　神澤　神威内村の原名」とある。

　当地は神威内・神茂恵内とも書いた。知里真志保著「アイヌ語入門」には、「こういう地名の付いた所は、いずれも古来交通上の難所として幾多の人命を奪ったような恐ろしい場所で、魔の里と訳すべきものかも知れない」とあり、当地も人の近づき難い地形を有している。開拓当初からフルウ場所としてニシンの千石場所となり、明治・大正期は全盛を誇った。

古宇川　「アイヌ語地名解」によると、昔運上屋のそばに大きな岩穴があって、川水がそこをくぐると水の色が赤くなるので、「フルウペッ」（hure-pet、赤い・川）と名付けたという。しかし「北海道の地名」は、古い時代から「ふるう」で書かれてきたが、赤川説の他にフリという巨鳥がいたとの伝説もあり、分からない地名であるとしている。神恵内市街から古宇川沿いに道道998号を２kmほど北上した所に「神恵内温泉」（60℃、強食塩泉）がある。茶褐色の湯は海水の1.3倍もの塩分を含み、湯花がこびりついて容易には落ちないという。

　古宇川中流の山間部に「駒吉沢」とあるが、駒吉という人が住んでいた沢だという。大蛇伝説のある「竜神岬」は、松浦図トラセ。turasi（それに沿って上る）の意で、「永田地名解」には「トラシ　登処　此辺よりオンネ（尾根内）へ行くにも古宇へ行くにも岩上を登り行くを以て名く」とあり、海は断崖で山を越えなければならない所であった。

泊　モイレトマリ　moyre-tomari　静かな・泊地　市街地の所の入江は、アイヌの人たちはモイレ・トマリと呼んでいたという（松浦図モエトマリ）。モベル川が流れているが、モイレが訛ったものであろうか。やや北に「糸泊」があるが、旧図には「ニトドマリ」（net-o-tomari、漂木・多くある・泊地）とある。さらに北の「兜岬」は、松浦図にはカフトと出ている。神恵内と泊のちょうど中ほどに、1905年（明38）開発された「盃温泉」（46.2℃、含石膏食塩泉）がある。

　「永田地名解」には「サカツキ　鉱石　盃村と称す」とあり、温泉は「ユオトマリ　温泉の澗　岩間より温泉涌出し小温あり　然れども潮来れば海に没す」と記されている。この辺りは和人の鉱山屋が入って採鉱した場所であろう。鉱夫の使った「さかつき（鉱石）」という言葉がアイヌに伝わり、それが地名に残ったものらしい。1962年（昭37）には「茂岩」地区でも温泉が開発された。茂岩とは「モイワ」（mo-iwa、小さい・山）の意で、海中に浮かぶ「弁天島」を指すらしい（松浦図モウワ）。「興志内」は「オキウシュナイ　川尻に茅多き川」（同地名解）からとされる（同ヲキシナイ）。

盃温泉「弁天島」

茅沼　かつて幕末から炭鉱が開発され、村内最大の人口密集地であった。旧図では茅沼川の中流域に採鉱地の記号が出ている。もとはカヤノマといった所で、日本語の茅の澗ぐらいの名であったかも知れない。北の外れの「臼別」（松浦図ウスヘツ）は、「永田地名解」には「ウシュペッ　湾川　アイヌ云ふモイペッに同じ」とある。

堀株　ホロカプ　horka-p　後戻りする・もの　泊村の南端、堀株川旧河口の漁業集落。古くは河口から上って行くと、川上が海の方に向かっていた所である。それで上記のように呼ばれ、地名となった（松浦図ホリカフエト）。現在「泊原子力発電所」のある辺りは、昔ヘロカロウシ（heroki-kar-us-i、鰊を・獲る・いつもする・所）と呼ばれたニシンの豊漁地であった。

松浦山川図　九

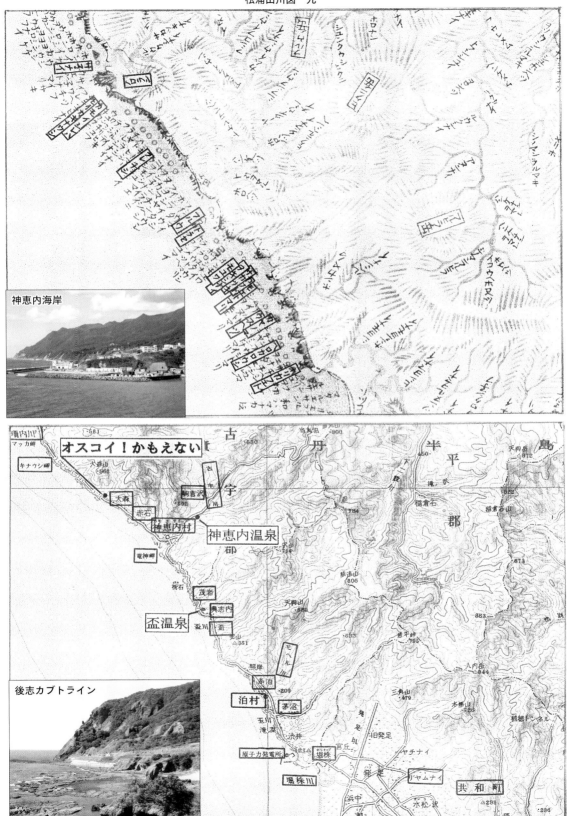

神恵内海岸

後志カブトライン

20万分の1　岩内（平9）

５６、共和町・岩内町・蘭越町・寿都町

梨野舞納（りやむない）　リヤムナイ　riyam-nay　越年川（？）　松浦図リヤムナイ、共和町西部の堀株川下流域。前ページ現図にもリヤムナイの地名が見られる。「永田地名解」には「リヤムナイ　越年川　秋より来春に至るまで越年して鮭を漁することを得故に名く　今梨野舞納村と称す」とある。やや北の「浜中」は、松浦図に和ハマナカと出ている。

野束川（のづかがわ）　ヌプカペッ　nupka-pet　野原・川　「北海道の地名」によると、not-ka（岬の・上）と読みたくなるのであるが、支流名（pon-nupka、hure-nupka等）から見ても野川らしいとしている。松浦図ではノツカとあり、上流にホンノツカ・トウノツカも見られる。スキー場の麓に「いわない温泉」（52.2～56.9℃、強食塩泉・含食塩重曹泉）がある。

岩内（いわない）　イワウナイ　iwaw-nay　硫黄・沢川　松浦図はイワナイ・ホンイワナイ。この地の川はニセコの山々より流れ来るので、硫黄川と呼ばれていたのであろう。しかし「岩内町史」は定説を見い出せないとし、「北海道の地名」も意味がはっきりしないとしている。「駅名の起源」は、当地の東南に「イワオヌプリ」（硫黄山、1116m）があるのでとした上で（松浦図ユワヲノホリ）、あるいは「イワナイ」（iwa-nay、山・沢川）の意とも解されるとしている。市街地に道の駅「いわない」がある。

雷電（らいでん）　松浦図カモエルヲマ・和ライテン、地名の語義ははっきりしていない。「西蝦夷日誌」は、この山中の小川の所で「ラエンベツ。小川。和人ライデンと訛り、今雷電の字を用ゆ」と誌した。また「上原地名考」には、「ライデン。夷語ライテムなり。則、焼てうなると訳す。昔時、此崎え雷落て山の焼崩れし時、震動なしたる故、此名ありといふ。又、説に義経此所にて弁慶に別れし時、来年といふて名残をせし故、地名ライ子ンなるともいふ、未詳」と出ている。「永田地名解」は「ライニ　枯木　往時枯樹林あり故に名く」とある（松浦図ラエニ？）。

雷電海岸

　付近の海岸は雷電温泉郷として知られ、山間には朝日温泉もある。松浦図にはやや内陸に「温泉」と出ている。「雷電温泉」の43℃の石膏泉は鎮静効果に優れているという。雷電岬には弁慶が刀を掛けたと伝えられる"刀掛岩"があり（松浦図シリハ・和刀カケ石）、海岸のシンボルとなっている。遠くに積丹半島の山並を望み、有島武郎「生まれ出づる悩み」の一節を刻んだ文学碑も建つ。
　海岸の国道から山道を約4km入った山間に「朝日温泉」がある。創業は江戸時代末期の1844年（弘化元）、160年を過ぎる歴史を持ち水上勉の社会派小説「飢餓海峡」にも登場した秘湯である。岩内～寿都間が山道でしか結ばれていなかった1890年（明23）に、官設駅逓が開設され大いに賑わったという。ひっそりとした一軒宿の建物からは、そんな時代の流れが偲ばれる。そばを流れる「湯内川」（ゆない）（yu-nay、温泉・沢川）のほとりに乳白色の源泉（45℃、含石膏硫化水素泉）が湧き、そのまま内湯に引いている。

尻別川（しりべつがわ）　シリペッ　si-ri-pet　至って・高い・川　尻別川（松浦図シリヘツ）は北海道三番目の大河で、水源は支笏湖の西斜面。「羊蹄山」（1898m）をぐるっと回ってから長く西行して日本海に注ぐ。「永田地名解」は「シリペッ　至高川　アブタアイヌ云ふシリペッの山は小なれども其の水源は高処より来る故にシリペッと云ふ　至高川の義なりと」とある。もしかしたら長く山中を流れてくる川なので、「シッペッ」（sir-pet、山の・川）だったかも知れない。

港町（みなとまち）　蘭越町北西部の尻別川河口。尻別川の内水面漁業や日本海の浅海漁業が盛んだが、特に港湾施設はない。国道229号沿いに道の駅「シェルプラザ・港」がある。内陸の水田地帯を「初田（はつた）」というが、町で水田試作が初めて行われた所だという。さらに内陸部の農林地域を「御成（おなり）」というが、1936年（昭11）天皇の特使として小倉侍従が地内の岩野私有林を視察したことに因む。

シェルプラザ・港

ペンケ目国内川（ぺんけめくんないがわ）　御成の上流で右岸から尻別川に注いでいる川名。すぐ近くで「パンケ目国内川」も流入している。「永田地名解」は「ペンケ（パンケ）メクンナイ　上の（下の）暗川　メクンは暗きの義」としている。「アイヌ語地名解」によると、「マッウンナイ」で山奥にある川の意としているがはっきりしない（松浦図ヘンメクシ・ハンメクシ）。

島古丹（しまこたん）　シュマオコタン　suma-o-kotan　石が・ごちゃごちゃある・村　「永田地名解」は「シュマオコタン　石多き処　石村と訳す　今島古丹村と称す」とある（松浦図シュマコタン）。今は海岸道路が護岸の上を走っていてその姿は見えない。「能津登（のっ）」は「ノッ」（not、岬）の意（同ノット）。「横澗」は海面に岩礁がいっぱいあり、まさに「磯谷」（iso-ya、岩磯の・岸）にふさわしい土地である（同エソヤ）。追分節に「せめて歌棄、磯谷まで」と歌われたのはこの辺りのことである。現在は寿都町に属している。

松浦山川図　四・九

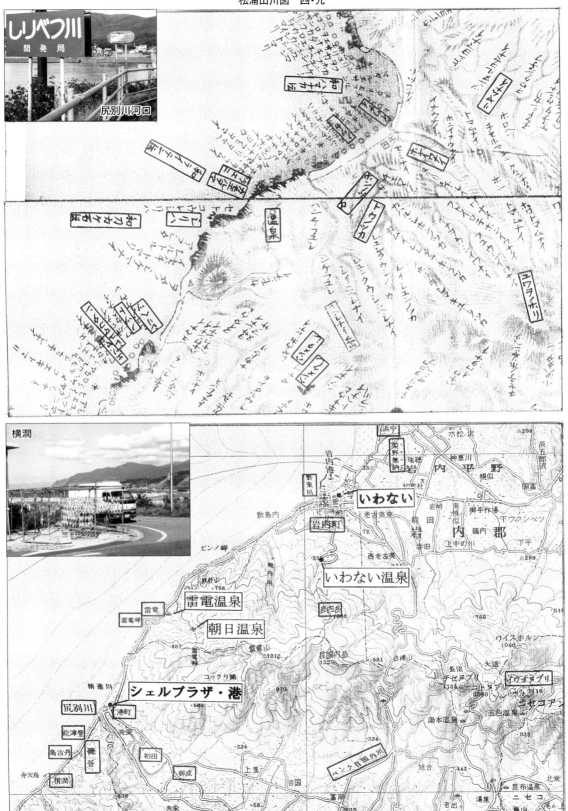

20万分の1　岩内（平9）

５７、寿都町・島牧村

美谷 ピヤ pi-ya 石の・岸　松浦図はヒイヤ、ピヤは砂浜に対して、石のゴロゴロした海岸を言ったようである。南の「種前」はゆるく曲がった岩礁地帯。タン子モイ（tanne-moy、長・磯）の意で、「永田地名解」は「長湾　和俗タネマと云ひ遂に種前村と称す」とある。

歌棄 オタスッ ota-sut 砂浜の・根元　寿都町内の地名、旧郡名。元来のヲタシユツは寿都湾奥の北面する長い砂浜の東端辺りだったようである。潮路川が流れる現歌棄市街は「潮路」と呼ばれていた。「ウソロ」（us-or、入江の・中）の意である。しかし、運上屋が少し北の「有戸」に移ってそこが歌棄と呼ばれるようになり、この辺り一帯の惣地名にも使われるようになった。有戸は種前の南にあるが、歌棄の方から見てアルトル（ar-utor、向こう側の・土地）と呼んだのであろう。松前追分節で「忍路・高島及びもないが、せめて歌棄・磯谷まで」と歌われたのはこの辺りであった。

寿都 シュプキペッ supki-pet ヨシ・川　寿都湾の湾奥に南の方から「朱太川」（松浦図シユフキ）が注いでいる。河口の低湿原野がヨシ原だったのでこう呼ばれた。シュッキが寿都の原名で、シュッキになりスッツに訛ったものであろう。現在の寿都市街は朱太川より離れた弁慶岬の東岸で、松浦図にヘンサイトマリ（弁財船の停泊地）、ロクシヤウマ（六條潤）と出ている辺りである。市街地に道の駅「みなとま～れ寿都」がある。「寿都温泉」は「湯別」にある43℃の含塩化土類食塩泉。「湯の沢川」が朱太川に注いでいるが、それが「ユペッ」（yu-pet、温泉・川）と呼ばれ、湯別になったのであろう（同ユウベ・ユーナイ）。

樽岸 タオロケシ taor-kes 高所の・末端　朱太川河口西側の土地、寿都町内の地名、旧村名。「永田地名解」には「タロケス　高処の下　樽岸村の原名なりと云ふ」とある。「アイヌ語地名解」によると、昔この海岸は長磯と呼ばれて通れなかったので、安政年間（1854～60）に高台に道をつけた。その海岸の高い所をタオロ、外れをケシといって、樽岸の字を当てたものであるとしている。

弁慶岬　寿都湾の西口にある岬、背後の「月越山脈」が日本海に突出する。ここには義経と弁慶が大陸に渡るため滞在したという伝説がある。弁慶がアイヌ達と角力をとったという土俵の跡、その時アイヌの血に染まったという赤岩、弁慶が別れの宴を催したという二ツ森などがあるという。「永田地名解」には「ペレケイ　破れたる処　和俗ペレケイを訛りてベンケイと云ひ遂に弁慶を附会（こじつけ）したるは笑ふべし」とあり、岬の岩の裂け目 perke-i（破れた・所）がベンケイに訛り、それが義経伝説につながったものである（松浦図ヘニケウ）。

弁慶岬

政泊 マタトマリ mata-tomari 冬の・泊地　寿都町北西端、弁慶岬の西側（松浦図ニヲトマリか？）。「永田地名解」には「マタトマリ　冬泊　積丹郡にもマタトマリあり　北風を凌ぐ澗なり　和人訛りてマサトマリと云ふ」と出ている。1830年（天保元）、檜山の五勝手村（江差）から大崎某が来住してニシン漁を営み、のち漸次住人も増加したという（寿都町史）。

歌島 オタシュマナイ ota-suma-nay 砂浜の・石・沢川　島牧村北端の漁港、歌島川が流れる（松浦図ヲタシユマナイ）。「永田地名解」は「オタシユマナイ　砂石川　歌島村の原名」とある。「本目」は同地名解に「フムペナイ　鯨川　寄鯨の上りたる処　今本目村と称す」とあり、「フンベ」（humpe、クジラ）の転訛とされる（同フンヘナイ）。

島牧 シュマオマイ suma-oma-i 石・ある・所　江戸期シマコマキ場所が置かれ、以前は「島古牧」であったが、略されて島牧になった。「永田地名解」には「シュマコマキ　岩石の後背　島牧郡の元名　今永豊村と称す」とあり、近くにあった suma（岩石）にちなんだ名であろう。

泊 トマリ tomari 泊地　シマコマキ場所の中心地であった（松浦図シユマコマキトマリ）。シマコマキは場所名などの広域地名・通称として扱われ、トマリは泊川河口部右岸の運上屋の置かれた所を呼んだという。よい舟澗であったため、この名が付いた。現在も村役場が置かれ、中心集落になりつつある。泊川を遡って行くと「宮内温泉」（48.8℃、含芒硝重曹泉）がある。

江ノ島　島牧村中央部の漁村、日本海に面する景勝の砂浜が続く。「集落地名地理」によると、神奈川県の江ノ島に似ているからだという。ただし、ここには島は無い。「千走」は千走川流域の水田・畑作地である。「チワシペッ」（ciw-as-pet、波・立つ・川）からとされる。この海岸に道の駅「よってけ！島牧」と、内陸に「千走温泉」（41.4℃、含食塩重曹泉）がある。

江ノ島海岸

松浦山川図　四

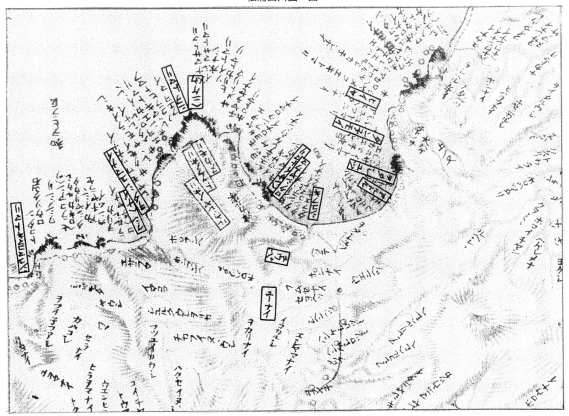

有戸前浜

20万分の1　岩内（平9）・室蘭（平15）

５８、天塩川（幌延町・天塩町・中川町・中頓別町）

開進（かいしん）　天塩川右岸の牧草地、酪農家点在。開拓適地が広大で、後の開拓を大いに促進する意味で名付けられたという。ＪＲ「南幌延駅」付近で、パンケとペンケの「オートヌオマップ川」が天塩川に流入している。この川は、松浦武四郎「丁巳日誌」に「ヲ、チヨウヌ　左り小川有。此処に至やヲニサッペ（筬島）の婆アフシユイ壱人丸木船えトレフ（姥百合）、ブイ（竜金花）・鱒の焼たる等を積て来りけるに逢」と出ている。松浦図では対岸にヲチヨノフとあり、川名は「クサノオウの生えている所」の意というが………。

ＪＲ「安牛駅」近くを「千曲川」が流れているが、「丁巳日誌」には「ヲタシウシ　左りの方小石浜有。此処に上り止宿す。夜に入蚊多し。依て石狩小太郎（イシカリ番人）より借用致し来りし蚊帳を始めて用ゆ」とある。また翌日の早朝「また薄ぐらき間に支度致し山岸え小用に行しに、蚊多くしてついに不達して帰る」と出ている。ヲタシウシとは「川岸の砂原」の意とされ、非常に曲りくねっているので千曲川の名になったという。武四郎は、1857年（安政4）6月9日（陽暦7月29日）天塩の運上屋を出発して、この河口で蚊に悩まされながら第一夜を過ごしている。

問寒別（といかんべつ）　トイカムペッ　toy-kamu-pet　土・かぶさる・川　天塩川右岸に入る問寒別川下流の牧草・酪農地（松浦図トイカンヘブト）。ＪＲ駅前近くに市街。「幌延町史」は川の沿岸に食用土が多かったことによるとしている。浜頓別町の「豊寒別」（toyka-un-pet、地面に・ある・川）とも違う解釈である。近くの「ヌカナン」の地名は、松浦図ワッカウエンヌカケからと思われる。水の悪いヌカナン川（鳥が卵を置く所、あるいは仕掛け弓のさわり糸のある所）の意か？

歌内（うたない）　ウッナイ　ut-nay　肋骨・沢川　天塩川右岸の酪農地域。かつて「宇戸内」といった（松浦図ウツ）。ウッナイは背骨に対する肋骨のように、本流に対して直角に近く流れ込む川を指す。ウッナイ→宇戸内→歌内となったもの。「丁巳日誌」には「クン子シリ　右の方平山。少しの岳有。皆松にて遠く成処より眺むれば黒く見ゆ。よつてクン子シリと云なり」とあり、kunne-sir の意である。松浦図では対岸に記されている。カマソウは「此川口に蜊（カラス貝）多し。夷言是をヒハと云なり」とあり、松浦武四郎はホロヒリ（poro-pir、大きい・渦流）と出ている歌内橋右岸で、旧暦6月10日と帰りの26日に野宿している。ハンケナイブトは「パンケナイ川」河口で、近くのＪＲ下中川駅は廃止されている。

中川（なかがわ）　中川町は中川郡の一番北にあり、1906年（明39）中川村ができたのが始まりである。最近クビナガリュウやアンモナイトの調査が進み、"化石の町"として注目を集めている。地名の由来は、天塩川中流域に位置することからとされ、はじめは郡名に用いられたという。明治初期の国郡設定時はまだ未開の地で、天塩川沿岸にアイヌのコタンが点在しているだけであった。「北海道の地名」によると旧名は「誉平」で、地名の起こりは市街西方の川崖（pon-pira、小さい・崖）とされる。今は河川改修工事により古川となっている所だという。「陸測5万図」には、旧河川沿いに「ポンピラ」「ポンピラトー」と出ている。

ぽんぴら温泉

誉（ほまれ）　天塩川左岸の酪農・畑作地、もとの地名「誉平」の誉を採った。かつては中心市街地であったが、宗谷本線の「天塩中川駅」ができてからは、そちらに移った。誉大橋と国道40号の交差する所に、道の駅「なかがわ」があり、天塩川を挟んで向かい側には「ぽんぴら温泉」（9℃、含塩化土類食塩泉）がある。「トヨマナイ川」（tuye-oma-nay、土崩れ・ある・沢川）の河口近くで、中川町が地元住民のために家庭用水を汲み上げようとボーリングしたところ、鉱泉が湧き出したということだ。「丁巳日誌」には、ポンピラについて「ホンビラ　左りの方平山の下赤岩崩岸に成たり」とある。またトヨマナイ川については、「ペンケトイヲマナイ　左りの方小川、此処右岸にカンヒ（樺）の木多し。山一面に白く見ゆ。其木よく生長したり」と記されている。

敏音知（ぴんねしり）　ピンネシリ　pinne-sir　男である・山　道の駅「ピンネシリ」所在地の字名、畑作・酪農地。東方に「敏音知岳」（703m）があり、さらに北東方に「松音知岳」（531m）がある。「マッネシリ」（matne-sir、女である・山）の意で、ピンネシリに比べて丸くゆるやかである。夫婦山として対比して呼ばれたもので、道北地方では石北峠の北に並んで聳えている「武利岳」（1876m）がピンネシリで、「武華山」（1759m）がマッネシリである。ここでは松浦図フウ子シリが敏音知岳と思われる。

「ピンネシリ温泉」（2.6℃、含塩化土類重曹泉）は、1916年（大5）「パンケ山」（632m）の山麓を越えて中川と結ぶピンネシリ街道が完成した折、雑穀などを運んでいた旅人が沢沿いで発見したと伝えられる。

敏音知岳

松浦山川図　十七・廿二

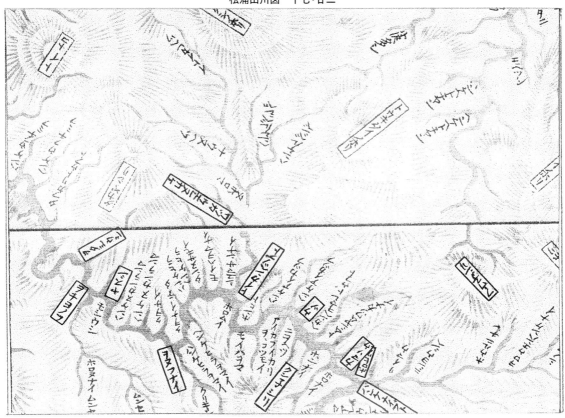

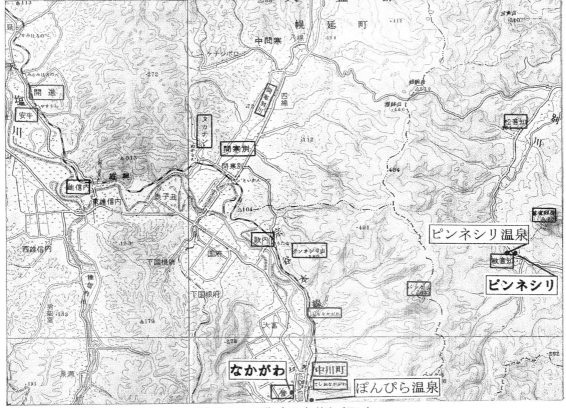

20万分の1　天塩（平14）・枝幸（平15）

５９、天塩川（中川町・音威子府村）

琴平　琴平川の旧名は「アイオマナイ」(ay-oma-nay、イラ草・ある・沢川）で、この地域はもと「アユマ内」と呼ばれていた。松浦図アヨマナイは対岸の方に書かれており、北にはトヨマナイ川がヘンケトイヨマヘツと出ている。松浦武四郎は当時のこの辺りのアイヌの生活について、「トイノタフ　アイヌ一軒有。此処アヘシナイ（安平志内）帳面のエシュカ（51才）、此者梅毒にて、面部腐爛して上下の顎落、骨出て歯のみ残有り。少しも働稼は出来難くして臥居たり。……其家え入りて見に、家は腐朽し、衣ものは破裂して、其さま無を見て驚きたりけり」（丁巳日誌）とあるように、悲惨な状況に置かれていた事が読み取れるのである。

佐久　サクコタンナイ　sak-kotan-nay　夏の・村の・沢川　ここは天塩川と「安平志内川」の合流点に近く、夏でも魚類が得られ、海岸に出なくても生活が成り立つ所であった（松浦図サツコタン）。安平志内の意味は、「アペシナイ」（a-pes-nay、我ら・下る・沢川）で、天塩と上川・雨竜・遠別などを結ぶ交通路の役目を果たしていた（同アヘシナイフト）。

富和　「知良志内川」は「チライオッナイ」(ciray-ot-nay、イトウ魚・多くいる・沢川）の意である。「丁巳日誌」には、「右の方小川。是則チライ（いとう）多きよし。依てチライウツナイ（知良志内川）と云よし。前に島一ツ有。枝川は左りの方を通る」と記されている。この島とは、「陸測５万図」に「シルトゥルパラヲ」（山間の廣地「永田地名解」）と出ており、知良志内川河口にあった天塩川の中州を指したものであろう。

　さらに「ツウヨイ　右の方山の根赤土平なり。其上は平地にて少し高みなるが故、此処にて止宿しけり」と述べており、武四郎は1857年（安政4）旧暦6月11日（陽暦7月31日）、天塩川左岸「二股川」（知良志内川から上流4本目の川）河口付近で野宿している。松浦図ではフウヨイになっているが、ツウヨイである。

シルトゥルパラヲ

神路　カムイルエサニ　kamuy-ru-e-san-i　神の・坂道が・そこから・浜に出る・所　天塩川左岸に聳える「神居山」(398m)の大崖が上記のように呼ばれていて、それを意訳して鉄道駅名を神路と名付けた。「丁巳日誌」には、「カモイルサニ　右の方峨々たる大岩山。殺並に雑樹茂りはへり。其半腹より大岩崩れ落たり。其下に到り船を着て、木幣を削りて奉り、一同に何事かはしらず唱て拝しぬ」と出ている。松浦図ではトミタセシケとヲカウの間辺りである。

筬島　松浦武四郎は、1857年（安政4）旧暦6月12日（陽暦8月1日）と、帰りの旧暦6月25日（陽暦8月14日）、「頓別坊川」河口付近のトキノチの家に宿泊している（松浦図フンヘツホ→ツンヘツホ）。

　「天鹽日誌」では、武四郎が頓別坊に住んでいた長老アエトモに、天塩川筋のアイヌの人々が樺太と同じように、自らを男は「カイナー」、女は「カイチー」と呼んでいる理由をたずねている。アエトモは「カイ」とは「この国に生まれた者」の意味で、ナチチは尊称でアイヌの人々の古い呼び方と答えている。後の1869年（明治2）、武四郎はかつて耳にした「カイ」にちなんで、蝦夷地の名称を「北加伊道」とするよう明治政府に提案したのである。河口の対岸辺りには、武四郎が一泊したのを記念して「北海道命名之地」碑が建っている。

　頓別坊川の対岸には「鬼刺辺川」が流れているが、o-ni-us-i（川尻に・樹・群生している・所）の意ではないだろうか。「物満内川」は松浦図モノマナイ、「モムニオマナイ」(mom-ni-oma-nay、漂う・木・ある・沢川）の意か？

北海道命名之地碑

音威子府　オトイネプ　o-toyne-p　川尻・泥んこである・もの　地名の由来となった音威子府川は、北の方から流れ来て「北線」地区から天塩川に注いでいる（松浦図ヲトイ子フ）。国道40号が275号と分かれる所に、道の駅「おといねっぷ」がある。後方には「音威富士」(489m)が眺められ、「チセネシッ」(cise-ne-sir、家の・ような・山）と呼ばれていた。音威富士よりも、やや南にあるスキー場の「三角山」(470m)の方が、よりチセネシッに近い形といわれている。

咲来　サクルー　sak-ru　夏・路　音威子府村南部の酪農地。北見道路が咲来峠を越えて歌登へ通じているが、昔アイヌの人たちも、夏には「パンケサックル川」沿いに峠越えをしてオホーツク海岸に行ったのである。現在の咲来市街は、明治末期まで「パンケサクル」と呼ばれていた（松浦図ハンケサツル）。これに対して冬路（マタルー、mata-ru）は、音威子府川筋であったらしい。音威富士と、やや北にある「音江根布山」(500m)の鞍部を通って、「岩屋ポウルンベツ川」筋に出たとされる。

松浦山川図 十七

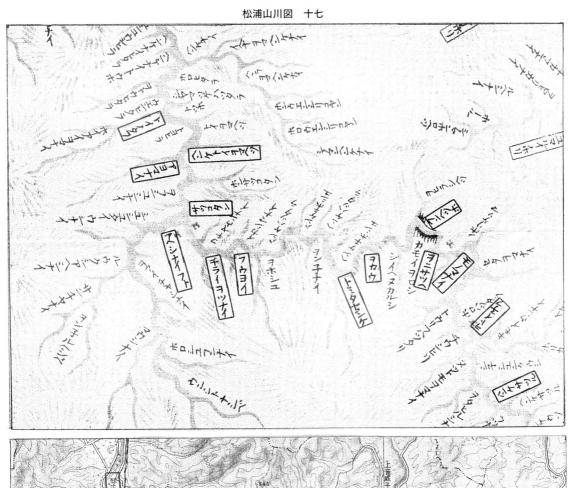

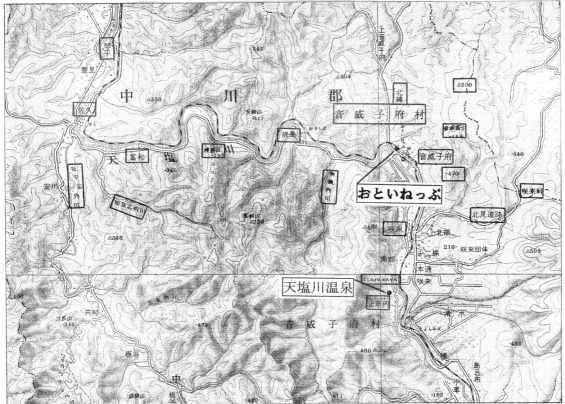

20万分の1　枝幸（平15）・名寄（平11）

６０、天塩川（音威子府村・美深町）

止若内 ヤムワッカナイ　yam-wakka-nay　冷たい・水の・沢川　松浦図ヤムワツカナイ（現メイノ川）が流入するこの辺りは、天塩川を遡る時の第三の難所（豊清水の瀬）である（同テヘケナイウツカ）。やや南でこの瀬に山から流れ落ちる「ワッカヤタンナイ川」（wakka-ya-ta-an-nay、波立つ瀬の・岸・に・ある・沢川、現冷泉川）が、アイヌの人たちから「カムイワッカ」（kamuy-wakka、神の・水）と称えられた冷泉である。

この名水は、1927年（昭2）旭川の常盤鉱泉商会より、"常盤鉱泉"の名で発売されたという（音威子府村史）。また「北海道市町村総覧」には、「常盤鉱泉は北海道天塩国中川郡常盤村ウッカヤタンナイ沢（同ウツカヤトノホリ）に湧出し、アイヌは既に一千有余年の昔よりその霊効を認め、神の如く敬ひ只口伝へに知られたり」とある。「天塩川温泉」（前ページ地図）はこの鉱泉を引いており、10℃の含食塩重曹硫化水素泉は、うすい若草色をしており、微かに塩気があって肌にヌルヌルと感じる。

ＪＲ天塩川温泉駅

清水 ペペケレナイ　pe-peker-nay　水・清い・沢川　「ペペケナイ川」（松浦図テヘケナイ）が流れる。松浦武四郎「丁巳日誌」には「アイヌの云に、大古神が此処に岩橋を架渡しりと云伝ふ」と出ている。地名の清水はペペケレナイを意訳し、ＪＲ駅名の「豊清水」は将来豊かな所になるようにと名付けられたという。

小車 オクルマッオマナイ　o-kurumat-oma-nay　川尻に・和人の女性が・いる・沢川　伝説によると、この川の近くにシャマイグルの妾と称する弓作りの上手な女が住んでいたらしい（松浦図ヲクルマトマナイ）。これが訛って「オグルマナイ」となり、さらに下略されて「小車」となった。松浦武四郎は1857年（安政4）旧暦6月13日（往路）と24日（復路）、ここエカシテカニの仮家に泊っている。その対岸に「島呂布」地区があるが、「シュマルㇷ゚ネナイ」（suma-rupne-nay、石・大きい・沢川）の意である（同シユマルクシナイ）。また「恩根内」は、「オンネナイ」（onne-nay、年老いた・沢川）からとされる。

大手 オテレコッペ　o-terke-ot-p　川尻・飛び跳ねる・いつもする・もの　松浦図ヲテレコツケブト、アイヌ語の後半を省いて漢字を当てた。この辺りが、「天塩川」（tes-o-pet、簗・多い・川）の地名発祥地といわれる。松浦武四郎はこの辺りを「此処両岸平山なるが、大岩両方より出来りテッシの形に成たり。むかし鬼神（ニイツイカモイ）が作りしと云り。此川の惣名テッシホは此処より起りし名と言へり」（丁巳日誌）と記している。川の中に一条の岩石が立ち並んでいて、あたかもテッシ（簗）をかけたようだといい、大昔鬼神が鮭を獲るために作った簗だったという伝説の地は、恩根内7線の天塩川左岸であった。現在は、天塩川が切替えられて河原（古川）になっており、辺り一帯は森林公園「びふかアイランド」になっている。公園の入口に道の駅「びふか」、園内に「びふか温泉」（19.9℃、含重曹食塩泉）とテッシのミニチュアがある。テッシの実物については、現在も恩根内大橋の上手で、岩盤が川を横切っている姿がはっきりと見られる（通称「恩根内テッシ」）。

紋穂内 モヌポナイ　mo-nup-o-nay　小さい・野に・ある・沢川　「美深町史」によると、原名は「オヌポナイ」（o-nup-o-nay、川尻に・野・ある・沢川）。その支流を「モ・オヌポナイ」（小さい・オヌポナイ川）といったが、それがモヌポナイへ。「雄木禽」は「オキキンニナイ」（o-kikinni-nay、川尻に・キキンニがある・沢川）から（松浦図ヲキイモイ→ヲキイキイ）。キキンニはナナカマドのことで、この樹は特別な臭いを発するので、アイヌの人たちは魔除けの木として用いたという。

美深 ピウカ　piwka　石川原　昔、この辺りの川には盛んに鮭が上った（松浦図ヒウカ）。アイヌの人たちは、それを河口の石原にいて"もり"で突いて捕ったという。「永田地名解」には「立待」とあり、そこで魚を待ち伏せて捕ったという意味が込められているように思える。「ウルベシ川」はウリウルヘシベ（urir-rupespe、雨竜からの・峠道沢）から。この川を上り山を越えると、雨竜川の源流に出る。サシキラは「川西六線川」で、この沢の冷泉は地元の人達に"サスキロウ温泉"の名で知られているという。

辺渓 ペンケニウプ　penke-ni-u-p　上流側の・木・ある・もの　「ペンケニウップ川」（松浦図ヘンケニウプ）流域の畑作地。ニウプは上記の意だが、林があったのか、漂木が多かったのか見当がつかない。川の上流部の集落名「仁宇布」はここから付いた。辺渓の名は、下流側にあるハンケニウプ（美深パンケ川）流域の「班渓」と対称されて付けられた。松浦武四郎は1857年（安政4）旧暦6月14日（陽暦8月3日）、ペンケニウップ川河口付近のヘケレ、で野宿している。ここは蚊蛇がいないと思って上陸したが、期待は見事に外れ、皆喰われてしまった様子が述べられている（丁巳日誌）。この川が名寄市「智北」との境界になっている。

びふかアイランド

松浦山川図　十七

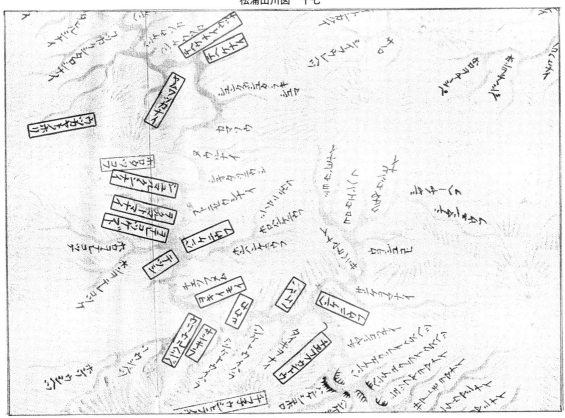

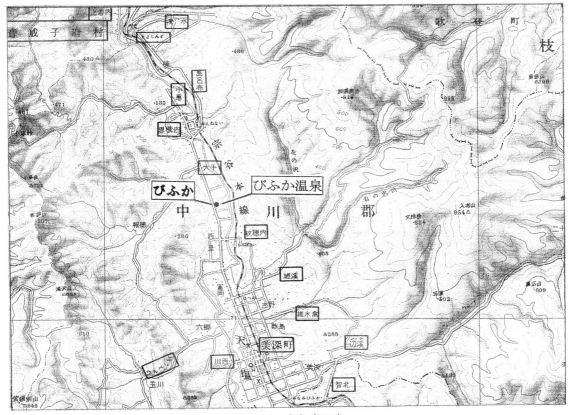

20万分の1　名寄（平11）

６１、天塩川（名寄市・旧風連町・下川町）

智恵文（ちえぶん） チェプントー cep-un-to 魚が・入る・沼　ここには昔、魚がたくさんいた沼があったと思われる（松浦図チエフフウシトウ、前ページ地図）。現在の「智恵文沼」は天塩川の古川で、この沼ではない。智恵文を中心に「智東」「智西」「智南」「智北」の字名ができた。

名寄（なよろ） ナヨロプトゥ nay-or-putu 沢川の・所の・口　松浦武四郎「丁巳日誌」には「ナイブト　此処二股に成て右の方シベツ通り本川、左りの方ナヨロ通支流也。ナヨロの方は本川に比さば半分にも水勢及ばざるやと思ふ」とある。右股がシベツ（si-pet、大きい・川）、つまり天塩川の本流。左股が名寄川で、ナイ（nay）あるいはナヨロ（nay-or）と呼ばれていたものらしい。なお合流点左岸は、ナイブトに漢字を当てて「内淵」と名付けられた（松浦図ナヨロフト）。近くを「有利里川」（同ヘンケウリウルヘシベ）が流れているが、前項で述べたウルベシ川と同じ urir-rupespe（雨竜からの・峠道沢）の意。

九度山（くどさん） クトゥヌプリ kutu-nupuri 岩崖・山　674mの頂上付近に、この名が付いたと思われる大きな岩崖がある。「ピヤシリ山」（987m）は pi-ya-sir（石・岸・山）の意だろうか？九度山の南斜面が雪質日本一を誇るピヤシリスキー場になっており、スキー場の麓に「なよろ温泉」（13.2℃、含重曹石膏泉）がある。温泉所在地の「日進」地区は、平地は水田、丘陵地は畑作に利用されている。地域が"日進月歩"発展するようにとの願いを込めて付けられた。

佐藤正克越冬の地碑

　松浦武四郎は1857年（安政４）旧暦６月15日（陽暦８月４日）と18日、そして帰りの23日に、ここ日進「十線川」付近のアヘルイカの家で宿泊している。その後名寄川を遡り、16日（８月５日）はチルスシ（松浦図チロシ、熊祭りの花矢がたくさんある所？）で昼食をとり、ヘンケキユシヒタラ（現拓進川河口付近、上流の葦の群生している河原）を通って、チノミ（現九線川河口付近、我ら祈るの意）のエレンカクシの家に一泊している。佐藤正克は1872年（明５）拓進川河口東岸に茅屋を造って、10月20日より翌年１月３日までの73日間、この小屋を越年・越冬の拠点としたことが「闢幽日記」に述べられている。チノミを過ぎると、「上名寄」のシユフヌト（supun-ot、ウグイ魚・多くいる、現矢文川）があるが、名寄で多くのアイヌ文化を伝えたことで知られる北風磯吉が、1884年（明17）生まれた所である。

風連（ふうれん） フーレペッ hure-pet 赤い・川　名寄盆地の中央部、天塩川の東支流「風連別川」流域の水田地帯（松浦図フレベツフト）。風連町は2006年（平18）名寄市と合併した。国道40号沿い風連市街南口に、道の駅「もち米の里☆なよろ」がある。「瑞生」は天塩川右岸の稲作地域。1900年（明33）団体入植。風連町発祥の地であったが、３年後宗谷線の駅が東方にできて中心街は駅前に移った。松浦図タヨロマは、多寄を流れる「タヨロマ川」（tay-oro-oma-pet　林・中に・ある・川）である。

下川（しもかわ）　名寄川上流の水田・畑作・林業の町。中心街は名寄川とその左支流「下川パンケ川」（松浦図ハンケヌカナン）「下川ペンケ川」（同ヘンケヌカナン）との合流点の中間にある。地名は「パンケ・ヌカナン」（川下の・原野にある）を意訳して下川と名付けたもの。しかしヌカナン・ノカナンは各地にあるが、意味は定かではない。下川パンケ川の流域は「下パンケ」「上パンケ」に分かれている。

桑の沢（くわのさわ）　下川市街南方、桑の沢川沿いの狭長な田畑混合地域。桑の自生木が多かった沢から付いた名。アイヌ語名はヒハウシ（pipa-us-i、カラス貝・多い・所）であった。ここに「五味温泉」（14.6℃、含炭酸重曹泉）がある。「渓和」は下川ペンケ川右岸の農林地域。酪農家が点在し、大部分は町有林と国有林で木材原木を産する。「班渓」地区の渓に和を付けたと思われる。「新下川」は1982年（昭57）に閉山となった「下川鉱山」のあった所。銅鉱山として最盛期の1967年（昭42）頃は、下川市街地をしのぐ繁栄を示し、社宅街は"新下川"と呼ばれた。

珊瑠（さんる） サンルペシペ sar-rupespe 沙留へ・下る道　名のもとになった「サンル川」は、「永田地名解」に「サンルペシュペ　沙留越　北見の沙留へ下る路」とある（松浦図サンルヘシヘナイフト）。それが下略されてサンルとなった。現在、道道「下川雄武線」がオホーツク海岸に通じている。松浦武四郎は1857年（安政４）旧暦６月17日（陽暦８月６日）、サンル川河口付近の仮小屋で一泊している。下川町東部の方は、「天北峠」を越えて名寄川沿いに出た際の１番目の橋が「一の橋」で林業集落。続いて２番目の橋付近が「二の橋」で酪農地域。さらに３番目の橋付近が「三の橋」で農業地域となっている。二の橋と三の橋の間にある「ユニナイ沢川」（同ユウチナイ）が、武四郎の名寄川最上流到達点である。

武四郎野営之地碑（珊瑠）

松浦山川図 十七

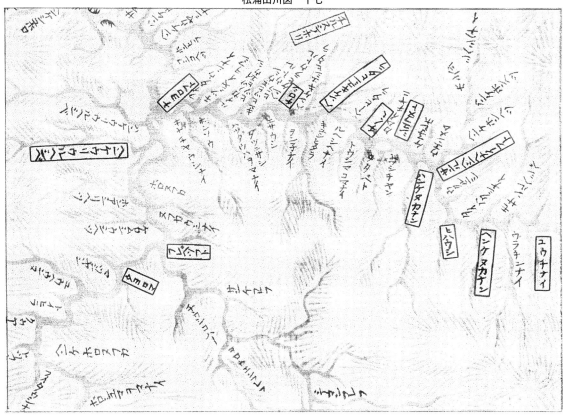

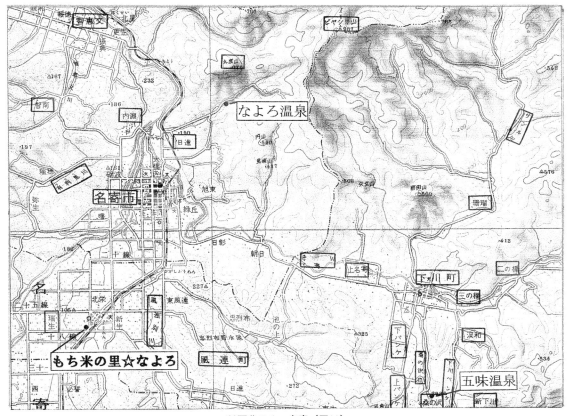

20万分の1 名寄（平11）

６２、天塩川（士別市・旧朝日町・剣淵町・和寒町）

士別 シペッ si-pet 大きい・川＝本流　士別市は天塩川本流と剣淵川との合流点に発達した土地である。「ペタヌ」（petanu、二股）は、普通は支流の名で呼ばれるが、ここは例外でシペッ（本流）の名が残ったという。「丁巳日誌」によると、松浦武四郎は1857年（安政４）旧暦６月19日（陽暦８月８日）に、ここ「リイチヤニ」（北町北６号）のニシハコロの家に宿泊している（松浦図リイョウ）。その家は誰も住んでおらず、家根も腐れていたのでそばに野宿しようとしたが、蚊が多くて食事もできない始末。しかたなく家に入り火を燃やして泊まったが、明け方前に雨が降り出し、滝のような雨漏りにどうしようもなく、ずぶ濡れになってしまったとある。

　武四郎は次の日、剣淵川を五十町余り上って大体の地形を見て合流点へ引き返し、６月20・22（８月９・11日）「サッテクベッ」（中士別基線）のルヒサンケの家に泊まっている。sattek-pet（やせている・川）の意で、夏になると水が涸れる天塩川の一支流であった（同サッテクナイ）。合流点からすぐの所に松浦図ではウツ（ut、脇川）とあるが、多寄の西三号道路が天塩川と交わる辺りで、たくさんの枝川が人間の肋骨のように注いでいた所と思われる。クンカワニクルは現「士別橋」付近か？またユツコヒウカは、士別神社北側の湾曲部の付け根辺りと推定される。さらにヨヲロシ（e-or-us-i、頭が・水に・ついている・もの）は、九十九山の東南端の崖を指していると思われる。

兼内 ケネナイ kene-nay ハンノキの・沢川　士別市南東部、上士別東方にある畑作地。松浦図には「カアナ、イ」とあり、それならばka-nay（わな・沢川）の意である。南の方に「パンケヌカナンプ川」（川下にあるヌカナン川）が流れているが、ヌカナンの意味がはっきりしない。ノカナンならば、鳥の卵を置く所、あるいは機弓の糸を置く所か？いずれにしても、この辺りには鳥や鹿などがたくさんいて、ワナを仕掛けた所ということになる（同ヌカナンブト）。天塩川を挟んで上士別の北岸を「川北」、南岸を「川南」といい、金川の中流域を「南沢」という。

　松浦図にあるナイタイベ（内大部川）は、「永田地名解」に「ナイタユペ　川鮫」とあるが、はっきりしない地名である。松浦武四郎は旧暦６月21日（陽暦８月10日）、上士別町25線のトナイタイベ（東内大部川河口）で一泊している。そしてヲサウトロマ（士別パンケ川）まで来て引き返している。すなわちここが、武四郎の天塩川最上流到達地点である。松浦図のトナイタイベは位置がだいぶずれており、ヲサウトロマも反対側に書かれている。

剣淵 ケネプチ kene-puci ハンノキ・その川口　「永田地名解」には「ケネニペッ　赤楊川」とあり、ハンノキが生えていたので付いた名であろう（松浦図ケ子ブチ）。国道40号沿いに道の駅「絵本の里けんぶち」があり、剣淵市街東方の桜岡貯水池湖畔に「剣淵温泉」（25℃、弱アルカリ性単純温泉）がある。

絵本の里けんぶち

　剣淵温泉から道の駅にかけて、この辺りを昔「ビバカラス」といった。字名に"美羽鳥"と書く（現在びばからすスキー場がある）。pipa-kar-us-i（カラス貝を・取る・いつもする・所）の意で、往時アイヌの人たちが丸木舟で来て沼貝を取ったのだろう。明治初期、この地点は剣淵川筋の交通の要所であった。河辺には回漕店・商店・飲食店・駐在所が並び、士別方面への建築資材・食糧は専らこの地から積み出された。士別屯田もここで舟に乗り、士別村に向かった歴史的な地であるとされる。

　松浦図ではケ子ブチの南にキトウシナイ（ギョウジャニンニクをいつも採る沢川）とあるが「北西川」、ヤルカルシナイが「新学田川」か「不動川」、シユフンチシ（ウグイ魚多くいる所）が「チューブス川」、ホロノタが南士別のＪＲ鉄橋辺りの湾曲部と思われる。

舟付場跡（ビバカラス）

辺乙部川 ペオッペ pe-ot-pe 水・多くある・もの　剣淵川の西支流、松浦図ではシユキナウシナイ（えぞにゆう草群生する沢川）と出ている。パンケ（下の）とペンケ（上の）ペオッペ川も流れている。水だらけの川ともとれるが、水量が多いのか、小流がいっぱいあって水だらけなのかよく分からない。

和寒 ワッサム wat-sam ニレ樹の・傍（かたわら）　明治５万図には、剣淵川東支流の「六線川」（東六線駅近くを流れる）にワッサムと記してあり、ここが和寒の名発祥地かと思われる（松浦図ワッシヤム）。アイヌの人たちは、オヒョウニレの皮から繊維を取って厚司織を編んだ。対岸に記されているイヌウシヘツブトは「永田地名解」に「漁人の假小屋ある川」とあり、「犬牛別川」河口を指している。松浦武四郎は剣淵川との合流点から五十町余り上ってこの付近まで来たと考えられる。すなわち、ここが剣淵川最上流到達点ということになる。現在の和寒市街は、シイワッシヤム辺りではないだろうか？

松浦山川図　十七

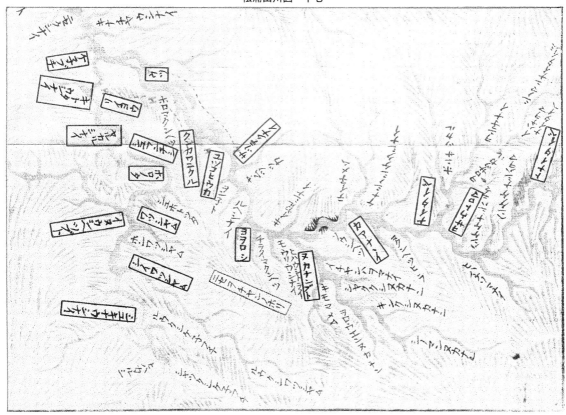

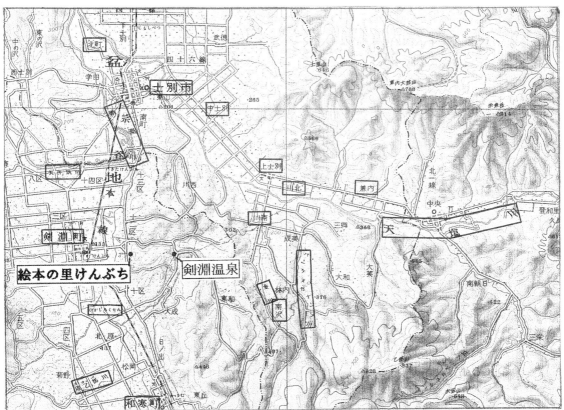

20万分の1　名寄（平11）

63、石狩川（石狩市・当別町・江別市・新篠津村・北村）

当別 トーペッ to-pet 沼・川　石狩川下流に入る当別川流域の農林業の町。合流点の「当別太」（松浦図トウベツフト）には沼がたくさんあったが、今は水田化されている。やや下手に「ビトヱ」とあるが、「ピトイ」（pit-o-i、小石・多い・所）の意。さらに下手には同名の「美登位」がある（同ヒトイ・ホンヒトイ）。この辺りに「ふとみ温泉」（26℃、弱アルカリ性含重曹食塩泉）がある。所在地の「太美」について、「駅名の起源」は元は当別太といっていたが、隣接部落に「ピトヱ」（美登江）があるところから、両方から一字ずつ採ったとしている。ビトヱの小石とは、「石狩アイヌは泥土の小塊石を云ふ」（永田地名解）とある。やや北にある「獅子内」は水田地域であるが、「ススウンナイ」（susu-un-nay、ヤナギ・ある・沢川）からとされる（同シシュシナイ）。

篠津 シンノッ sir-not 山・崎　江別市内、石狩川北岸の地名、旧村名、川名（松浦図シノツ）。表記の解は「永田地名解」のもので、sirのrがnに発音されシンノッとなった。元来の篠津は篠津川を中心とした広大な原野であったが、現在はその川口付近の小さい土地で、北東の部分は新篠津村、北西の部分は当別町に入っている。一帯は低平地なので、どこがシンノッ（山崎）なのか分からない。もしかしたら、当別川と篠津川に挟まれた低い丘陵を指したのかも知れない。やや北に「蕨岱」の水田地帯があるが、泥炭地で野火が多く、焼跡にワラビがよく生えたからという。

しのつ湖畔

対雁 トヱシカリ to-e-sikari 沼が・そこで・回る　松浦武四郎は1857年（安政4）旧暦5月19日（陽暦6月10日）、石狩川を遡りツイシカリで一泊している。「丁巳日誌」には「番屋は皆当三月焼失したる由にて、当時ユウフツの出稼小屋ヱ止宿す。此処の事は辰日誌に志るすが故に略するに、当川筋第一番の漁場也」と記されている。ここは昔、旧豊平川の河口であったが、今は切り替えられて「福移」の方に流されている。

江別 ユペオッ yupe-ot チョウザメ・たくさんいる　表記の解は「永田地名解」のものであるが、松浦武四郎「夕張日誌」は「兎唇の如く三ツに分るる処也」と、「エペッケ」（e-petke、顔・裂けている）説である。また「駅名の起源」は「イプッ」（i-put、それの・入口）説で、大事な所（往時文化の大中心地だった千歳）への入口を意味しているという（松浦図エヘツフト）。

幌向 ポロモイ poro-moy 大きい・川が曲がって、ゆったり流れている所　石狩川がここで大きく屈曲していたので、こう呼ばれた（松浦図ホルムイフト）。「丁巳日誌」には「ホルムイ　昔はアイヌ小屋多く有し由なるが、当時一軒もなし。鮭・鱒・アメマス・チライ（イトウ）・雑喉多し。然し流れ木多くして川すじ閉りて、当時は漁事も出来がたし」と記されている。アイヌを漁場へ差別就労させたため、川の手入れができなくなり、困窮に拍車をかけたことがうかがえる。

新篠津村　1896年（明29）、篠津村より北東の大部分が分離して新篠津村を称した。泥炭地で農耕不適であったが、干拓・篠津運河掘削により、全村水田地帯に生まれ変わった。現図には「袋達布」「下達布」や北村の「幌達布」「美唄達布」などの地名が見られるが、「ヌタプ」（nutap、川の湾曲内の土地）からの意である。しのつ湖の北側を「宍栗」というが、1894年（明27）兵庫県宍栗郡の出身者が会社組織によって入植した所である。

松浦図にはホロノタフ（poro-nutap、大きい・湾曲部）やホロヒリ（poro-pir、大きい・渦流）と出ており、石狩川が大きく蛇行していたのが分かる。またその北には、チフサンケウシ（cip-sanke-us-i、舟を・出す・いつもする・所）やヒハイノタフの地名も見られる。武四郎は5月20日（6月11日）、美唄達布にある「旧美唄川」河口のニイル、ヲマナイで宿泊している。「丁巳日誌」には「夜に入るや、うぐひす・かっこう等、浜にて一切見ざる鳥かまびすしく、未だ山には五月とはいえども雪ふかく有るが故に、何となく寒く有り、……」と記されている。石狩川の旧河道が三日月湖「しのつ湖」となって残っているが、その湖畔にあるのが道の駅「しんしのつ」。中核施設は「しんしのつ温泉"たっぷの湯"（45.8℃、強食塩泉）で、湯船を囲む岩には茶褐色の成分が付着しており、いかにも泉質が濃そうな感じである。

しんしのつ

北村　石狩川東岸の土地で、旧美唄川が村内を流れている。地内各所に自然の湖沼や、石狩川切替えのためにできた半月湖（三日月湖）が点在する。北村の名は、開拓功労者北村雄治の姓から採って付けたものであるという。村役場のやや南に「北村温泉」（43℃、強食塩泉）がある。

松浦山川図　十

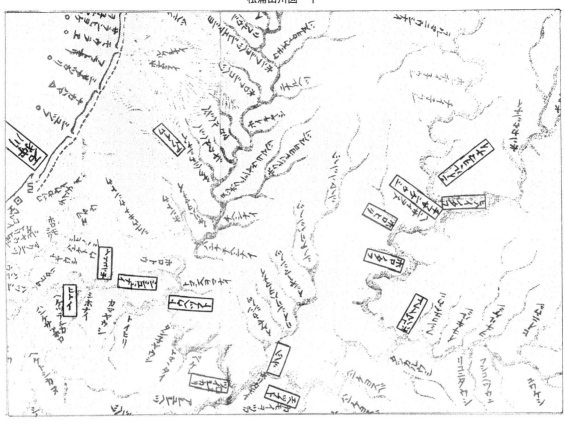

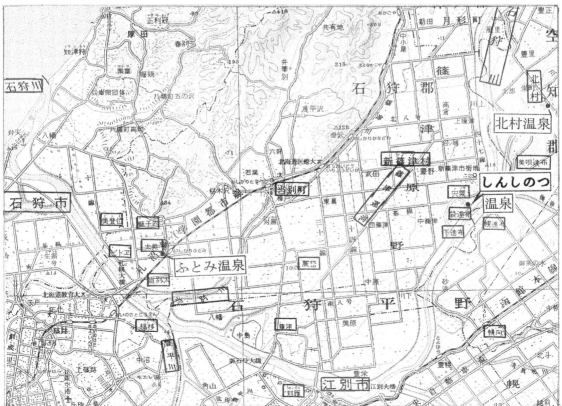

20万分の1　札幌（平17）

64、石狩川（浦臼町・新十津川町・奈井江町・砂川市）

晩生内 オソシケナイ　o-soske-nay　川尻・剥げている・沢川　浦臼町南部、晩生内川流域の水田地域。「永田地名解」は「オショキナイ　川尻の高崖出たる処」としているが、崖などが土崩れで地肌が表われている状態をいうのではないだろうか（松浦図ヲソキナイ）。

浦臼 ウラユシナイ　uray-us-nay　簗が・ある・沢川　石狩平野の水田地帯、畑作・果実栽培も盛んである。石狩川支流「浦臼内川」下流のＪＲ札沼線駅前に市街が発達して、この地域を「浦臼内」という。浦臼内から「浦臼」に、また山間部を「浦臼沢」と呼ぶ。「北海道の地名」は浅い砂利底の川床の高い川であるが、昔はどこかに簗をかける所があったのではないかとしている。しかし松浦図はウラシナイとあり、「永田地名解」も「笹川　ウラシは竹葉の義なれど又笹の義に用ふ」とあるので、uras-nay（笹・沢川）であったかも知れないとしている。

黄臼内 キナウシナイ　kina-us-nay　ガマ・群生している・沢川　道の駅所在地の字名、浦臼川すぐ東隣りの黄臼内川が語源である（松浦図キナウシナイ）。「北海道の地名」によればkinaは草の総称であるが、この形の地名ではsi-kina（真の・草）といって蒲を指すことが多いという。蒲は花ゴザを織る草としては最良だった。「浦臼温泉」（25.2℃、食塩泉）は、ほんのりと塩気があり冷え性などに効くという。

鶴沼　道の駅「つるぬま」の向かい側にある沼で、近くに札沼線「鶴沼駅」がある。「駅名の起源」には昔タンチョウがいた沼と出ている。「陸測5万図」には「トイキモントウ」と出ているが、直訳するとtuy-kim-un-to（崩れる・山・そこにある・沼）の意であろうか（松浦図ドイ）。

鶴沼公園

於札内 オサッナイ　o-sat-nay　川尻・乾く・沢川　町北部、石狩川右岸の水田地帯。鶴沼駅のすぐ北を於札内川が流れ、小さな扇状地を造っている。「北海道の地名」によると、砂利川で乾期になると川尻で水が砂利の下に浸み込み、川底が乾くのでこう呼ばれたという。同様の川として南の方に「札的内川」がある。「サッテキナイ」（sattek-nay、やせている・沢川）の意で、地区名は「札的」である。さらに南に「札比内」（sat-pi-nay、乾く・小石の・沢川）がある（松浦図サツフナイ）。

樺戸　樺戸川は浦臼町と新十津川町の境を流れている。旧図には「カバトウ川」と出ており、石狩川に流入する所が松浦図カハトブトとなっている。「永田地名解」には「カパト　河骨　水草の名なり……アイヌ根塊を食ふ」とあり、水中に蓮根のような根茎があってそれを食用にしたのだという。松浦武四郎は1857年（安政4）旧暦5月21日（陽暦6月12日）ここで一泊している。

茶志内 チャシナイ　casi-nay　砦・沢川　町南部の水田地帯、一部は工業団地・住宅地。名のもとになったのは茶志内川で、旧図には「チャシュナイ」と出ている。「北海道の地名」はこの辺りにチャシの伝承は残っていないが、上記のように解釈するのが妥当であろうとしている。

奈井江 ナイェ　naye　その川　空知地方中部、石狩川左岸奈井江川流域の水田地帯。中心市街は奈井江川沿いにある。当初、地名は「奈江井」だったようだ。旧図には「ナエイ」（naeyまたはnae、谷川？）と出ており、漢字も奈江井である。また図幅名も同じであった。しかし「アイヌ語地名解」によると、1891年（明24）にできた駅名が「奈井江」となり、4年後にできた役場も奈井江戸長役場になったという。北で砂川市と接する「豊沼奈江川」は、旧図には「ナイ」（nay、沢川）と出ており、当時の村名も「奈江村」であった。どちらの川も町名の由来に関係がありそうだ。旧図のナイ川が大きく蛇行していた川口部分は、現在三井化学の「東圧貯水池」になっており、この辺りを「豊沼」という。松浦図のナイとナエイは位置が逆のような気がする。「瑞穂」地区には、松浦図のクヲマナイ（ku-oma-nay、仕掛け弓・ある・沢川）が流れていた。直線道路日本一の国道12号沿いに、道の駅「ハウスヤルビ奈井江」があり、東奈井江には「ないえ温泉」（11.3℃、含硫黄重曹泉）がある。

奈井江川

砂川 オタシナイ　ota-us-nay　砂浜・付いている・沢川　砂川はヲタシナイを意訳してつくった名であるという。また歌志内は、ヘンケヲタシナイ（ペンケウタシナイ川）からである。石狩川右岸の畑作地を「袋地」というが、河川改修工事により残った曲流部の土地を指している。奈井江にも同じ地名があり、浦臼には「大袋」もある。一般的に蛇行によって囲まれた土地を"袋"と呼んでいる。袋地北西の新十津川町には「しんとつかわ温泉」（弱アルカリ性単純温泉）がある。石狩川と空知川の合流点を、アイヌの人たちは「ソラプチ・プトゥ」（空知川の・川口）と呼んでいた（松浦図ソラチフト）。和人は「空知太」と呼び、so-rapci-pet（滝が・ごちゃごちゃ落ちている・川）を意訳して「滝川」となった。

松浦山川図 十

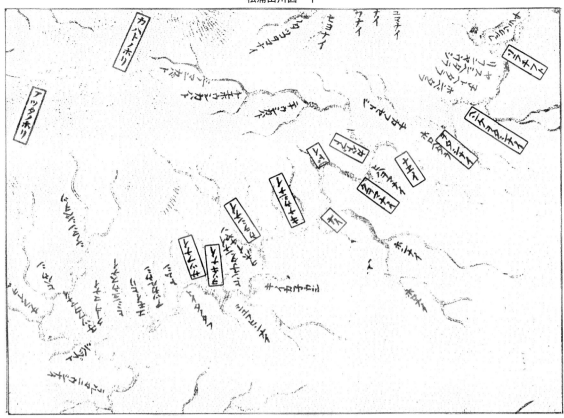

20万分の1　留萌（平17）

６５、石狩川（滝川市・雨竜町・北竜町・秩父別町・妹背牛町・深川市）

伏古 フシコ・ウリロペッ　husko-uriropet　古い・雨竜川　昔の雨竜川は、現在よりも下流で石狩川に合流していた（松浦図ウリウブト）。その古い雨竜川のことをフシコウリウと呼んでいた。フシコに漢字を当てて「伏古コタン」といった地名ができた。松浦武四郎は1857年（安政４）旧暦５月23日（陽暦６月14日）ウリウブトに泊っている。雨竜市街北部の国道275号沿いに、道の駅「田園の里うりゅう」がある。

尾白利加川 オシラリカ　o-sirar-ika　川尻・岩を・越す　雨竜川口のすぐ南で石狩川に入る西支流。新十津川町（樺戸郡）と雨竜町（雨竜郡）を分ける川である。川尻に岩があって、その上を流れるという意味。川口を松浦図ヲシラリカブトといい、雨竜町発祥の地とされる。現在「南竜」といい、これに対して「北竜」という地名が生まれた。上流には「幌加尾白利加川」（horka-osirarika、後戻りする・尾白利加川）が流れている。上流部が川下の方に曲がっている川である（ホリカヲシラルカ）。

江部乙 ユペオッ　yupe-ot　チョウザメ・たくさんいる　地名の由来となった「江部乙川」は、「永田地名解」は表記の解であるが（松浦図ユウヘヲツ）、「駅名の起源」は「イペオチ」（ipe-ot-i、サケ・多くいる・所）としている。「丁巳日誌」には「未明より此前にてチョウザメ・フカ多く躍り、その音実に山岳にも動ずるがごとく聞ゆる程なり」とある。ＪＲ江部乙駅の向かい側に、道の駅「たきかわ」がある。

秩父別 チクシペッ　ci-kus-pet　我ら・通る・川　雨竜川左岸の稲作を主とする町。「北海道の地名」によると、この名のもとになった秩父別川は元来、町の中央を東から西の端まで横流していたという。現在は河川改修工事により、川の中ほどから北に切り変えて雨竜川に入れている。この湿原の中を舟で通行していた時代があったとしたら、「チㇷ゚クㇱペ」（cip-kus-pe、舟が・通る・もの）であったかも知れない（松浦図チフクシペ）。ここに道の駅「鐘のなるまち・ちっぷべつ」と「秩父別温泉」（30℃、弱食塩泉）がある。

北竜　1899年（明32）雨竜村から分村、雨竜村北部の意である。その時の役場所在地は、現在の沼田町「北竜」であった。今の北竜町役場は「和」市街にあるが、この範囲になったのは1943年（昭18）以降だという。「板谷」地区に、道の駅「サンフラワー北竜」と「北竜温泉」（42.7℃、食塩泉）がある。

サンフラワー北竜

恵岱別 エタイェペッ　etaye-pet　頭がずっと奥へ行っている・川
　恵岱別川は「暑寒別岳」（1491m）から流れ、雨竜川に注ぐ37kmの川である。昔、石狩川筋から増毛や留萌に山越えする時の重要な通路であったとされる。松浦図のイタイヘツフトはかなり位置がずれている。「面白内川」（ヲモシロナイ）を遡って行くと恵岱別川に出た。o-mosir-o-nay（川尻に・島が・ある・沢川）の意である。

妹背牛 モセウシ　mose-us-i　イラクサ・ある・所　松浦図はモウセウシ。イラクサは、繊維や糸を織物にしたので大切な野草であった。町役場の隣に「妹背牛温泉」（38℃・50℃、含重曹食塩泉）がある。

多度志 タトゥシナイ　tat-us-nay　カバの木・群生する・沢川　雨竜川と東の山中から流れ来る多度志川の合流地点に市街がある。流域は水田地帯であるが、昔は熊の多い所だったという（松浦図タトシ）。

深川　市街地の辺りは昔「メム」（mem、湧泉池）と呼ばれていたが、1890年（明23）頃から深川の名になったという。永田方正が道庁の意向を受けて、砂川・滝川・旭川等のアイヌ語意訳地名を作った頃である。市街の北を流れている「大鳳川」（ooho-nay、深い・沢川）でも意訳したものであろうか。

一已 イチャン　ican　鮭の産卵場　深川市街北部に接する水田・畑作・酪農地。「北海道の地名」によれば、この辺りの「イチャン」の名を採って村名としたが、屯田兵を中心とする兵村なので威勢がよく、「一にして已む」という意味を含めて一已村としたのだという（松浦図イチヤン）。武四郎は５月24日（６月15日）、ここで宿泊している。

ライスランドふかがわ

納内 オサナンケプ　o-sa-nanke-p　川尻にてヨシを刈る所（？）　深川市東部、石狩川北岸の水田地帯。「永田地名解」には「オサナンケㇷ゚　川尻にて葭を刈る処　ヤチ川なり」とある。その川は、現在「オサナンケップ川」と呼ばれている（松浦図ヲサナンゲ）。その北を「入志別川」（ni-us-pet、木・群生する・川）が流れている（同ニウシヘツ）。

音江 オトゥイェポク　o-tuye-pok　川尻・切る・ふもと　昔はこの辺りを「音江法華」といった。道央道の深川ＩＣ付近に「イルムの湯」（20.2℃、アルカリ性冷鉱泉）がある。また、国道12号と留萌方面へ行く233号の交差する所に道の駅「ライスランドふかがわ」がある。

松浦山川図 十・十一

20万分の1　留萌（平17）・旭川（平25）

６６、石狩川（旭川市・鷹栖町・比布町・当麻町）

ここから石狩川源流部までの松浦図３図幅は、川筋が込み入っているので、分かりやすいようになぞってみた。

神居古潭　カムイコタン　kamuy-kotan　神の・居所
旭川市南西部、石狩川の峡谷が奇岩怪石の中激流になっている所。魔神とも鬼神とも訳されるニッネ・カムイ（nitne-kamuy）を文化神サマイクルが退治した伝説の地である。松浦図にはナイタイベ（内大部川）から始まって、石狩川両岸に細かく地名が記されている。詳しくは小生の拙著「アイヌ語地名誌—上川盆地の川と山—」を参照されたし。

春志内　ハルウシナイ　haru-us-nay　食料・群生する・沢川
アイヌの人たちが好んで食べたギョウジャニンニクやオオウバユリが群生していた所の意（松浦図ハルシナイ）。松浦武四郎「丁巳日誌」には「ハルは食物の事也。此処下るものも上るものも、此処え飯料置処なるが故に号る也。………シキウシハ（神居古潭の吊り橋の下の岩場）より此処までをカモイコタンと云也」と出ている。

「神居」は神居古潭から忠別川口（松浦図チクヘブト大番屋）辺りまでの地域名。エヌブト（inun-pet・漁のために出向く・川）は伊野川と思われる。松浦武四郎は1857年（安政４）旧暦５月25日（陽暦６月16日）ハルシナイで一泊し、26・27日（17・18日）チクヘブト大番屋で宿泊している。

神居古潭テッシ

江丹別　エトゥタンネペッ　etok-tanne-pet　水源が・長い・川
「北海道の地名」によると、近文のアイヌの人たちは雨竜川筋を熊狩りのイウォロ（iwor、狩り場）のようにしていて、この江丹別の川筋を通って雨竜と往き来していたという（松浦図エタンヘブト）。ヲソシナイ（o-so-us-nay、川尻に・滝・ある・沢川）は、「嵐山」を流れる高橋の沢、ハナワナニ（下谷）は江丹別第六線川、ヘナワナニ（上谷）は江丹別第五線川、キナウシナイ（kina-us-nay、スゲ・群生している・沢川）はナイエ川と思われる。また、ルナイ（ru-o-nay、道・ついている・沢川）はローベツ川、マタルクシベツ（mata-ru-kus-pet、冬・道・通っている・川）が拓北川、位置がだいぶ違うがヘナハホンベツ（上の小川）は西里川と思われる。

鷹栖　チカプニ　cikap-un-i　鳥・いる・所
「鷹栖町史」によると、近文コタンのアイヌの人たちは嵐山一帯を指して、チカップニ（大きな鳥の住んでいる所）と呼んでいたので、これを音訳して「近文」という文字をあて（松浦図チカフニ）、意訳して「鷹栖」としたという。

オサラッペ川はo-sar-pet（川尻・葦原・川）の意（ヲサラベブト）。ナエは南三号川、トレフタウシナイ（ウバユリ川）は六号川、ヨウンカウシベ（ウバユリを乾す処）はヨンカシュッペ川、シイキナウシナイ（蒲川）は八号川、シュマムは珠万川、ハシユシベツ（イラクサ川）はハイシュベツ川、チライヘツ（イトウ魚川）は知遠別、イフンハウシヲサラベ（太藺を切る処）はイブンベウシ川と思われる。

あさひかわ

比布　ピピペッ　pipi-pet　石のごろごろしている・川
地名発祥の川は比布川である（松浦図ヒイ）。「永田地名解」は「ピヲ又ピピとも云ふ　石多き処　箱の如き川にして石多し」とあり、「駅名の起源」は、「ピオプ」（pi-o-p、石の・多い・所）からとしている。

宇園別　ウェンマクンペッ　wen-mak-un-pet　悪い・後ろに・ある・川
道の駅「とうま」所在地の地名。ウエンマクンベツは、松浦図ではホロマクンヘツの右手にあるので切れて出ていない。ヲチンカハはo-cin-kapar（川尻の・熊皮を張る・平岩）の意で永山一号川。ウエンヒウカ（悪い小石川原）は北旭川の流通団地辺りか？キンクシヘツとアサカラも永山地区を流れていた川と考えられる。

旭川　チウペッ　ciw-pet　波・川
旭川の地名は「忠別川」（松浦図チクヘツ）から出たものである。「知里地名解」は上記の解釈で、それが後の民間語源解により「チュッペッ」（cup-pet、日・川）となり、意訳して旭川の名が生まれたとしている。しかし「北海道の地名」は、cuk-cep（秋の・魚→鮭）が盛んに上る川だったので、「チュクペッ」（cuk-pet、秋・川）であったらしいとしている。

「永山」「東旭川」は屯田兵が開拓した土地で、後者には上・下の兵村の名が残る。「牛朱別川」（usis-pet　鹿の蹄・川）は、旭川市街の北部で石狩川に流入している大支流である（松浦図ウシ、ヘツブト）。

神楽　ヘッチェウシ　hetce-us-i　囃し・つけている・所
「ヘッチェ」は歌舞に合わせてヘイッ！ヘイッ！と囃すこと。昔の祭場ということで、今の「神楽岡公園」辺りではなかろうか（松浦図メッチウシ）。ヒラは公園から大正橋付近まで続く崖、ナヨサンは神楽岡一帯と思われる。対岸のチエッホ（cep-ot、鮭・多く入る）は南六条川と思われる。神楽地区の国道237号沿いに道の駅「あさひかわ」がある。

松浦山川図 十一

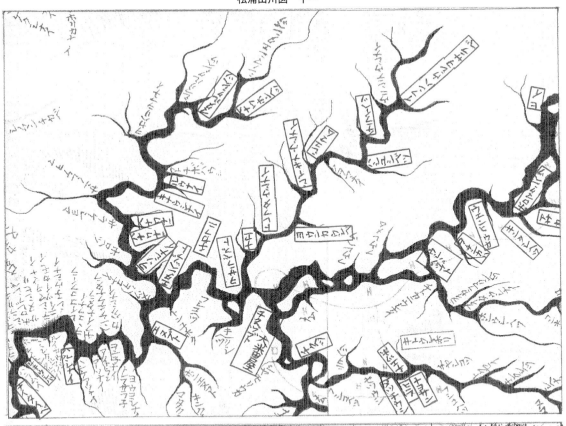

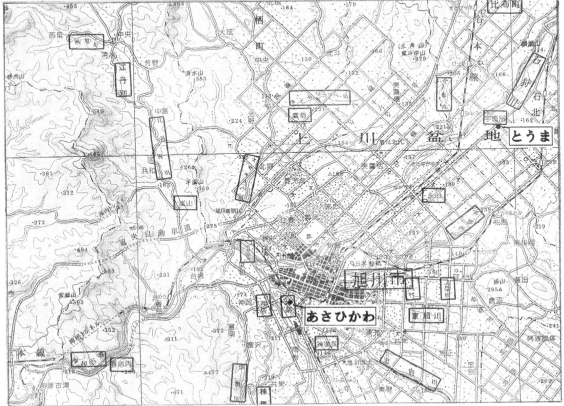

20万分の1 旭川（平25）

６７、石狩川（旭川市・当麻町・東川町・東神楽町・美瑛町）

倉沼 クラルマイ ku-rarma-i　仕掛け弓を・多く仕掛けてある・所　松浦図では一番北を流れる牛朱別川の中ほどにクラ、ヲマとある。近くにトウマ（to-oma-nay、沼・に・行く・沢川）があるが、現当麻とはだいぶ離れている。チカフナイ（鳥川）は近文内川、ヌホロマ（野下にある川）は神水川と思われる。川口にあるチトカニウシナイ（ci-tukan-us-nay、我ら・射ることを・常とする・沢川）は基北川を指している。狩りに行く際、ここで矢を射て猟運を占ったのである。

東川　「チュッペッ」（cup-pet、日・川）を意訳して、旭川の地名が生まれたことは前述した。「永田地名解」には「此川の水源は東にありて日月の出る処故に名く」とあり、「チュプ」（cup、日）と「チュプカ」（cupka、東）とを混同して、東川の地名が生まれたようである。旭岳・天人峡方面に向かう道道沿いに、道の駅「ひがしかわ道草館」がある。

ひがしかわ道草館

岐登牛 キトウシ kito-us-i　ギョウジャニンニク・群生する・所
　「岐登牛山」（456m松浦図キトウシノホリ）がギョウジャニンニクの産地だったので、上・下を付けた地名ができた。北を流れる「ペーパン川」は pe-pan（飲水？）の意か、「知里地名解」は pe-pan-pet（水・あまい・川）としているが……。ペーパンが"米飯"と表記されることにより、この川の流域には米や稲に関する地名が多い。橋名（豊年橋・五月橋・早苗橋）、地区名（豊田・米原・瑞穂）などである。

東神楽　1943年（昭18）神楽村から分村した時、母村の東に位置することから名付けられた。森林公園に「東神楽温泉」（31.2℃、アルカリ性単純温泉）がある。地内を「ポン川」が流れているが（松浦図フシコヘツ）、「ポン・チウペッ」（小・忠別川）ぐらいに呼ばれていたものであろうか。「稲荷」は1906年（明39）伏見稲荷より分神を受け、稲荷神社（田の神）を建立した。近くに1966年（昭41）供用開始した旭川空港がある。
　松浦図の忠別川筋にあるキンクシヘツ（奥川）はアイヌ川、シヘナイ（鮭川）は志比内川、ヲコトマヲマナイ（沢の浦曲？）は旧江卸橋があった辺りか。松浦武四郎は1857年（安政４）旧暦５月28日美瑛川筋の西清和ヘツブトで一泊、29日忠別川口のフシコヘツで一泊し、30日はヲコトマヲマナイで宿泊している。エヲロシ（川崎）は「江卸山」（672m）麓の忠別ダム辺り、ノカナン（鳥の卵を置く処）はノカナン沢川と思われる。

雨紛 ウプン upun　雨雪飛ぶ所　「永田地名解」は「ウプンの水源なる山より雨雪を吹飛ばすを以て名く」とある（松浦図ウフニ）。「上雨紛」は上川地方の稲作の発祥地とされ、1891年（明24）青森県出身の杉沢繁吉が水稲（赤毛）試作に成功した。イチヤヌニアヌニは、icanuni-an-i（サケ・マスの産卵穴・ある・所、現雨紛一号川）。ルヘシナイ（熊径川）は新開十三号川、ヒラウトルマ（崖間川）は新開十五号川と思われる。

美瑛川 ピイェペッ piye-pet　油ぎっている・川　忠別川と石狩川の合流点を「忠別太」といった。そこから忠別川を上ると、すぐまた美瑛川との合流点である（松浦図ヒエブト）。つまり旭川市街の西側の地で、上川盆地を代表する３つの河川が合流しているのである。美瑛川は「永田地名解」によると、「ピィェ　油　水源に硫黄山ありて水濁り脂の如し故に名く　古へは単流して石狩川に注ぐ　今東川に合流す」（硫黄山は十勝岳、東川は忠別川）とある。
　ピイェに美瑛という漢字を当てたのは、開拓の祖といわれる早崎悦太郎という人である。「美」は美しいの意だが、「瑛」は清らかで明朗な珠という意であるとされる。ＪＲ美瑛駅のすぐ近くに、道の駅「びえい丘のくら」がある。松浦図ヲイチヤヌンベ（鱒の産卵場）はオイチャヌンベ川、ルベシベ（行路）は瑠辺蘂川、ホロナイ（大沢）は夕張川、ヒハウシフト（沼貝川）は美馬牛、ヲキナシ（蒲処）は置杵牛川と思われる。

びえい丘のくら

辺別川 ペペッ pe-pet　水・川　美瑛川の東大支流。「トムラウシ山」（2141m）から出て、本流の北部を流れて合流する（松浦図ヘツブト）。水量豊かで流れの早い川の義だという。なお、「西神楽」地区はもと"ベベツ"と呼ばれていたが、発音が何か変だということで1942年（昭17）改名された。「横牛」（同ヨウシヘツ）は yoko-us-i（獲物を狙い射ち・しつけている・所）、「朗根内」は rawne-nay（深い・沢川）、「俵真布」（同ハンケシユンクタロウシ）は、panke-sunku-taor-oma-p（川下の・エゾマツ・川岸の高所・ある・もの）から出たとされる。

宇莫別川 ウパクペッ u-pak-pet　相・匹敵する・川　「北海道の地名」によると、合流点で見る水量は辺別川本流の方が多いが、流長はほぼ匹敵しているとしている（松浦図ヲハクヘナイ）。上・中・下の宇莫別の地名がある。「聖台貯水池」は、もと皇室の御料地だったので聖を付けたといわれる。

松浦山川図 十一

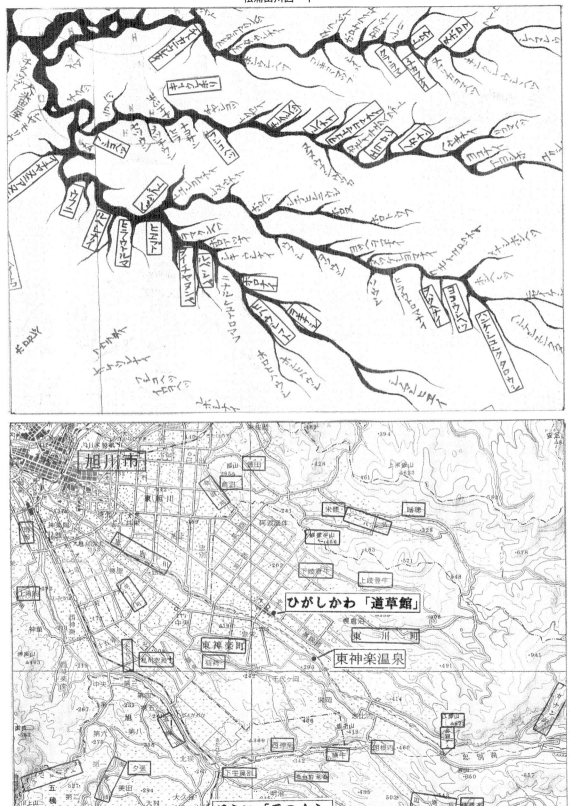

20万分の1 旭川（平25）

６８、石狩川（愛別町・当麻町・上川町）

愛別 アイペッ ay-pet 矢・川　愛別川については、「水の流れが矢のごとく早い川」とか、「昔十勝アイヌの村長が矢に当たって転落し、矢を流した川」とか、矢にまつわる説が多い。「愛別町史」は、川端に矢の材料となるラソパ（サビタの木）が多くあるところからの意ではなかろうかとしている。また、「アイヌ語地名解」は"イラクサの川"であるとしている（松浦図アイヘツブト）。

協和　現図幅には出ていないが、ここに「協和温泉」（9.3℃、含炭酸土類泉）がある。2kmほど山の奥へ入った岩間より自然に湧き出ており、昔から「美志内」（旧地名）の霊泉として親しまれてきた。松浦図にあるウツクシナイ（ut-kus-nay、脇川が・通っている・沢川）からで、この川には肋骨のような枝川が付いていたので、そう呼んだらしい。

中愛別　松浦武四郎は1857年（安政4）旧暦閏5月4日（陽暦6月25日）、当麻～愛別を経て5日イチナンケフ（現エチラスケップ川か？意味不明）で一泊している。6日はこの川に沿って東へ進み、サンゲソマナイ（san-kes-oma-nay、平山の・下手に・入って行く・沢川）まで来ている。この「石垣山」（525m）麓を流れる「イシガキ十四線川」が、武四郎の石狩川最上流到達地点である。昔、間宮林蔵もここまで来て引き返したとある。

愛山渓温泉

越路　上川の開拓は、越路に入植者のあったのが始まりで、当時の旧道はそこから「留辺志部川」（ru-pes-pe、峠道沢）に入っていたようである（松浦図ルヘシヘナイ）。越路の名はルペシペの意訳と思われる。現在の上川市街は、昔「留辺志部」と呼ばれていた。上川の名は石狩川の川上を意味するとして名付けられたという。「江差牛山」（598m）はe-sa-us-i（頭を・浜に・つけている・もの）で、石狩川に山裾が突き出ている姿によって呼ばれた名であろう（同エシヤウシ）。

安足間川 アンタオロマプ an-taor-oma-p 片側・高岸・ある・もの　上川町の西端に近い所を北流し、上川町と愛別町の境で石狩川に入る川。「アンタロマプ」（antar-oma-p、淵・ある・もの）の解もある。「永田地名解」は「アンダロマプ　淵　ハッタロマプと同じ」としている。安足間川の東支流「ペイトル川」はpe-tuwar-pet（水・ぬるい・川）の意とされるが、同地名解は「ペトゥワルペッ　冷水川」と全く逆の解である。松浦武四郎「丁巳日誌」には「アンタラマ　川巾相応に見えけるなり。……先フトより少し上りて左りの方ベトワラ、少し上りて二股、此処より右の方ホンアンタラマ、左り本川、上にソウ有。石カリ岳より落るよし也」とある。フトは川口、ベトワラはペイトル川、ソウは昇天・村雨ノ滝、石カリ岳は大雪山を指している。「ポンアンタロマ川」（小さい安足間川）の上流約20kmに「愛山渓温泉」（45.8℃、含正苦味重曹泉）がある。

天幕　「駅名の起源」によると、1896年（明29）北海道鉄道部長が線路調査のため来た際に、天幕三次郎と称する山男の堀っ建て小屋に泊まり、それにちなんで地名となったとある。松浦図イワナイ（iwa-nay、岩山・沢川）は、この辺りを流れていた（現・岩内川）。「中越」はＪＲ石北本線の留辺志部川沿いの旧駅名。ルペシペ（越路）の中流域を意味し、上流域は「上越」と呼ばれる。チフルベは茅刈別川（ci-kari-pet、我ら・通う・川）か？

層雲峡温泉

大雪山 ヌタプカウシペ nutap-ka-us-pe 川の湾曲部内の地の・上に・いつもいる・もの　以前はヌタクカムシュッペのような形で呼ばれていたが、表記の解が正しいようである。20万分の1図もそのようになっている。ヌタプとは一般的には川の湾曲内の土地を指すが、この場合は山の湿原を指しており、さらにその上に聳えている山だから、このように呼んだものであろう（松浦図石狩岳）。

層雲峡　石狩川上流部の層雲峡渓谷内にある、50～85℃の単純温泉を主体に、一部硫化水素泉を含む温泉郷。泉源は20ヵ所を越え、神経痛・胃腸病などによく効くという。温泉の発見は、1857年（安政4）に石狩川水源の踏査をしたイシカリ役所在勤の松田市太郎とされ、「イシカリ川水源見分書」に「大川端に温泉数ヶ所有之」とある。層雲峡の名付け親は、1921年（大10）この地に来た文人"大町桂月"とされる。当時の5万分の1図を見ると、「霊山碧水峡・双雲別温泉」となっていて、これを層雲峡という優れた文字に置き換えたものである。アイヌの人たちは、ただ「ニセイ」（nisey、絶壁、峡谷）と呼んでいたらしい。

　松浦図源流部には「温泉」と2ヵ所書かれており、ニセイケショマ・ニセノシケなどの地名が見られる。チチヤラセナイ（崖谷川）は白川、ヘウシ（熊の子）はクマノ沢、ホンヘウシ（小・熊の子）は黒岳沢、カモイヲヘツカウシ（神の高岸）は小函、シユフンニセ（函の絶壁）は大函辺りと思われる。

松浦山川図 十一・十二

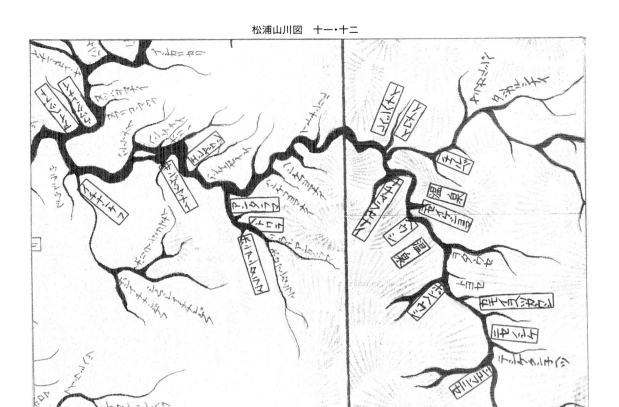

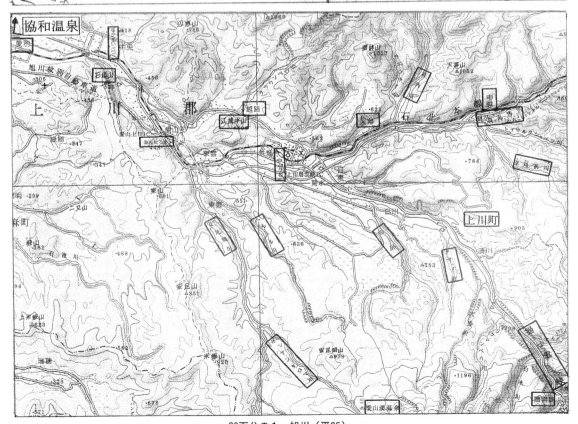

20万分の1 旭川（平25）

６９、空知川（滝川市・赤平市・芦別市・歌志内市・上砂川町）

赤平 フーレピラ hure-pira 赤い・崖　従来から表記の半訳地名（赤いピラ→赤平）といわれてきている。しかし「北海道の地名」は、元来がアイヌ語地名であったろうとし、「ワッカ・ピラ」（wakka-pira、水・崖）ぐらいの名であったかも知れないとしている。また、現滝川公園の沼の崖 aka-pira 説もある。松浦図ク、ラは「幌岡」を流れる「幌倉川」と思われる。

「丁巳日誌」に「ハツキシユバヲマナイ　右の方小山、此辺より椴の木を見る。其山根石炭多し」と出ている辺りが、炭鉱で栄えた赤平市街地と思われる。対岸にあるハンケチフシナイは「赤間沢川」か？またモシリケリヲマナイが「茂尻」、モシリヘヲマナイが「平岸」地区と思われる。松浦武四郎は1857年（安政４）旧暦閏５月16日（陽暦７月７日）滝川より空知川を見分、ハンケナイ（パンケ幌内川）先のヲホシユツヲマナイで一泊している。この辺りはかつて住友赤平礦が開鉱された炭鉱地帯であるが、武四郎の日誌にも「石炭は崩れて一面黒く成りたり」などの記述が見られる。

芦別 アシペッ as-pet 灌木・川　空知川中流、芦別川との合流点に市街地発達。「永田地名解」は「アシュペッ　立川」、「駅名の起源」は「ハシュ・ペッ」（灌木の中を流れる川）から転訛したとする。「北海道の地名」は、下流で見るとゆったりしていて、断崖の立つ川の姿には見えない。柴木は has でも as でも呼んだので、後者の方を採りたいとしている（松浦図アシベップト）。

芦別川のすぐ上流にシモマとあるのは、suma-mak-pet（岩の・奥にある・川）の「炭山川」と思われる。芦別市は空気がきれいで夜空が美しく、「星の降る里」をキャッチフレーズにした街づくりをしている。国道38号から空知川沿いに入ると、道の駅「スタープラザ芦別」がある。

芦別温泉

旭町油谷　市の北東部、「ペンケ川」（松浦図ヘンケナイ）の支流「盤の沢川」の山ふところ。ここに「芦別温泉」がある。1946年（昭21）に開発された油谷炭鉱の跡地にできた温泉である。1969年（昭44）の閉山後、密閉坑道から鉱泉の湧出が発見され、旧油谷小学校舎に改造を加え、市営のレクリエーション施設が開設された。1986年（昭61）、北海道で唯一の「国民保養温泉地」として環境庁（現・環境省）が認定。泉温10.3～13.6℃の含重曹硫化水素泉と含重曹食塩泉の２種類の湯は、ぬめりがあって心地よく"化粧の湯"とも呼ばれているとか。

温泉近くを流れる「盤の沢川」は、途中「中の沢川」などと合流して「ペンケ川」に注ぎ、ペンケ川は道の駅の対岸で空知川に流入している。ペンケ川流域は、明治から大正期にかけて砂金採取者の入山で賑わい、さらに大正から昭和期戦後には大規模な石炭採掘が行われた。現在、川口の「旭町」付近は「旭ヶ丘公園」等の施設が整備され、昔日の面影を残すものは見当たらない。

野花南 ノッカアン notka-an 機弓の糸を置く所　この解は「永田地名解」の「ノカナン　機弓の糸を置く処」によるものである。機弓の糸とは、仕掛弓の"さわり糸"のことである。「北海道の地名」は、あまり見ない地名の形で、音だけでいうなら「ノカンナイ」（nokan-nay、小さい・沢川）であったかも知れないとしている（松浦図ノカナフ）。

歌志内 オタシナイ ota-us-nay 砂浜・付いている・沢川　市内を流れる「ペンケウタシナイ川」（松浦図ヘンケヲタシナイ）の音を採ったとされる。母音が２つ続くので、１つを略してオタシナイと呼ばれ、和人のくせでオがウに訛ってウタシナイになったのであろう。「神威岳」（467m）の麓に、道の駅「うたしないチロルの湯」がある。なお、上砂川町は「パンケウタシナイ川」（同ハンケヲタシナイ）上流の地である。

うたしないチロルの湯

歌志内市は炭鉱のマチとしてのイメージが色濃く残っている。しかし近年、景観や気候風土が似ているアルプス・チロル地方のようなまちづくりを目指している。道の駅は道道114号沿いにあり、スイスの山小屋風な造りで、すぐ上に炭鉱の坑道から出る鉱泉を引いている「チロルの湯」（18.5℃、含硫黄重曹泉）がある。

向かい側の「文珠」地区は、炭鉱発見に関わった者３人で共同経営したので、"三人寄れば文珠の知恵"の諺にならったという。それまでは「モンペの沢」（草分け当時モンペイを着用して炭焼き業をしたことにちなむ）と呼ばれていた。市街東部に、炭鉱で発達したが過疎化が進む「上歌」地区がある。ペンケウタシナイ川のペンケを上と訳し、ウタシナイの歌を採って上歌としたか、単に歌志内市街の上手の意からである。「神威岳」（kamuy-nupuri、神の・山）の東斜面はスキー場が広がり、夏期はパークゴルフ場となっている。その「歌神」地区は歌志内本町と神威の間にあるので、両方の頭字を採って付けたとされる。

松浦山川図　十・十一

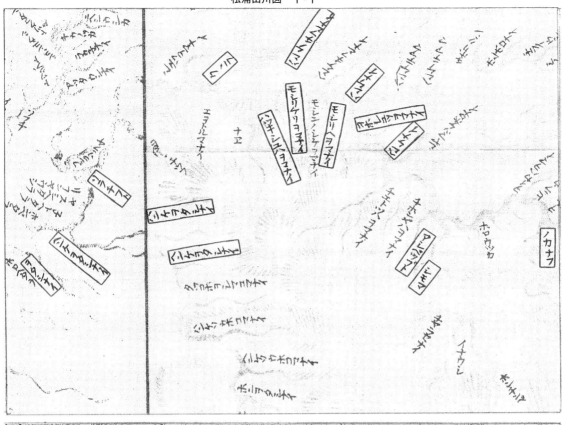

20万分の1　留萌（平17）・旭川（平25）

７０、空知川（芦別市・美瑛町・上富良野町・中富良野町・富良野市）

滝里（たきさと） 空知の名のもとになった"空知大滝"上流の谷底平野。水田・畑作地域であったが、「滝里湖」の建設により水没した。以前は「奔茂尻」（pon-mosir、小さい・島）と呼ばれており、空知川の中にある小島の称であった。空知大滝の下流は、空知川が岩盤地帯を横切る激湍で、旭川や夕張川・雨竜川同様「カムイコタン」（kamuy-kotan、神の・居所）と呼ばれていた（松浦図カモイコタン又シユホロと云）。シユホロはsupor（激湍）の意である。

空知大滝は「丁巳日誌」にカマソウ（kama-so、平岩の・滝）、「其形ち竈（かまど）の如き中に落入るが故に号るなり」と記されている（同ソウ）。空知川が岩磐地帯を横切り、数条に分かれて雪崩れ落ちており、ソラプチペッ（so-rapci-pet、滝が・ごちゃごちゃ落ちている・川）からソラチの名が付いた。

滝里ダム下にソーキプオマナイ川が流入しているが、「丁巳日誌」には「ショキコマナイ 右の方に有水清冷の由」とある。so-kip-oma-nay（滝の・前頭部に・入る・沢川）の意だろうか。さらに「こへて行に、左りの方は山も追々低く相見えたり。然るに此処より上は五里か十里かはしらざれども、シリケシヲマフと云までの処はしるものも無りけるが……」と、富良野市境まで述べられている。シリケシヲマフは「尻岸馬内川」のことで、mosir-kes-oma-nay（島の・末端に・ある・沢川）の意とされる（同シリケショマ）。この川口付近がかつて島ノ下温泉で知られた泉地区である。松浦武四郎は1857年（安政４）旧暦閏５月17日・18日（陽暦７月８・９日）、当地まで来てカムイコタンで二泊している。その後引き返したので、ここが空知川上流到達点ということになる。

空知大滝

上富良野（かみふらの） 当松浦図幅には、北の美瑛川筋と南の空知川筋の間に、武四郎が安政５年に"十勝越え"をしたルートの地名が載っているので、以下概観してみよう。「戊午日誌」によると彼は、1858年（安政５）旧暦３月10日（陽暦４月23日）、置杵牛川（松浦図ヲキナシ）を越えた後、美瑛川のほとり（ヒハウシフト）に出たことになっている。その後南下して旧千代田小学校（現・拓真館）付近を通って、美瑛美馬牛川の源流部（ホンヒハウシ・ホロヒハウシ）に入ったとされる（現図、「美沢」397m地点辺り）。武四郎はそこから十勝連峰を望み、有名な山岳画を描いたものと思われる（下図参照、凍土社刊「十勝日誌」より）。

その後美瑛川筋を後にし、西方に向かって空知川筋の江幌完別川（ホンホロカンベ・ホロカンベ）に入り、富良野川上流（フウラヌイ）を通って、レリケウシナイ（現・上富良野市街辺り）で一泊している。「江幌」の名は、エホロカアンペッ（e-horaka-an-pet、水源が・後向きで・ある・川）からとされ、「富良野」はフラヌイ（hura-nu-i、臭気を・持つ・所）の意である。

翌日３月11日（４月24日）、武四郎は富良野川筋源流部（フシコヘツ・イワヲヘツ・レホシナイ・コロクニウシコツ・ニヨトイ）を通り、ベベルイ川源流（ヘベルイ）とカラ川（サツテヘブルイ）の近傍で一泊している。イワヲヘツ（硫黄川）はヌッカクシ富良野川と思われ、コロクニウシコツはkorkoni-us-pet（蕗・群生する・川）、ヘブルイはpe-pe-ruy（水・水・甚だしい）の意か。

３月12日（４月25日）、「前富良野岳」（1625m、ヲッチシハンサイウシヘ）と、「富良野岳」（1912m、ヲッチシベンサイウシヘ）の鞍部（ルヘシヘ）を通過して十勝越えを果たしたのである。山の名はotcis-pan-sa-us-pe（峠の・川下の・前に・ある・もの）からとされ、その川とは布部川源流部（ヌモツヘイトコ）を指していると思われる。次に現図東部にある４つの温泉について述べてみたい。

吹上温泉

「白金温泉」（47〜53℃、含塩化土類芒硝泉）は、かつて畠山温泉とも呼ばれたが、1950年（昭25）に町が深度399mのボーリングに成功、泥の中から貴重なプラチナ（白金）を発見したようだとして命名された。「吹上温泉」は無料露天風呂があることで知られている。泉温は47℃とやや高く、なめると酸っぱい含塩化土類食塩酸性泉である。「十勝岳温泉」は十勝岳の西麓1300m近くにある、北海道で２番目の高所にある温泉。鉄錆色をした金気があってしぶい54.6℃の含芒硝石膏泉と、透明な自然湧出の38.5℃の酸性緑礬泉の、全く異なる２種類の湯が出る。「フラヌイ温泉」は含食塩重曹泉の加温した暖かい湯と、31℃の炭酸を含んだ低温の源泉風呂がある。

松浦山川図 十一

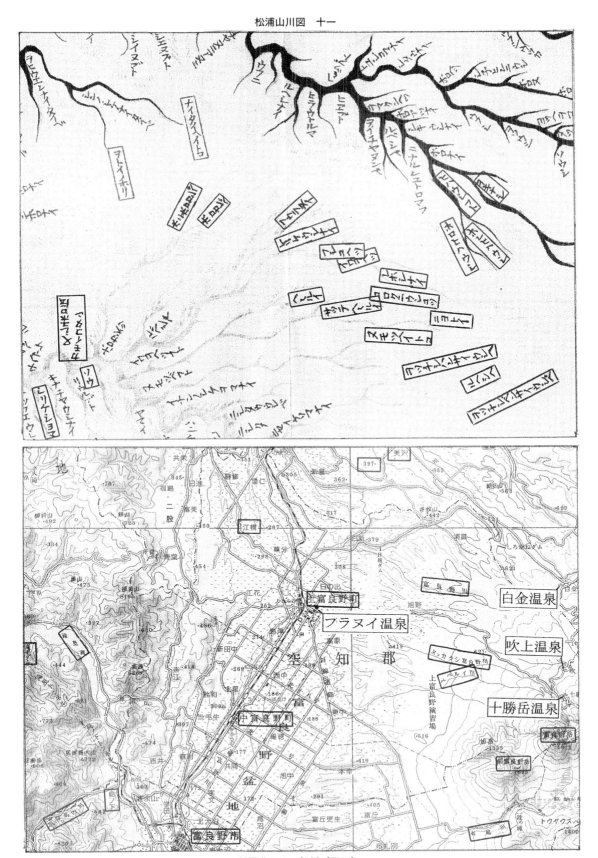

20万分の1　旭川（平25）

71、空知川（富良野市・南富良野町・占冠村）

布部 ヌモッペ num-ot-pe クルミ・多い・所　富良野市街南方の水田地帯。木材貯牧場、木工場あり。石綿鉱山は1949年（昭24）閉山。「永田地名解」には「ヌモッペ　果実ある処」とあり、ヌムは果実であるがクルミを指すことが多いという（松浦図ヌモツベフト）。布部川の北を「布礼別川」（hure-pet、赤い・川、ヤチ水か？）が流れるが、松浦図には見当たらない。

山部 ヤムペ yam-pe 冷たい・水　空知川左岸の水田・畑作（メロン・スイカ）地帯。この辺りを流れる空知川の西支流は、「芦別岳」（1726m）の雪渓に源を発する非常に冷たい流れである。他に「ヤマエ」（yam-a-e、栗を・我ら・食べる）説もあるが、開拓当時より同所に栗のあったことは聞いたことがないという（松浦図ヤマイ）。

かなやま湖

老節布 ルオセプ ru-o-sep 道が・そこで・広くなる　西達布川の支流老節布川流域の波状丘陵地帯、畑作地。地名解は上記のほかに、ロウセップ（道端に巣のある所）説もある。大正期は豆や除虫菊、昭和に入りハッカ・ビート・ジャガイモなど、戦後はジャガイモが経営の中心となる。

西達布 ニシタプ ni-sitap 樹木収縮する所（？）　空知川右岸に入る西達布川上流域。盆地状をなし畑作を主とする。「永田地名解」は上記の解釈であるが、樹木が縮んでさっぱり育たない場所を言ったものか。他に「ニシタプ」（nis-tap、雲の・峰）説もある（松浦図ニシタウシベ・ニシタ）。

金山　空知川流域の木材集散地。1909年（明42）頃、支流トナシベツ川の砂金採取が盛んとなり、「十梨別」にかわり金山と称されるようになった。トナシベツ川は「永田地名解」に「トゥナシュペッ　早川」とあり、この辺りでは急流である（松浦図トナツベ）。この地のすぐ北の「黄金」も砂金の採れた所である。南から支流パンケとペンケのヤーラ川が流入しているが、同地名解は「ヤーラ　破れ川」としている。川口の辺りでも水で崩れる川だったのだろうか（同ハンケヤーラ・ヘンケヤーラ）。現図はパンケアラヤ川と間違えている。

かなやま湖　1967年（昭42）金山ダムの完成により、空知川上流に生まれた人造湖。周囲約34km、東西に長く幅は2km以下であるが、奥行きは13kmに及ぶ。ダム建設により120戸の農家、432haの農地が湖底に没した。翌年には金山ダム記念碑が建立され、更科源蔵の詩「水色のふるさと」が刻まれている。
　湖畔には森林公園・保養センター・オートキャンプ場などが整備されており、近年アウトドアスポーツのメッカとして訪れる観光客も多い。ワカサギ釣りは冬の風物詩となっている。

東鹿越　かなやま湖南岸にJR根室本線の駅と、石灰石を産する東鹿越鉱山がある。従来から「ユㇰルペシペ」（yuk-rupespe、鹿の・越える路）の意訳とされてきたが、その沢はずっと東の十勝境にあるので（松浦図ハンケとヘンケのユクルベシベ）、次の幾寅にちなんでつけた名ではなかろうか。

幾寅 ユクトゥラシペッ yuk-turasi-pet 鹿が・登る・川　かなやま湖東端、南富良野町の役場所在地。南からユクトラシュベツ川が流入する（松浦図ウフトラシヘツ）。その名の上部を採って幾寅としたという。なお現在、幾寅川といわれているのは市街東方にあり、この川とは別の川である。松浦図にはシュマフウレナイ（suma-hure-nay、石・赤い・沢川）と出ており、川岸の岩石が赤いのか、ヤチ水で川底が赤くなっているような川を呼んだのかも知れない。
　南富良野の名は、1908年（明41）下富良野村から分村する時に、母村の南に位置することにより名付けられた。国道38号沿いに道の駅「南ふらの」がある。

樹海峠　富良野市西達布と南富良野町幾寅との境界にある標高476.1mの峠。現在国道38号が通るが、古くは踏み分け道であった。1934年（昭9）富良野市東山から西達布川沿いに東行し、樹海峠を越えて幾寅に至る道路が開削され、道東と道央を結ぶ現在の国道の原型が誕生した。1965年（昭40）峠道の改修と直線化工事が行われ、2年後には舗装も完了し、見晴らしのよいドライブウェーとなった。峠名は一般には樹海峠と呼ばれるが、峠下のつつじ集落（別称三ノ山）では、旧称の"三ノ山峠"で呼ばれている。
　幾寅の南には、南富良野町と占冠村の境界にある「幾寅峠」（740m）がある。古くからの刈分け道で、1923年（大12）村道・林道併用道路として改修され、現路線の原型となった。1918年（大7）、秋田団体が幾寅からこの峠道を通って下トマムに入植したが、劣悪な環境に見切りをつけ、大正末期に解体離散したという。現在幾寅峠は、リゾート地トマムと旭川地方を結ぶ最短ルートになっており、今後の急速な改修が望まれる。

南ふらの

146

松浦山川図 十一

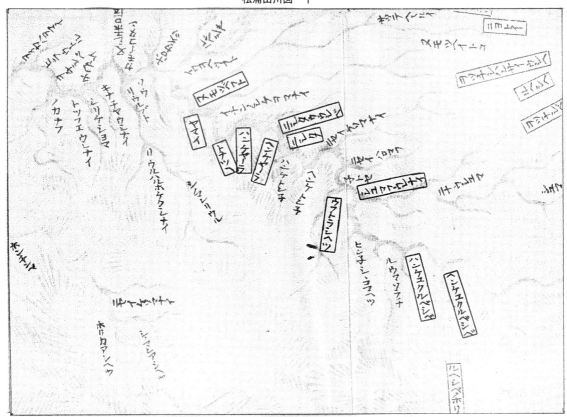

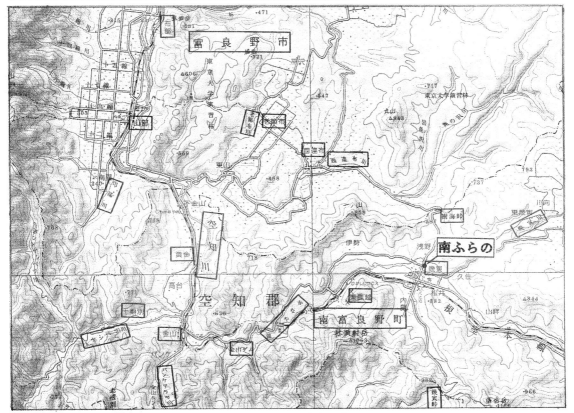

20万分の1 夕張岳（平25）

７２、空知川（南富良野町・新得町・清水町・鹿追町）

落合（おちあい） 幾寅を東方に８kmほど行くと、空知川の河岸段丘上に集落がある。南流してきた「シーソラプチ川」（si-sorapci、本流の・空知川）と、北流したきた「ルウオマンソラプチ川」（ru-oman-sorapci、十勝越えの路が・行っている・空知川）がここで落ち合い（合流し）、向きを変えて西流している。それで落合の名が付いたとされる。松浦図ではシノマンソラチとルウマソラチになっている。古くはこの合流点をルウマから採って「ルーマ」と呼んでいた。ハンケユクルペシベの辺りである。現図南端に南富良野町トマム（tomam、湿地）がある。

狩勝峠（かりかちとうげ） 上川地方と十勝地方を結ぶ峠。国道38号にあり、標高644m。峠名は旧石狩国と十勝国の国境にあることにちなむ。1965年（昭40）までは国鉄根室本線が峠の直下を狩勝トンネルで抜け、その東の入口が標高500m付近にあって、車窓からの雄大な十勝平野の景観は新日本八景の一つに選ばれていた。今はこの南に新設された石勝線の新狩勝トンネル（全長5648m）を利用している。

バス停留所

新得（しんとく） シットゥ sittok 肘 新得市街の北側に「新得山」（455m）が突き出して佐幌川に出張っている。その裾を流れているのがパンケとペンケのシットゥ川であった。シットゥは元来は肘の意であるが、川曲がりや山の突出部をいう。この場合は新得山の突出部をいったのではなかろうか。それが地名のもとになったと思われる。ほかにこの地で漆器が作られたことから、「シントコ」（sintoko、宝物を入れる漆器）説もある。市街南東方に「新得温泉」がある。珍しい単純炭酸鉄泉で、婦人病に効くという。

佐幌川（さほろがわ） サオロペッ sa-or-o-pet 前の・所に・ある・川 佐幌川はずっと北の方から、十勝川の西を並行して南流する長い川である。saは「前」で、地名では海の方、あるいは大川の方をいう。新得や清水の山側の人たちから見れば、十勝川本流の方が「前」である。それでこう呼んだものであろうか。

松浦武四郎は1858年（安政５）旧暦３月13日（陽暦４月26日）、上富良野から空知川水源を越えて、十勝の佐幌川筋に至った。「戊午日誌」には「サヲロノホリ（佐幌岳、1060m）といへる高山一ツ見ゆ。…是より此沢まゝ下ること凡七八丁過て、丸小屋の跡を見る。是サヲロ、ニトマフ（人舞）のアイヌの猟場なりと」とある。彼は13日は「一の沢川」（パナクシサヲロ）から本川端に出た辺りで一泊し、14日は十勝川に出て「新屈足」から「人舞」へ下り一泊、15日は「岩松ダム」辺りまで見分している。松浦図のサヲロノホリは位置がだいぶずれており、東方にはサヲロの名が付く源流部がおおざっぱに出ているだけである。

屈足（くったり） クッタルシ kuttar-us-i イタドリ・群生する・所 新得市街から東行すると屈足市街に出る。十勝川右岸の酪農・畑作地、上流の木材も扱う。街の東側をクッタラウシ川が流れ、今でもイタドリの多い所だという。市街北方「屈足ダム」湖岸に「くったり温泉」（30℃、ナトリウム塩化物泉）がある。ここは全国でも珍しい登山教室を実施している、町立のトムラ登山学校が併設されている。

「永田地名解」には、この辺りは「カムイロキ　神座　熊の越年する処」とあり、kamuy-rok-i（神様が・お座りになっている・所）の意であった。「戊午日誌」には「カムイロキは此川（十勝川）の東岸、断崖峨々たる壁岩の色灰白なる大岩の半腹に穴有。是に昔しより神霊有によつて、此処へ行ことは敵はざるが故に、此方より木幣を奉るによつて号るとかや。其風景実に筆紙の及ぶ処にあらず」と出ている。

岩松湖（いわまつこ） 湖に流入する「オソウシ川」（o-so-us-i、川尻に・滝・多い・所）には「オソウシ温泉」（28℃、単純硫黄泉）がある。ＰＨ値10.0という国内でもまれな強アルカリ性泉で、やけど・しもやけ・糖尿病などに効くという。日誌には「ヲソウシ　少しの崖なり。其上に小川有（オソウシ川か？）。此処の崖にて昼飯を仕舞て下る。凡是まではニトマフより凡弐里半と思われる。是までは山行のアイヌの道形ちも有れども、是よりは少しも道形なし。只鹿の足跡を認て是よりは行よしなり」と出ている。

岩松ダム

人舞（ひとまい） ニトゥオマプ nitu-oma-p 寄木・ある・もの 清水町北部、十勝川右岸の畑作地。十勝川の曲流部に流木が寄った所か。旧図では地名はニトマㇷ゚、川名はニトマイとなっている。川名に人舞の漢字を当てたのだろう。

鹿追（しかおい） クテクシ kutek-us-i 鹿捕り柵・ある・所 鹿追町は河東郡の西端で、然別川の中・上流一帯の土地である。kutekは鹿を捕るために柵を作り、鹿をそこに追い込んで、仕掛け弓で捕る施設であった。鹿追はこれを訳して呼ばれた地名である。市街地に道の駅「しかおい」がある。

松浦山川図 十一

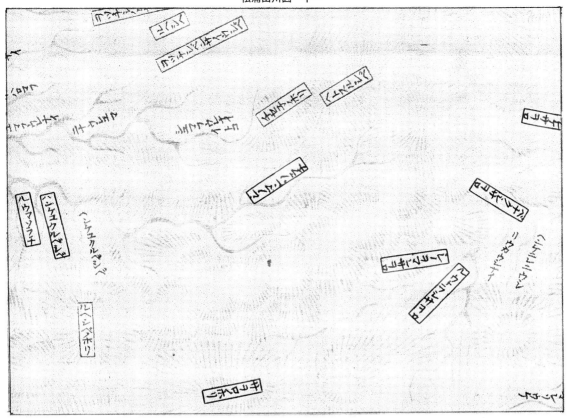

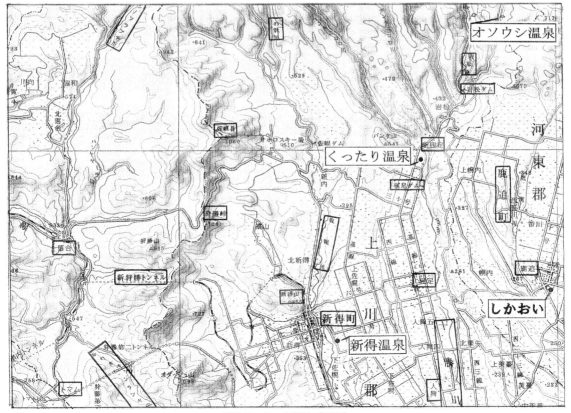

20万分の1 夕張岳（平25）

73、豊平川（喜茂別町・札幌市）

中山峠　松浦武四郎は1858年（安政5）、有珠から洞爺湖を抜けて旧暦2月15日（陽暦3月29日）中山峠に到った。「戊午日誌」には「ルペシベなるべしと思ふ辺りになる哉、……また此処は第一の頂上になるが故に、西はウス、アフタの海辺より、東は石狩、ユウフツの海辺より、一散に吹き来る風なるが故に、其冷き事は頬面を吹切るごとく、……」と出ている。「ルペシペ」（ru-pes-pe、峠道沢）の意で、武四郎は喜茂別から札幌に出るまで、五晩雪上に野宿をしてやっとたどり着いたのであった。中山峠の国道230号沿いに道の駅「望羊中山」がある。

豊平峡　豊平川は定山渓温泉から少し上ると二股になっていて、西股が「薄別川」、東股が本流である。「後方羊蹄日誌」には「シケレヘニの二股より上にカモイニセイとて、往古神が切開しと言う断岩絶壁」とあり、薄別川が「シケレベニウシ」（sikerpe-ni-us-i、キハダの・木・多い・所）、豊平峡が「カモイニセイ」（kamuy-nisey、神の・絶壁）であった。松浦図では前者がシケレヘウシヘツ、後者がヲロウエンサツホロやカモイチセになっている。豊平川は昔サツポロ川と呼ばれていて、現「豊平峡ダム」や「定山湖」を経てシノマンサツホロに至っていた。しばしば潰裂したので、tuye-pira（川水が崩す・崖）から付いたとされる。

国道230号から分かれてダムに向かう道路に入ると、すぐに「豊平峡温泉」がある。52℃の含食塩重曹泉が、北海道最大級の大きさを誇る露天風呂へ惜し気もなく注がれている。やや茶褐色をしたにごり湯は、温泉成分の濃さを物語るように湯の華が付着しており、湯質は大雪山系の秘湯にも匹敵するという。

松浦図には「サツポロ岳」「天狗岳」が出ているが、現在の位置とはだいぶずれている。天狗岳はむしろ「無意根山」（1464m、muy-ne-sir　箕の・ようである・山）辺りではなかろうか？

望羊中山

定山渓　「定山渓温泉」は北海道を代表する温泉の一つで、札幌の奥座敷といわれ多くの利用客で賑わう。泉源は豊平川沿いに55を数え、53～86℃の食塩泉はリュウマチ・神経痛・胃腸病などに効くという。地名は1866年（慶応2）、温泉の泉源を発見し、浴場を開いた備前の禅僧美泉定山の名にちなむ。江戸期には、石山付近に住んでいたアイヌの人たちが厚司を織るため、オヒョウ・アカダモなどの樹皮の繊維をこの温泉に浸したという。松浦図には3つものニセイケ（nisey-kes、絶壁の・末端）が出ている。

松浦武四郎は2月17日（3月31日）ここで一泊している。「戊午日誌」には「温泉は川の北岸甚よく涌き出る様に見しま、椴の木を五六本倒し、其をもて石より石えわたし橋として、一同雪中に涌出ず温泉に浴して、先達て中よりの苦辛を慰ける」と出ている。また「後方羊蹄日誌」には、中山峠から下って来ると「川の中より烟の立を見認たり。立寄て見るに岩間に温泉（セセッカ）沸々と噴上、其辺り氷も融たる故、一宿して浴するに数日の草臥（くたびれ）一時に消すかと思はる」と記されている。

1918年（大7）札幌市街から定山渓鉄道が開通、温泉への行楽客、沿線からの木材、豊羽鉱山からの鉱石などを輸送してきたが、バス・トラックに主役を奪われ、1969年（昭44）に廃止された。

小金湯　定山渓の手前5kmにはひなびた「小金湯温泉」もある。松浦図ユウナイ（yu-nay、温泉・沢川）、明治中頃から温泉宿があったという。1944年（昭19）には3軒の旅館が営まれ、湯治的性格の家族的な温泉として親しまれてきた。「空沼岳」（1251m）水系の地下から湧き出す32℃の単純硫黄泉は、古くから神経痛や皮膚病に効くといわれてきた。地名の由来は、湯元が硫黄のため黄金色であったからか。

定山渓温泉

簾舞　ニセイオマプ　nisey-oma-p　絶壁・ある・もの　　豊平川右岸、簾舞川が合流する。「永田地名解」は「ニセイオマプ　絶壁の処　俚人訛りてミソマップと云ふ」とある。あの辺りにそれほどの絶壁は見られない。このニセイは簾舞川の河岸段丘か、豊平川の川岸のことであったろう（松浦図ニセイケショマフ）。手前のヘンケチライヲツは、チライ（イトウ魚）がこの川口まで上ったという。

真駒内川　マクオマナイ　mak-oma-nay　山奥に・入っている・川　　「永田地名解」には「マクオマイ　後背を流れる川　今真駒内と書す」とある（松浦図マコマナイ）。流域の「常盤」は常盤木（常緑樹）の森林が多いから。かつて土場と呼ばれ、市内唯一の軟石の採取場がある。また「石山」は明治初期より札幌軽石を産し、その石切場の跡がある。さらに「硬石山」（371m）でも、同じ頃から火山岩が採石されている。松浦図手前のヲヨシ子は「藻南橋」付近を指しており、武四郎は2月18日（4月1日）ここで一泊している。松浦図では空沼岳辺りにシコツトウ（支笏湖）が描かれており、内陸部に入るにつれ地図の正確さは欠けてきている。

松浦山川図　五

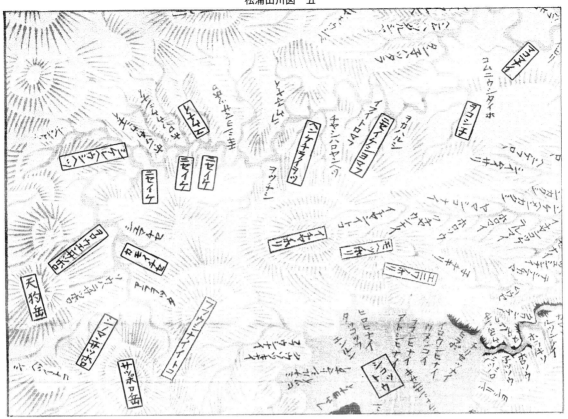

20万分の1　札幌（平17）

７４、尻別川（倶知安町・ニセコ町・京極町・喜茂別町・真狩村・留寿都村）

倶知安 クッサムンペッ kut-sam-un-pet 岩崖の・かたわらに・ある・川 尻別川中流、現図北部で欠けているが羊蹄山北麓の中心都市。中心街（松浦図ソーツケ）は尻別川右岸で「倶登山川」（同クツシヤニ）が西境に入る。表記の解は「駅名の起源」からで、倶登山川のことをいったものであろうか。

比羅夫 倶知安町南部、尻別川右岸の畑作地帯。斉明天皇の時代に、阿倍比羅夫が水軍を率いて北征し、後方羊蹄に政所を置いたという故事に因んで付けられたという。ニセコ連峰東斜面には「ひらふスキー場」があり、1897年（明30）山田邦吉によって「山田温泉」が開業した。松浦図にはホロ（大）とホン（小）のニセイケ（絶壁の末端）とあり、「此辺フイラ（puyra、激湍）多し 名シレカタシ」と出ている。

ニセコ 尻別川中流、「ニセコアンヌプリ」（1308m、松浦図チセ子シリか？）南麓の畑作と観光の町。中心街は真狩川との合流点にある。1964年（昭39）まで「狩太町」といった（同マツカリヘツフト）。ニセコアンヌプリはnisey-ko-an-nupuri（絶壁に・向かって・いる・川の山）からで、峡谷を流れる「ニセコアンベツ川」の水源山の意である。

「五色温泉」の名の由来は、陽を浴びて５色に輝くからとも、泉質が硫黄泉のほか４種類あるからともいわれる。イワオヌプリ（同ユワヲノホリ）の噴火口跡に湧くお湯は、79.4℃の熱湯（含フッ素食塩苦味硫化水素泉）で、高血圧症・動脈硬化症などの末梢循環器障害に効くといわれる。

「昆布温泉」は蘭越町とニセコ町にまたがる温泉郷。50〜70℃の含土類食塩泉や含重曹食塩泉は、リュウマチや神経痛に効くと評判である。地図南西端に「昆布岳」（1045m、松浦図コンホノホリ）が出ているが、昔大津波の時にここまで海水が押し寄せて来て、昆布が引っかかったので名付けたという伝説がある。しかし「駅名の起源」によれば、これはこじつけた話で、本来は「トコンポ・ヌプリ」（小さなコブ山）から出たものであるとしている。

五色温泉

有島 ニセコ町中央部、尻別川左岸の丘陵地、畑作地。1899年（明32）有島武郎が農場開設、1922年（大11）農場解放。文豪・有島武郎の書簡や絵画、直筆原稿、農場解放当時の資料などを展示した「有島記念館」がある。「元町」に道の駅「ニセコビュープラザ」がある。

羊蹄山 倶知安町・ニセコ町・真狩村・京極町の境の山（1898m）。円錐形の高山なので"蝦夷富士"と呼ばれ、尻別川筋はもちろん、洞爺湖や中山峠等の諸方から美しい山容が望まれる。斉明天皇紀の後方羊蹄と結びつけられてシリベシ山となり、引いて後志国の名のもとになったのではなかろうか（松浦図シリベシ後方羊蹄山）。アイヌ名は「マッネシッ」（matne-sir、女である・山）。東南に並んでいる「尻別岳」（1107m）は「前方羊蹄山」とも呼ばれ、「ピンネシッ」（pinne-sir、男である・山）であった（同ヒン子シリ）。

京極 1897年（明30）、旧讃岐丸亀藩主・京極高徳が農場を開く。市街地は「ワッカタサップ川」（wakka-ta-sap、水を・汲みに・下る所、松浦図ワツカタサ）の南側にある。やや北を流れる「ペーペナイ川」（pe-pe-nay、水・水・沢川）は、ヘヒナイと出ている。松浦図ワツカタサノホリは「本倶登山」（1009m）か？ふきだし公園に道の駅「名水の郷きょうごく」がある。南東を流れる「喜茂別川」（kim-o-pet、山奥に・ある・川）は、キモウヘツと出ている。

真狩 マクカリペッ mak-kari-pet 奥の方で・曲流している・川

真狩川は上流の方でも屈曲が多いので、こう呼ばれたのであろう。ここに「まっかり温泉」（54℃、含芒硝重曹食塩泉）と、道の駅「真狩フラワーセンター」がある。「知来別川」（ciray-pet、イトウ魚の・川）が流れ、留寿都村の「豊岡」地区は、後志地方有数の馬鈴薯生産地である。

留寿都 ルスッ ru-sut 道の・根元 尻別岳の南麓で、真狩川と貫気別川（松浦図シノマンヌツキヘツ）がこの辺りから流れ出る。現在の国道は尻別岳の東麓を通っているが、昔は西麓の裾を越えて尻別川筋に出ていた（現道道257号）。この山越え道の北側の根元が「留産」（ru-o-san-i、道が・そこで・大川端に出る・所、同ルウサン）で、南側の根元が留寿都であった。

京極ふきだし公園

橇負山 ソリオイ sori-o-i 橇に・乗る・所 ルスツリゾート・スキー場のある山（715m）。「永田地名解」には「ソリオイ 橇に乗る処 真の橇に乗るにあらず アイヌアツニの樹皮を此山に取り 其の皮を敷き之れに乗りて山を下る故に名く」と出ている（松浦図ソリヲイ）。橇負山の麓、国道230号沿いに道の駅「230ルスツ」がある。

松浦山川図　四

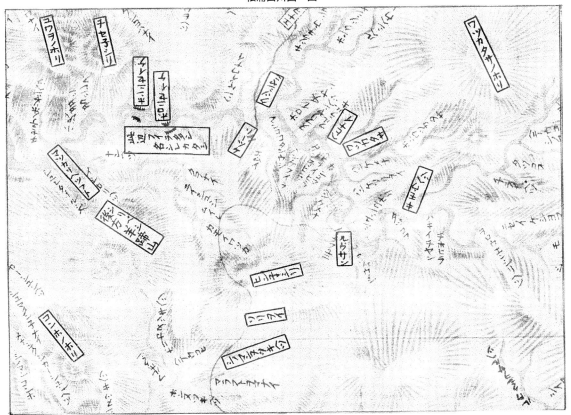

20万分の1　岩内（平9）

７５、長流川（壮瞥町・伊達市・旧大滝村・登別市・白老町）

壮瞥 ソーペッ so-pet 滝・川　洞爺湖の水は南東隅から流れ出して途中で滝になり、さらに流れて「長流川」（松浦図ヲサルヘツ、13項に記載）に入っていた。その川が「ソーペッ」と呼ばれ、壮瞥と当て字された。滝は「ポロソー」（poro-so、大・滝）と呼ばれ有名であった（同ホロソウ・ソウヘツフト）。
「滝之町」が壮瞥町の中心地、ここに道の駅「そうべつ情報館ｉ（アイ）」がある。「壮瞥温泉」（46℃の含石膏食塩重曹泉）は洞爺湖温泉の東側に隣接する、落ち着いた雰囲気の温泉。

そうべつ情報館ｉ（アイ）

立香 タッカルナイ tat-kar-nay 樺皮を・採る・沢川　町南西部、長流川流域の農村（水田・畑作・果樹・牧場）。松浦図にはタツコフと出ており、昔は「達観内」という字名であった。「集落地名地理」によると、香川県出身者が多いので「立香」にしたという。

久保内 クオナイ ku-o-nay 仕掛け弓・ある・沢川　松浦図クヲナイ、壮瞥町中央部の長流川中流域。平地は水田、丘陵地は畑地・果樹園。東方に「幸内」地区があるが、同じ意味である。南から「パンケ川」（panke、下手の）、「弁景川」（penke、上手の）が流入し（同ハンケナイ・ヘンケナイ）、後者では1879年（明12）温泉が発見された。現在、「弁景温泉」は地域住民の会員制共同浴場となっている。

駒別 レレコマペッ rerke-oma-pet 山向こうに・ある・川　町北部の長流川右支流「レルコマベツ川」流域（松浦図レリコマナイ）。畑作・牧場地であるが無住地である。「東湖畔」地区にはトフフンナイが流入していたが、top-us-nay（竹・群生している・沢川）の意であろう。

大滝　長流川上流の畑作・酪農の村。長流川の東支流に三階滝川が流れ、ここにある三階滝のうち「ポロソー」（poro-so、大・滝）にちなんだ名だという。もと徳舜瞥と呼んでいた所で、「優徳」はその徳を採ったもの。大滝村は2006年（平18）伊達市と合併した。

徳舜瞥川 トゥクシスンペッ tukusis-un-pet アメマス・いる・川　北湯沢温泉の少し南で東から長流川に入っている（松浦図トクシ、ヲンヘツ）。「永田地名解」は「アメマス多き川　春日今尚多しと云」とあり、現在も中流から上にはアメマスがいるという。水源山の「徳舜瞥山」（1309m、トクシ、ヲンヘツイトコ）の北西麓には、褐鉄鉱を産出した鉱山が1973年（昭48）まで操業した。

北湯沢温泉　かつての国鉄胆振線ができた時に、温泉があるので湯沢とするつもりであったが、秋田県の湯沢とまぎれるので北湯沢と駅名をつけた。75～95℃のアルカリ性単純温泉は、神経痛・リュウマチ・糖尿病などに効くという。松浦武四郎は1857年（安政4）旧暦7月20日（陽暦9月8日）、幌別を出立し室蘭～長流川から北湯沢まで行っている。「丁巳日誌」には「ウツカ（utka、川の波だつ浅瀬）…此処則温泉元（蟠溪温泉）なり。高三丈計のヒラ（pira、崖）有。其ヒラの下枝川に成、其処え涌出り。尤も硫黄の気甚く、ウス（有珠）、アフタ（虻田）のアイヌ病気のせつは、此処まで入湯に来る由にて、傍に丸小屋の跡有。よつて此処にて未だ七ツ頃（4時ごろ）成しが止宿し。其より川上え少し上り行見たるに、いよいよ両岸相せまり絶壁の間深渕に成、また干たる処は川原に成たり等して行難きが故に（北湯沢）、先来年春またと三人の者え期して立戻りけるなり」と記されている。従って松浦図にある「温泉」は、次の蟠溪温泉と思われる。

蟠溪温泉

蟠溪 パンケユ panke-yu 下の・温泉　長流川中流にある「蟠溪温泉」は、小野貫一郎がアイヌ首長から譲り受けて、1882年（明15）温泉旅館を開業したのが始まりである。67℃の石膏硫化水素泉は、皮膚病・神経痛・リュウマチなどに効くという。「永田地名解」は「パンケユー　下の湯　温泉あり」と、北湯沢温泉の「ペンケユー　上の湯　温泉あり」に対比して述べている。

オロフレ峠 オロフレペッ oro-hure-pet その中・赤い・川　壮瞥町と登別市の境界にある標高940mの峠。北の「オロフレ山」（1231m）と南の「来馬岳」（1040m）を結ぶ尾根に当たり、ダケカンバなどの高山性潅木が美しい。西麓から流出している「オロフーレペッ　水中赤き川　水石共に赤し」（永田地名解）が、オロフレの名の由来である。「カルルス温泉」（53℃、単純温泉）は、無色透明の効能あらたかな薬湯で、チェコ共和国西部の温泉地カルルスバード（現カルロヴィ・ヴァリー）に泉質が似ることからの命名という。

登別温泉　登別については14項に記載。松浦図ヌフリヘツ岳の麓を流れるクスリサンヘツは、登別川の右股でkusuri-san-pet（薬湯・出て来る・川）の意である。「日和山」（377m）は、漁民が海上からその噴煙を見て日和見（天気予測）をしたからという。「大湯沼」は「ポロユ」（poro-yu、大きい・温泉）、「地獄谷」はポイユあるいは「ポンユ」（pon-yu、小さい・温泉）と呼ばれた爆裂火口の跡。「四方嶺」（549m）は熊牧場の山で、「紅葉谷」は「クスリサンペッ・ニセイ」と呼ばれていた。「中登別」辺りで見ると、まさにnisey（峡谷）の地形である。クツタルシから俱多楽湖となった。

松浦山川図　四・五

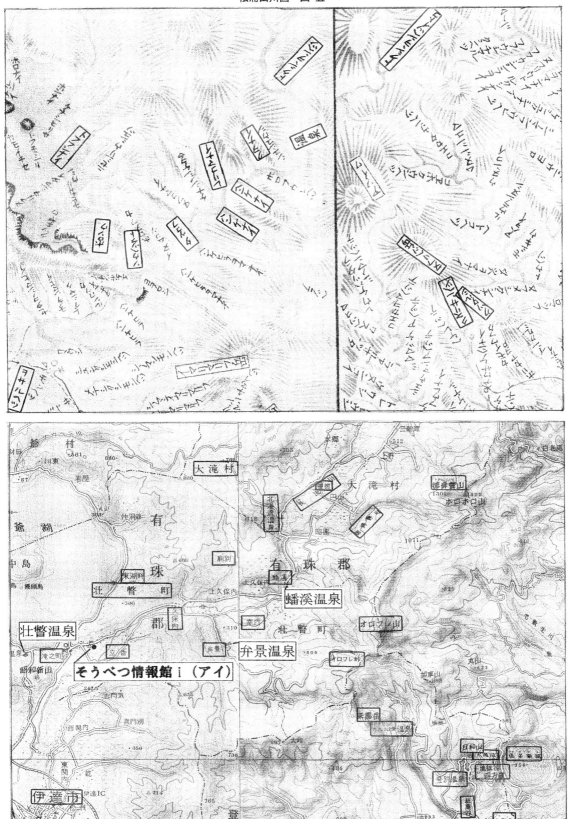

20万分の1　室蘭（平15）・苫小牧（平16）

７６、千歳川（恵庭市・千歳市・長沼町・由仁町・旧追分町）

恵庭 エエンイワ e-en-iwa 頭が・尖っている・山　1906年（明39）、恵庭岳（1320m）にちなんで村名としたのが始まりだという。支笏湖北岸に聳えている高い山で、「永田地名解」は「エエニワ　鋭山」と書いた。急傾斜の円錐形で、山頂の巨岩が激しく尖って見える。それでこの称があるのだろう。ここに道の駅「花ロードえにわ」がある。

漁川 イチャニ icani　その鮭産卵場　恵庭市街の北側を流れている漁川は、千歳川の支流であるが、この辺りでの大川である。ここは昔の鮭の好漁場であり、イチャニが訛って「いざり」となったのであろう（「漁太」、松浦図イザリフト）。松浦図ではこのやや東方にフシコユウバリ（husko-yupar、古い・夕張川）と出ているが、旧夕張川の河口であった。昔は大きな夕張川が、この辺りで千歳川と合流していたのである。

漁川

千歳　「永田地名解」には「シコッ　大谷　千歳村の原村　一説シコッは糞の跡と云ふ義なりと」とあり、si-kot（大・沢）の意であった。しかし、死骨に通じるとかで文字宜しからず、この辺りには鶴が来るので、それにちなんで千歳にしたのだという。市街地に道の駅「サーモンパーク千歳」がある。
　図幅中央部には昔大きな沼があった。松浦図を見ると、チトセ川はかつてこの沼のシコツブト（sikot-putu、千歳川の・口）に注いでいたことが分かる。シコツは当時この沼までの称であった。

長都 オサッ o-sat　川尻・乾く　かつてあった松浦図ヲサツトウは、「永田地名解」に「涸川の沼　オサツ川の注ぐ沼なるを以て名く　沼水涸るの義にあらず」と出ている。オサツ川は火山灰と砂礫のために伏流することが多く、夏に減水して涸川になったという（同ヲサツ・ヲサツブト）。現在の長都川は千歳川の単なる支流で、国道36号を横切って流れている。やや北にある「釜加」（同カマカ）は、kama-ka（平磐の・上）の意で、固く重い粘土層を指している。

祝梅 シュクパイ sukup-ay　育った・イラクサ　千歳川支流祝梅川の右岸、酪農地。東方に自衛隊東千歳駐屯地がある。松浦図アンガリトウの南部にシュクバイと出ている。「永田地名解」には「アンガリトー　鷲を捕る雪穴　アイヌ雪を掘りて穴を作り其中に潜居して鷲を捕る　其穴をアンと云ひ、作るをカラと云ふ　沼の沿岸に此穴を作る故に名くと云ふ」とある。

サーモンパーク千歳

　やや西に「根志越」があるが、「ネシコウシ」（nesko-us-i、クルミの木が・群生する・所）の意である。北の方を「嶮淵川」が流れているが、「ケネペッ」（kene-pet、ハンノキ・川）からだろう。この辺りを千歳市「泉郷」というが、「松原温泉」「信田温泉」などの鉱泉がある。松浦図にある沼の南部にマッブトとあるが、現在千歳市街で本流に合流しているママチ川が注いでいた所である。鮭がたくさん獲れて焼魚にしたから ma-mat（焼く・女）、あるいは mem-ot-i（泉池・だらけの・もの）説がある。

古山 フルサム hur-sam　丘の・傍　由仁町西部の水田・畑作・牧場地。由仁川支流フルサン川筋の名で、馬追山（273m、松浦図ユウニノホリカ？）の東麓にあることから付いた名か。やや北にある「伏見」は、開拓当時が明治天皇の御大葬にあたり、その伏見桃山陵にちなむ。ここの伏見台公園に「由仁温泉」がある。
　夕張の地名は「ユーパロ」（yu-paro、温泉の・口）からとされるが、夕張川筋には目ぼしい温泉場が見当たらない。しかし「北海道の地名」によれば、yuは温泉と訳されてきたが、熱い湯とは限らず鉱水のことも言ったという。由仁は「ユウニ」（yu-un-i、温泉・ある・所）からとされるが、泉温は18℃と低く前述した鉱泉の部類である。コーヒー色をした含食塩重曹泉は美肌効果が高いと女性に好評である。

三川　古山の南の水田地帯、駅前に市街発達。「駅名の起源」によると、1891年（明24）愛知県人が来住したが、故郷が三河にあるところから、それにちなんで三川と呼んだのに始まるとある。「西三川」「中三川」「東三川」などの地名が見られる。

追分　純日本語地名、安平川の源流部の土地。かつては鉄道のマチ、今は酪農・畑作の町。岩見沢に出る街道と夕張川筋に出る街道の追分（分岐点）である。ＪＲ室蘭本線と石勝線（旧夕張線）の分かれる所でもある。

馬追丘陵 マウォイ maw-o-i　ハマナスの実・多い所　地図北部の長沼町からずっと続いている丘陵。馬追の地は、千歳川東岸長沼町内の広い水田地帯で、一部は由仁町にも入っている。松浦図ではマヲイトウがあった。海岸から遠いこんな所にハマナスが？と思えるが、かつて河口左岸砂州（同ハイハイ辺りか？イラクサを採る沢）にハマナス群生地があったという。地名はマウォイが馬追に、そしてウマオイになったとされるが、マオイとも称される。長沼町十八区に道の駅「マオイの丘公園」がある。

松浦山川図　五

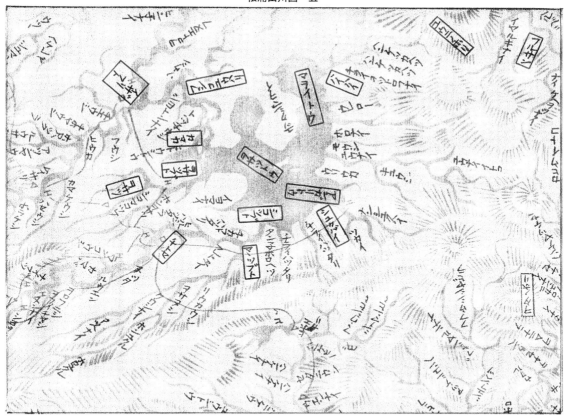

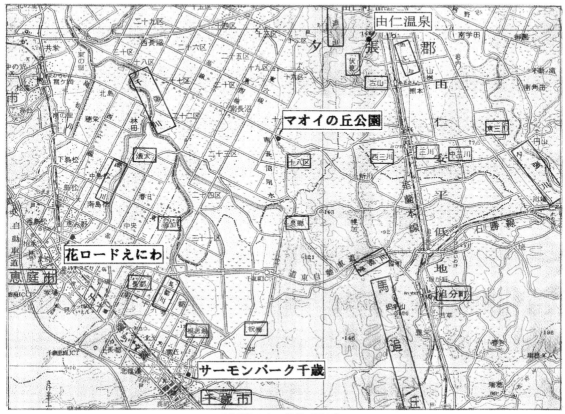

20万分の1　札幌（平17）

７７、千歳川（恵庭市・千歳市・苫小牧市）

盤尻(ばんじり)　上流の支流を合わせた漁川が低地に出る所で、上流の川底の盤が終わる所の意である（松浦図ムイサリの近くか？）。上流部の支流として、「ラルマナイ川」（同ラルマイ）は rarmani-nay（水松・沢川）、「イチャンコッペ川」（同イチャンコツケ）は ican-kor-pe（産卵場を・持つ・もの）、「モイチャン滝」は mo-ican（小さい・産卵場）の意だろうか。また、イチャンコッペ山（829m）はイチヤノホリ、恵庭岳（1320m）はエニワノホリ、紋別岳（866m）はモヘツノホリと出ている。

蘭越(らんこし)　ランコウシ　ranko-us-i　カツラ・群生する・所　千歳市街から千歳川を少し遡った辺りの地名（松浦図ランコウシ）。今でも桂の木が点在しているという。桂の木は丸木舟を彫るのに最もよい木であったとされる。松浦図ではその近くにルウエン（ru-wen、路・悪い）と出ているが、さけますふ化場の辺りである。さらに発電所を過ぎて上流に向かうと、ヲサクマナイ（鳥柵舞）とモヘツフト（紋別川河口）、イチコン（イチヤン、サケ・マスの産卵場）がある。紋別川は mo-pet（静かな・川）の意とされるが、千歳川の支流を表す mo（小さい）ではないかとの説もある。

水明郷(すいめいきょう)　千歳川上流部にあるきれいな地名。王子製紙の発電所がある他は、ほとんど無住地域である。松浦図にはカマソウ（平磐の滝）、ホラキソ（崩れた滝）、ホロソウ（大滝）、子ツソウ（寄り木の滝）の四大滝が出ている。ルツンケイはルツケイ（rutke-i、崩れた・所）、対岸にあるクワンケイは弓を仕掛ける所の意である。

支笏湖

支笏湖(しこつこ)　シコットホ　sikot-toho　千歳川・その湖　千歳川の旧名は si-kot（大きい・窪み）。今の市街地から少し上にかけてが大河谷の姿であり、また鮭の大産地であったのでこの称で呼ばれたという。元来のシコツは千歳と改名されたが、その音が支笏湖の形で残った（松浦図シコットウ）。湖畔に「支笏湖温泉」（39℃、重曹泉）がある。千歳川の流れ出る口なので、松浦図はベツバロ、「永田地名解」には「ペッパロ　河口」とあり、pet-par（川の・口）の意である。

モラップ　モラプ　mo-rap　小さい・たんこぶ山　「永田地名解」には「モラプ　翼岬　二岬あり　沼中に斗入しあたかも両翼を張るが如し故に名く」とある。キャンプ場の北側に「モラップ山」（507m）と、もう一つの山が対になって並んでいる。rap には tapkop（たんこぶ山）と同じ意味もあったという。この２つの小山を指して呼んだ名であろうか。松浦図にはベツバロのやや南にシリショとあり、sir-sut（山・麓）の意か？またホールは、４つの horu（洞窟）があるという。

風不死岳(ふっぷしだけ)　フプシヌプリ　hup-us-nupuri　トド松・群生する・山　支笏湖南岸の山（1103m、松浦図フクシノホリ）。北岸の恵庭岳と相対し、このカルデラ湖をひょうたん形にしている。古くからトド松の群生地で、現在も麓から８合目までトド松が群生している。

樽前山(たるまえさん)　タオロマイ　taor-oma-i　高岸・ある・もの　風不死岳の南に聳える山（1041m、松浦図タルマイノホリ）。何度も爆発して周辺に火山灰を降らせた歴史をもつ。樽前川を遡ると、両岸が目のくらむような切り立った崖になっている。その地形からタオロマイ→タロマイ→樽前となったものだろうか。

丸駒温泉(まるこまおんせん)　開湯した福島県人・佐々木初太郎は、アイヌの人たちから"万病を治す湯"のことを聞き、砂浜に湧くこの温泉を発見した。泉名は、大正の初め恵庭岳の麓で採掘されていた硫黄を運搬する馬がケガした際に、この地で癒していたことに由来するという。51℃の含土類石膏食塩泉は支笏湖とつながっていて、底の砂間からプクプクと湧き上る。温泉所在地の「幌美内」（松浦図ヒロヒナイ）は、「永田地名解」には「ポロピナイ　水無しの大川」とあるが、poro-pi-nay（大きい・石・沢川）か、poro-pin-nay（大きい・傷・沢川）の意とされる。いずれにしても、えぐれたような石だらけの沢を指している。

丸駒温泉

　丸駒温泉のすぐ北には、湯質も同じ湖畔の隠れ屋的存在の「いとう温泉」がある。11～４月は雪に閉ざされる秘湯であるが、野趣に満ちた露天風呂はすばらしいと評判である。松浦図エンルン（岬）の西方には、「オコタンペ湖」（o-kotan-un-pe、川尻に・村・ある・もの）から流れ出た川が注ぐ「奥潭」(おくぶかない)がある。「永田地名解」は「オコタヌンペ　下村　アイヌ假小屋を作りて温泉に浴し或は魚を漁す」と書いた。「千歳市史」は「昔クッチャ（狩小屋）が５・６軒あったそうである」としている。

美笛(びふえ)　ピプイ　pi-puy　水無沢の（？）・エンゴサク　支笏湖西岸、松浦図フウヨナイ。「永田地名解」には「ピプイ　水無し澤の延胡索　プイ草はアイヌ其根を食料とす」とある。「千歳市史」は、この川は自らが運んで作った石原の州を貫いて支笏湖に流れ込んでいるので、「ピピオイ」（pipi-o-i、小石原に・ある・もの）からとしている。「北海道の地名」は、ピに水無沢などの意はなさそうであるとし、見当がつかないとしている。

松浦山川図　五

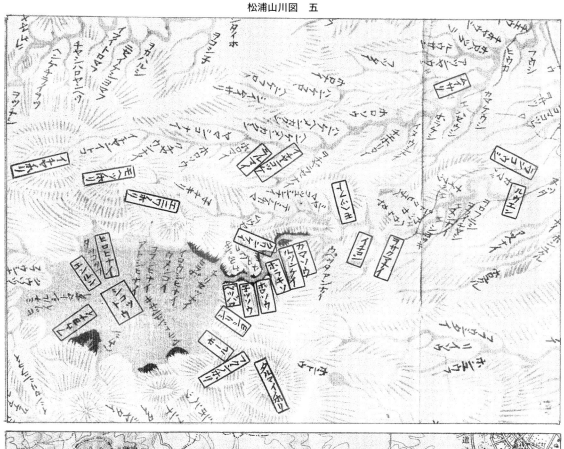

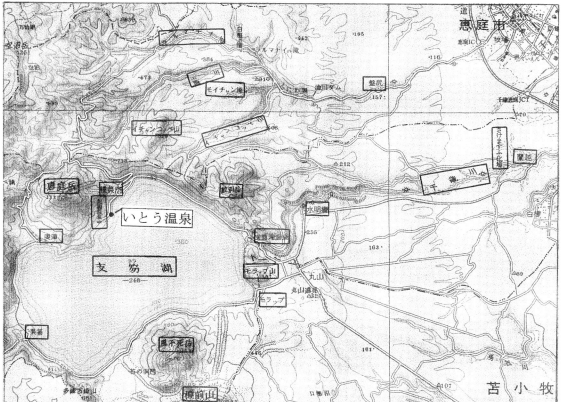

20万分の1　札幌（平17）

78、夕張川（夕張市・栗山町）

夕張川　ユーパロ　yu-paro　温泉の・口　流域に目ぼしい温泉はないが、小さい鉱泉はあるという。昔千歳川（江別川）に注いでいた当時の川口に、下流の鉱泉水が流れていたのでユーパロと呼ばれ、それがひいて全川の称となって夕張の名になったとも考えられる。ＪＲ夕張駅近くと市街地南部に「夕張温泉」がある。

「レースイの湯」は、夕張市街末広町にある15.7℃のナトリウム炭酸水素塩泉。この地域は1902年（明35）、「冷水山」（703m）の麓に新夕張炭鉱が開発されてから急速に発展した。「ゆうばりユーパロの湯」は1996年（平8）、「日吉」地区に建てられた日帰り入浴施設。46℃の含塩化土類強食塩泉はしょっぱくて、アトピーなどによく効くといわれる。かつて日吉２区では、映画「幸せの黄色いハンカチ」のロケが行われた。

冷水山

鹿の谷　夕張市街中央部、「志幌加別川」（si-horka-pet、大きな・後戻りする・川、松浦図シュルカヘツ？あるいはホリカユウハリ）沿いの集落。地名は鹿が多くいたことによる。1890年（明23）夕張炭山が開鉱し、当時から農家が入植。1901年（明34）北海道炭礦鉄道鹿ノ谷駅が開設、町並みが形成された。

シューパロ湖　シューパロ　si-yuparo　本流の・夕張川　夕張川上流につくられた「大夕張ダム」の人造湖で、1954年（昭29）着工、8年後に竣工した。水源部の夕張川本流の意で、「シ・ユーパロ」からシューパロと呼ばれるようになった（松浦図シユウハリ）。この北部はかつては「鹿島」（通称大夕張）といわれ、炭鉱地帯として夕張市街に次ぐ繁栄ぶりであった。通称はシ・ユーパロ（大きい・夕張川）と解釈して名付けたものか。なお、松浦図では夕張の部分は東西に描かれているが、実際は南北となり「夕張岳」（1668m、ユウハリノホリ）はこの北の方に位置する。

南部　1948年（昭23）北夕炭鉱、4年後北菱炭鉱が設置される。1966年（昭41）三菱南大夕張炭鉱が開鉱され、炭鉱関係の施設・炭住があった所。「南大夕張」と称した。夕張川右岸の「遠幌加別川」（wen-horka-pet、悪い・後戻りする・川、松浦図ホロカヘツ？）は、何が悪かったのかは分からないという。かつては遠幌加別農地と呼ばれ、昭和初期から南部地区の一部として取り扱われてきた。

清水沢　志幌加別川が夕張川右岸に入る所を中心に市街形成。炭鉱関係の施設が多かった。「駅名の起源」は「志幌加別川鉄橋付近に清水の湧き出る所があり、地名はこれにちなんで清水の沢と称し、駅名を清水沢としたものである」としている。

沼ノ沢　駅前に炭鉱による市街地が発達。周辺ではメロン栽培を中心とする畑作も。付近の沢の中に沼があったので付けられた。駅の東北約4km、夕張川の支流マヤチ川（松浦図ハンケヤ・ヘンケヤ、マが欠けている）上流に「真谷地炭鉱」があった。当初クルキ炭鉱の名で操業し、大正末〜昭和10年代には真谷地鉱・登川鉱ともに20万ｔ前後の出炭を上げた。

紅葉山　夕張川にホロカクルキ川が合流する段丘上の住宅地。付近が紅葉の景勝地であることから名付けられた。駅名は1981年（昭56）、石勝線開業に伴い、「新夕張」と改められた。「大夕張トンネル」の開通によって、札幌〜帯広間がより近くなった。ホロカクルキ川流域を「久留喜」というが、「永田地名解」は「パンケクリキ　？　クルキは鯉なれどもクリヒの転にして蔭の義ならん」と、判然としない地名である（松浦図ハンケクリキ・ヘンケクリキ）。ＪＲ駅前に道の駅「夕張メロード」がある。

ホロカクルキ川の上流を「登川」といい、北炭真谷地炭鉱の炭住街だった。付近に「楓」の地名も見られる。楓が多いので付けられたというが、駅は2004年（平16）に廃止されている。

滝ノ上　夕張川中流の「竜仙峡」にかかる「千鳥ヶ滝」の上流域。野菜・果樹などの畑作地。松浦武四郎「夕張日誌」は「ヘンケソウ。川幅百五、六十間、高二丈ばかり。河水三筋になり落る。此滝両岸より差出たる間に落る故に吼々とてほら貝を吹如く満山に響きぬ」と書いた。penke-so（上の・滝）の意で、すぐ下流側には panke-so（下の・滝）もあった。

現在、水田・畑作地の「滝下」（栗山町）がある。この間は奇岩怪石が並んでいて、激流が流れ「カムイコタン」（kamuy-kotan、神の・居所）と呼ばれていた（松浦図カムイコタンとも云）。旭川や空知川のカムイコタンと同じ風景である。

松浦武四郎は1857年（安政4）旧暦7月8日（陽暦8月27日）、夕張川を遡上し滝ノ上まで来ている。松浦図では対岸に「両岸崕ヽ高山也」とあり、ソウホコマフ・ホンソウ（ソウは瀑布）やホロレフシベ（烏帽子形の大岩）、ホンレフシベ（五丈計の巨岩）と出ている。後者は poro（pon）-rep-us-pe（大小の・沖に・いつもいる・者）の意である。

竜仙峡

松浦山川図　十一

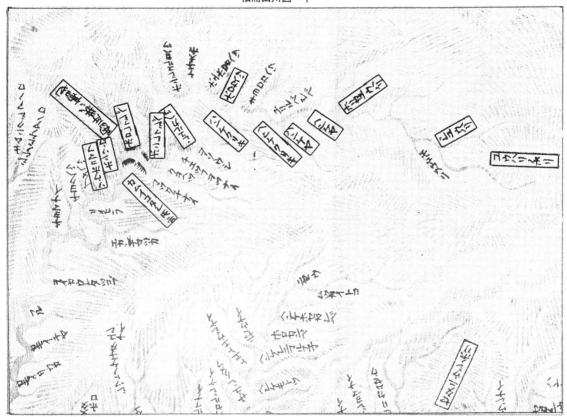

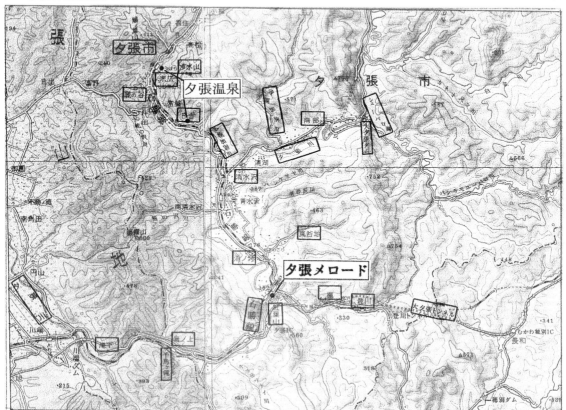

20万分の1　札幌（平17）・夕張岳（平25）

７９、沙流川（旧鵡川町・旧穂別町・平取町・日高町）

沙流川 サル sar ヨシ原　沙流川は日高地方を代表する大きな川で、昔は流域が広いヨシ原だったのでこの名が付いたとされる。現在下流部は水田地帯であるが、今でも中州や川岸にはヨシが繁茂しているのが見られる。「北海道の地名」によると、沙流川筋はアイヌの人たち「サルンクル」（sar-un-kur、沙流・の・人）の本拠地で、道内のアイヌ文化の研究はここから始まったといわれている。「鵡川」については15項（34ページ）に記載。

紫雲古津 スムンコッ sum-un-kot 西・の・窪　沙流川西岸の水田地帯。幕末までは、東岸の崖の上に大コタンがあったという。地名の由来は諸説あり、特定し難い。松浦武四郎は、昔鱒が多く取れた時、ここで油（sum）を採ったためとし、「永田地名解」は su-un-kot（鍋・の・沢）としている。ここの出身者に鍋沢の姓が多いという。「北海道の地名」は表記の解で、部落の西側の沙流川の崖にあった窪地が、名の起こりだったかも知れないとしている（松浦図シュムンコツ）。沙流川や日高門別川の下流域には「コッ」の付いた名が多く、かつて村人は「コッ」の付いた所をたどって、目的地へ旅をしたという。紫雲古津は、日高門別川右岸から沙流川までの東西を結ぶ高台山道の西端部に位置するので、「西のコッ」と呼ばれていたのかも知れない。

平取義経神社

荷菜 にな　沙流川下流右岸の水田地帯、丘陵部は牧場（松浦図ニナ）。「永田地名解」には「ニナー　ヒラメ魚　方言テックイ　古へ此辺にてテックイを漁したるを以て名くと云ふ　荷菜村」と出ている。「戊午日誌」には「恐らくは木（ni）多きよりして号しもの也と思はる。…テツクヒは松前方言なり。ニナは比目魚の夷言也」とあり、昔津波のあとに泥の中にヒラメがいたと伝えられる。やや南にある「去場」は「サルパ」（sar-pa、ヨシ原・の・上手）の意で、そのとおりの場所である（同サラハ）。

平取 ピラウトゥル pira-utur 崖の・間　沙流川中流の水田・畑作の町（松浦図ヒラトル）。中心街は西岸にあり、対岸は崖続きで、その崖を分けてパンケとペンケのピラウトゥルナイが注いでいる（同ハンケヒラトル・ヘンケヒラトル）。平取の名は東岸時代のもので、略してピラウトゥルと呼んでいたものを、さらに続く母音の一つを省いてピラトゥル（piratur）となったものらしい。

やや北の「小平」は「クオピラ」（ku-o-pira、弓・ある・崖）の意。動物を獲る仕掛け弓が置かれた崖である。そこを流れる「アベツ川」（同アヘツ）は、a-pet（～が座る・川）か、at-pet（オヒョウニレ木の・川）の意である。

二風谷 ニプタイ nip-ta-i 柄を・作った・所（？）　現在、アイヌ時代の文化が伝承されている貴重な土地である（松浦図ニフタニ）。松浦武四郎「戊午日誌」は「ニブタニ　東岸相応の川有。其名義木刀（木太刀）に金物を附して奉りし等古跡有て号く」とあり、「永田地名解」には「ニプタイ　？　二風谷村」と出ている。昔、ここに細工の上手なアイヌがいて、木太刀を作って、その柄に金物を３つ付けて奉ったといわれる。この土地の出身者は二風谷から採って二谷の姓が多いという。

二風谷湖

松浦図ヒパウシ（pipa-us-i、カラス貝・多くいる・もの）は、昔のコタンからオサチナイ（ヲサツ）の沢を隔てた上流側の土地であったが、今は二風谷の中になっている。この辺りに「びらとり温泉」（14.5℃、含硫化水素食塩重曹泉）がある。温泉の近くを「看看川」が流れている。カンカン（kan-kan、小腸）、川などが小腸のように屈曲して流れている部分をいう。「永田地名解」は「カンカン　曲折　類腸をカンカンと云　此処曲折甚し故に名く」とある。「戊午日誌」には「ホンカンカン　東岸に小川有。其名義は鹿の腸也。昔し此処に鹿の腸を神と童子共え呉給ひしかば、我も我もともらひしとかや。よつて号る也」と出ている。

荷負 ニオイ ni-o-i 漂木・ごちゃごちゃある・所　松浦図はニョイとなっている。ヘテウコヒ（二股）は沙流川本流と額平川（noka-pira、形像ある・崖）の合流点。支流の貫気別川（ヌッキヘツ）は、nupki-pet（濁り水・川）の意。胆振の豊浦町にも同名の川がある。

幌毛志 ほろけし　「戊午日誌」には「ホロサル村　此処地形南東向一段高く、うしろに山をうけ、其下川有て、川の向ふヒラチンナイ、奥はムセウ（仁世宇）の方まで見わたし、南の方ヲサツナイ（長知内）まで一目に見、実に蝦夷第一の開け場所也。地味至て沃にして、粟・稗・菜・大根・いんげん・ニイシヤク豆と云て手なしさゝげ・きゅうり・たばこ・かぶ・じゃがいも・かぼちゃ等を作りたり。其ホロサルの名義は、ホロシヤリのよしなり。多く蘆荻が有りと云て、是サル場所の根元と云伝えたり。……此家場所第一番の大家にて凡十間四方も有、家には行器を凡六七十、太刀の百振も懸たり。前に蔵有。年々雑穀凡三十余俵ヅ、とるといへり」と出ており、当時聞こえたコタンだったことがよく分かる。松浦図ではこの部分は図幅の上部に当たり、ここでは載せることができない。また「振内」については次項で述べる。

松浦山川図　六

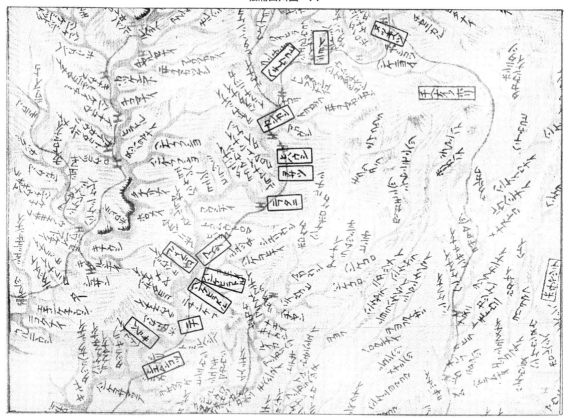

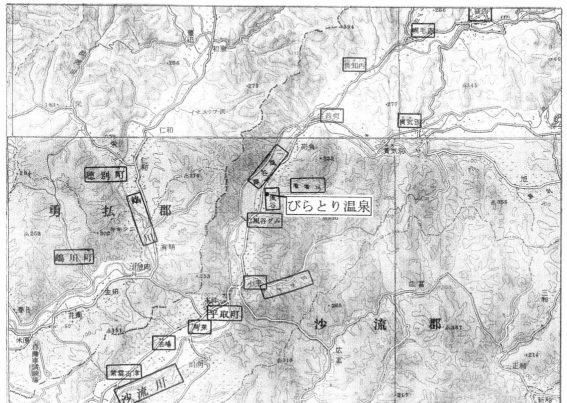

20万分の1　浦河（平13）・夕張岳（平25）

８０、沙流川（日高町・平取町）

日高（ひだか） 北からパンケとペンケの「ウシャップ川」が流れ込み、以前は「右左府村」（u-sap、互いに・流れ出る）と呼ばれていたが、1943年（昭18）日高村に改められた（松浦図セタニウシナイ辺りか？）。日高の名は「土地南向きにして靄等も早く相晴れ、天日を早くより仰ぎおり候こと故、日高の名いかがと存じ奉り候」という、松浦武四郎の国名建議書により名付けられたという。日高町は2006年（平18）門別町と合併した。国道274号と237号の交わる要衝に道の駅「樹海ロード日高」がある。

千栄（ちさか） 日高市街東部の沙流川と千呂露川の合流点付近。獣・鳥・魚が多くて面白い所なのでキロロ（爽快）といい、これが訛ってチロロ（千呂露）となり、この千を採ったという（松浦図チセ、か？）。さらに上流に、パンケとペンケの「ヌーシ川」が並んで注いでいる。「ヌウシ」（nu-us、豊漁・ある）の意で、たくさん魚が獲れた川だったという（同ハンケヌシ・ヘンケヌシ）。

富岡（とみおか） 日高市街南方、「岡春部川」（沙流川左岸支流）流域の農山村。「オカシウンペッ」（o-kas-un-pet、川尻に・仮小屋・ある・川）の名から、オカ（岡）を採り富岡とした（松浦図フンカウウシナイ辺りか？）。ここに「沙流川温泉」（11.3℃、含フッ素単純硫黄泉）がある。

樹海ロード日高

岩知志（いわちし） イワチシ iwa-cis 山の・中凹み　平取町北部の水田地帯。東方に「岩内岳」（964m）と「シキシャナイ岳」（1058m）があり、この間の凹みから「岩内川」（iwa-nay、山の・沢川）が流れ落ちて来る。松浦図ア子ノホリ（ane-nupuri、尖った・山）は、これらの山か「糠平山」（1350m）だろう。北に畑作地の「三岩」があるが、「三菜頃」（san-enkor、出ている・鼻、出崎）と岩内から付いた名である（松浦図ハンケヒイ・ヘンケヒイ辺りか？）。「仁世宇」はニセウ川流域の畑地もあるが、殆ど無住地。「永田地名解」に「ニセウ　橅実　此辺橅実最も多し故に名く　アイヌ拾収して食料に充つ」とあり、nisew（ドングリ）から付いたとされる。

　温泉所在地の「富岡」から「三岩」にかけて、松浦武四郎は「戊午日誌」の中で次のように述べている。岡春部川については「ヲカシユクウンベ　右のかた小川なり。其名義は昔杓子を忘れて帰りしと云より号るとかや。カシウは杓子の夷言なり」とあり、o-kasup-un-pet（そこに杓子ある川）と前述した解釈とは異なる。
　「三菜頃」は「サンナコロ　右の方小川也。其名義は、鯨の尾を昔しひらひ持て居たりしが、空腹に成し時に此処にて喰て仕舞しと云事のよし也」とあり、これも前述の解とは異なる。武四郎は1858年（安政5）旧暦7月2日（陽暦8月10日）、幌去から沙流川を遡上し「仁世宇」まで来て、そこから門別へと引き返している。仁世宇より上流は、地元のアイヌからの聞取りである。

仁世宇（にせう） 「戊午日誌」に岩内川は、「イワナイ　右の方小川。其川すじ岩崖のみ有るが故に号しなりとかや」とある（松浦図イワナイ）。岩知志については「イワチシ　右の方高山二ツ有。其山の凹し処よりして落来るによつて号るとかや。雪の時には此処まで一日にホロサル村（幌去）より上るによろし。夏分は中々行難きよし也」と出ている。またシキシャナイ岳から流れ出る川については、「シキシヤナイ　右のかた相応の川也。其名義は橅柏の実多く流れ来りしより号しとかや」とある。
　仁世宇については「ムセウ　左りの方相応の川也。其名義は本名ムエセウにして、此川鱒多きが故に、ホロサルより皆取りに来て、其処にて皆煮て先喰ふよりして号しとかや。此川すじ両岸高山有て椴山也」とあり、この地名解も前述とは異なっている。地元のアイヌ人たちの言い伝えが出ていて面白い。松浦図のムセウからハツタルハヲマナイ（現ハッタオマナイ岳、1021m）〜ホロナイ〜ニセイケショマナイ〜ヒリカムセウにかけてが仁世宇川筋である。

仁世宇川

振内（ふれない） フレナイ hure-nay 赤い・沢川　沙流川流域の中心市街地、水田地域。市街の後ろを流れている振内川が、鉱物質かヤチ水で赤い川だったのだろう。昭和初期この辺り一帯を「幌去村」（poro-sar、大きい・ヨシ原）といったが、「幌毛志」という地名は poro-sar-kes（幌去の・末端）の略された形だったのだろうか。
　「駅名の起源」は「ホロケウ・ウシ」（horkew-us-i、オオカミ・多くいた・所）からとしているが…。有名なポロサルのコタンはその上の辺りにあったようである。北から「ポロケシオマップ川」（poro-kes-oma-p、大きい・ヨシ原の末端に・ある・もの）が流入している。

松浦山川図　六・十一

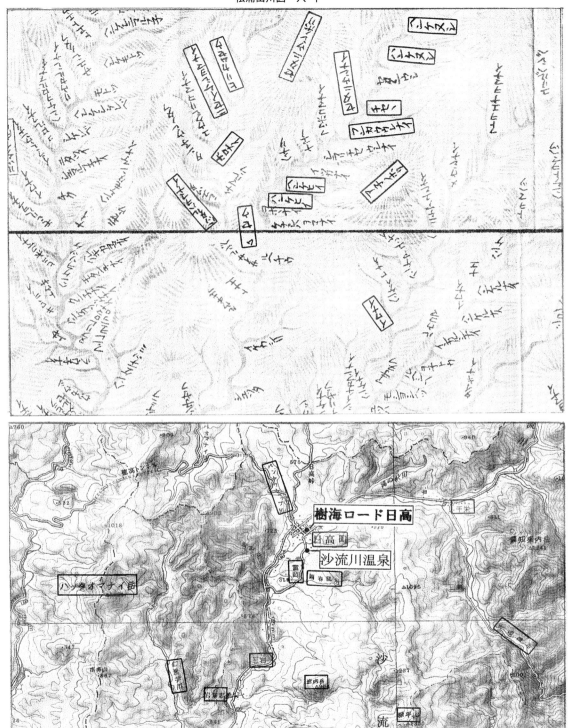

20万分の1　夕張岳（平25）

81、当縁川（更別村・幕別町・旧忠類村・大樹町・豊頃町）

更別 サラペツ sar-pet　ヨシ原・川　「サラベツ川」は「猿別川」上流の西支流で、この辺りにヨシ原があって付いた名であろうとされる。「北海道の地名」は、猿別川筋なので当然 sar-pet の地であるが、下流と区別するために"更別"としたのではなかろうかとしている。「弘和」に道の駅「さらべつ」がある。

当縁川 トーペイ to-puy　沼の・穴　ホロカヤントウ（20項、44ページに記載）から南西2kmの所に河口がある（松浦図トウフイ）。辺り一面は沼状の大湿地帯となっているが、そこにあった沼がこの名のもとになったようであると「北海道の地名」は述べている。すなわち大雨の後沼口が破裂して、その跡が窪んで穴のようになったためとされる。他にエゾノリュウキンカ（puy）が沼に群生していた、あるいは「トープチ」（to-puci、沼の・その口）とでも呼ばれていて、それに当縁という字を当てたのではないかなどの説がある。

忠類 チウルイトーペイ ciw-ruy-topuy　流れ・激しい・当縁川
旧忠類村は当縁川中・上流の土地で、市街地は上流の所にある。忠類村は2006年（平18）合併して幕別町となった。「北海道の地名」によると、忠類という地名は市街近くを流れていた「チエルイトープイ」の下略された名であるという。この川は本流の北支流で、松浦図のセヲトウフイ（sey-o-topuy、貝殻・多い・当縁川）に当たる川ではないだろうか？やや北にある酪農地の「元忠類」は忠類村発祥の地である。
　ナウマン公園に道の駅「忠類」と「ナウマン温泉」（26.7℃、アルカリ性単純温泉）がある。

忠類

大樹 タイキウシ tayki-us-i　ノミ・多い・所　20項に記載しているが、歴舟川の河原は古くから帯広〜広尾間の街道の休み場で、よく野宿をした所であるが、どうした訳か砂の中に蚤が多かったので名付けられたという。松浦図のタイキやアシリコタンの位置はだいぶずれている。現市街地南側に道の駅「コスモール大樹」がある。
　松浦武四郎は1858年（安政5）旧暦7月14日（陽暦8月22日）、広尾〜歴舟川を上り大樹に来ている。「戊午日誌」には「タイキ村　今は人家なし。其名義如何成るわけかしらず。タイキは蚤の事也。此処近年まで人家有りし由也。小川有。恐らくは是漁業不弁利に成りしが故引こへしか。東岸まゝ川原を行こと三四丁も上り　アシリコタン　東岸少しの平地有。此処枝川一すじ有て、漁業よろしきよりして、此処え近年引こしたりと。アシリは新しき、コタンは処村也」と、asir-kotan（新しい・村）として出ている。

晩成 ホロカヤントウ（松浦図ホリカヤントウ）北岸の台地、酪農地。1886年（明19）、依田勉三らの開拓団体晩成社が牧場を経営したことに由来する。忠類側で1969年（昭44）ナウマン象の化石が発掘され、かつて"塩水の沢"と呼ばれた放牧地は、以後"ナウマンの沢"と呼ばれるようになった。発掘された化石は、わが国初の本体完全発掘といわれ、幻の象と称された体型がこの発掘によって明らかとなった。その際、人工の可能性のある破砕礫2点が伴出し、ナウマン象を追ってきたヒトがいた可能性も考えられるという。以後、日本列島の生い立ちを解明する上で重要な手がかりを与えるものとして注目を集めてきた。
　ホロカヤントウ近くの海岸に「晩成温泉」がある。1980年（昭55）に温泉が開発され、最近まで南十勝唯一の温泉地として賑わってきた。太平洋と原生花園を一望できる浴場からの眺めがすばらしい。独特の匂いをもつ褐色のお湯は濃厚な食塩泉で、いつまでも湯冷めしないと評判である。ホロカヤントウは周囲5.7km、最大水深4.7mの汽水湖で、ワカサギ・ウグイ・フナ・コイをはじめ多数の魚が生息する。またカモ類のほか、オシドリ・カワアイサ・ホシハジロ・オオハクチョウなどの鳥も飛来する。年間約3万人の観光客が訪れるが、釣り客が多いという。

ナウマン象発掘跡地

生花苗湖 オイカオマイ oika-oma-i　越えて・入る・もの　ホロカヤントウの北にある沼の名、松浦図ヲイカマイ。地名は近年一字略して、音読みにして「生花」という。生花苗川を上ると、上流に小さな沼があって「キモントウ沼」と呼ばれている。松浦図キムントウで、kim-un-to（山・の・沼）の意。この山はヌプリ（nupuri）とは違い、山菜を採りに行ったり、柴刈りに行ったりする山であった。

湧洞沼 ユートー yu-to　温泉・沼　生花苗湖の北にある大きな沼（松浦図ユウトウ）、時々ぬるい水でも出たのであろうか？さらに北にある「長節湖」（同チヨフシ）は、ci-o-pus-i（自ら・川尻を・破る・もの）の意。つまり沼尻が砂で塞がれるか、沼の水位が高くなると、自然にプシッと沼尻が破れて流れ出す沼なのでそう呼ばれた。

松浦山川図　七

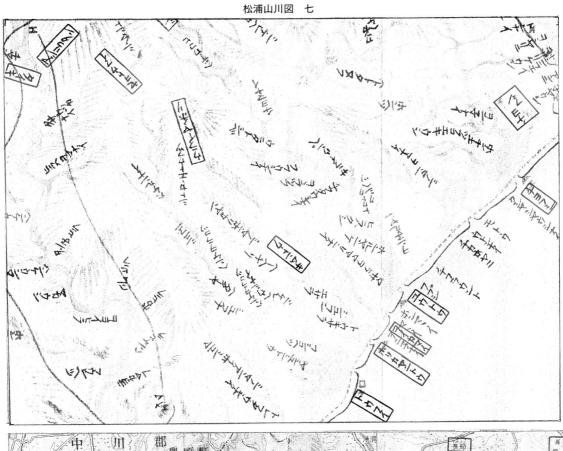

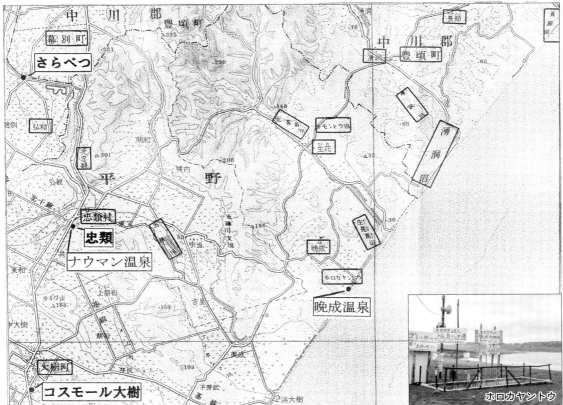

20万分の1　広尾（平13）

82、十勝川（池田町・豊頃町・浦幌町）

池田 十勝地方中央部、利別川流域の水田・畑作とワインの町。市街は利別川左岸にある。1896年（明29）旧鳥取藩主池田侯爵が農場を開設。1904年（明37）、根室本線の駅がこの農場内に設けられて駅名を「池田」としたことによる。「北海道の地名」によると、昔は十勝川と利別川が合流していた辺りは「セイオロサム」(sey-or-sam、貝殻の・所の・傍）と呼ばれており、「凋寒村」という難しい字が当てられていたという。現在の「川合」地区である（松浦図セーヲロシヤム）。

様舞 シャモオマイ sam-oma-i 和人・いる・所 池田の北、利別川左岸の畑作・酪農地域（松浦図シヤモマイ）。ただし「池田町史」によれば、ここに和人が定住したのは1896年（明29）以後のことであり、疑問が残るという。南にある「清見」は、利別川左岸の段丘上にある見晴らしの良い丘陵地である。

利別 「利別川」(tus-pet、縄・川）を挟んで、池田市街の対岸にある水田地帯の中心集落。この辺りは「利別太」(tuspet-putu、利別川の・川口）と呼ばれた所で、十勝川と利別川の昔の合流点であった（松浦図トシベツブト）。そこに向かって長く突き出している「フンベ山」(170m) は、東からも西からも実に目立つ山である。海岸地方にはよく「フンベ」(humpe、鯨）の名で呼ばれる丘があるが、皆同じような形をしている。千代田堰堤はライベツの横にチヨタと出ている。チエオタ (ci-e-ota、我ら・食べる・砂浜）の意で、昔も好漁場だったのでこの名で呼ばれたのであろう。

ワイン城

松浦武四郎は「戊午日誌」の十勝川下りの中で、「トシベツブト 此川大川にして当川筋第一番也。此辺に来るや、いよいよ河水増したるが故に舟足早けれども、山背風追々両岸の打ひらけるにつき増けるまゝ、余程浪立、舷より度々打入れける等有るを、少しも不構してチシ子ライ（池田）、トフチ（十弗川）、ヲン子ムイ（昭栄、松浦図はヲン子ナイ）……」と記している。

十弗川 トープッ to-put 沼の・口 現在は利別川の東支流になっているが、昔は利別川と十勝川の合流点が今より北にあったので、合流後の十勝川の東支流であった。昔この川口の西に沼があって、一緒になって十勝川に注いでいたので、その辺りは「トープッ」と呼ばれていた。なお現在の「十弗」市街は、少し下流の旧利別川左岸の豊頃町内である。

やや南に「礼文内」があるが、松浦図はリフンライ。さらに「育素多」という畑作地があるが、旧図に出ている「ユクウシヲタ」(yuk-us-ota、鹿・多くいる・砂原）からではなかろうか。松浦図ではユックシトウとなっており、昔この辺りに「往牛沼」という小さな沼があったという。

西方の「農野牛」（同ノヤウシ）は、noya-us-i（ヨモギ・多い・所）の意。南の「牛首別」は、「永田地名解」に「ウシシュペッ 鹿蹄川 かつて鹿跡多し今や無し」と出ており、usis-pet（鹿の・蹄・川）だった。「背負」は sey-o-i（貝殻・多くある・所）からとされる（同セヨイ）。なお「豊頃」と「浦幌」については、21項（46ページ）に記載してある。

瀬多来 セタライ seta-ray 犬・死ぬ 浦幌町西部、浦幌川支流の瀬多来川流域の山林。低地に僅かに酪農家点在。「永田地名解」に「セタライ 犬死したる処」とある。南に同様の山林の過疎地「幾千世」と「幾栄」がある。「下頃辺川」の上流域にあたり、前者は yuk-cise（鹿の・家）からか。

下頃辺は同地名解には「シタコロベ 犬を産みたる処 土言犬をシタと云ふ」とあるが、もしかしたらシタッ・コロ・ベ（まかんばの木・の・川）だったかも知れない（松浦図シタコロベ）。

留真 浦幌町中央部、浦幌川に留真川が合流する畑作地。「浦幌村五十年沿革史」によると、地名は留真川にちなんだもので、アイヌ語で"四方に通じる所"の意とされる。「集落地名地理」は「ルシンノシキ」(ru-sin-noski、道・真・中央）の後略としているが…。

ここに「留真温泉」がある。1900年（明33）に発見され、大正年間にはすでに温泉旅館があったという。戦後の一時期は留真炭鉱の住宅街となり、従業員に利用された。泉温30.6℃の単純硫黄泉は高いアルカリ値を示し、皮膚病ややけどに効くという。

ＪＲ浦幌駅

南に畑作地の「常室」があるが、「トコㇺオロ」(tokom-or、ぽこんと盛り上がったような山の・所）がトコモロ（常室）に、そしてツネムロになったという。旧図には「トコモロ川」と出ている。その南に「常豊」があるが、豊かな常室の意か。

松浦山川図　七

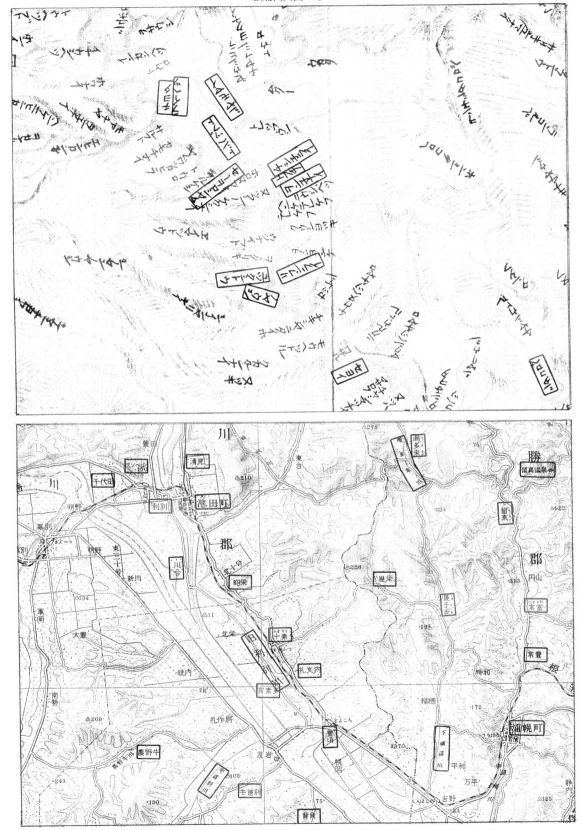

20万分の1　帯広（平8）

83、十勝川（芽室町・帯広市・音更町・幕別町）

　本項の松浦図は、本来ならば南北にすべきところを、現図と対比しやすいように東西に向きを変えている。従って松浦原図は西が北、東が南となっている。

芽室（めむろ） メムオロペツ　mem-oro-pet　湧泉池の・所の・川　十勝地方西部中央、畑作・酪農の町。北流して十勝川に入る芽室川と美生川との間に中心市街がある（松浦図ヒハイロフト）。メムオロペッがメモロ、そしてメムロとなったもの。美生はピパイロ（pipa-iro、カラス貝・多い）に当て字をしたもの。

伏古（ふしこ） フシコペツ　husko-pet　古い・川　「然別」地区（松浦図シカリヘツブト）から平原大橋を渡り帯広市内に入ると、昔はその辺りに十勝川の旧河川「フシュコペッ」が流れていた（同フシコヲヘレヘレフ）。かつて西帯広付近を伏古と呼んでいたのは、ここから採ったものである。現在、帯広川流域に「北伏古」「中伏古」の地名が残っている。

十勝中央大橋

帯広（おびひろ） オペレペレケプ　o-pere-perke-p　川尻・裂け・裂けている・もの
　十勝地方の行政・経済の中心都市。アイヌの人たちは、娘（少女）をオペレケプ（下の処が・割れている・者）の形で呼んだ。ふつうに使われ、むしろ愛情を感じさせる言葉だったという。そのペレを繰り返して、川口が幾条にも分かれている帯広川を呼んだものである（松浦図ヲヘレヘレフ）。この名は相当後まで残り、オベリベリのような形で書かれた。その上部の音を採り、十勝平野の広大さにちなんで広の字を付けて帯広とした。
　松浦武四郎は、1858年（安政5）旧暦3月18日（陽暦5月1日）、芽室から帯広にかけて十勝川を下っている。「戊午日誌」には帯広川について、「ヲペレペレフ　此川遅流なり。赤楊を倒してわたる。川巾凡七間計も有。此川口の向ふフレメム、サリケシ、ヲトフケ（音更）等なる由。此ヲベレベレフは、此処にても川巾も広ろく水も多けれども、其水源は近しと聞く。其川口より弐丁計にて、フシコペツ（伏古）、左りの方の小川也。此処むかしの川の切口なりしと。……ヲベレベレフブト（帯広川口）　此処柳・赤楊多し。其うしろ茅原有。此処夷家三軒有、此処にて止宿す」と記されている。

木野（きの） 音更町南部の住宅地・商店街。1896年（明29）、木野村甚太郎がここに木野村農場を開く。旧国鉄士幌線の駅が農場内に設けられ、駅名を木野にしたという。ここに道の駅「おとふけ」がある。
　「宝来」は音更川左岸の近郊農村であるが、旧図には「チェブ」（cep、食物・魚）とあり、昔は鮭などがよく獲れた所であろう。ここに「丸美ヶ丘温泉」（38.5℃・50.2℃、弱アルカリ性単純温泉）がある。

長流枝内川（おさるしないがわ） オサルシナイ　o-sar-us-nay　川尻に・ヨシ原・ある・沢川　士幌川の川口に近い所に、東の方から入っている川。「永田地名解」には「オサルシ　茅川尻」とあり、川口付近はヨシ原が繁茂していたのだろう。1945年（昭20）代までは、音更村の薪炭備林地区だった。十勝川との合流点近くに「十勝川温泉」（44～54℃、植物性モールを含む含重曹食塩泉）がある。

札内川（さつないがわ） サツナイ　sat-nay　乾く・沢川　帯広市街の東側を流れる大きな十勝川南支流（松浦図サツナイ）。渇水期になれば、乾いた砂利川原が広くなる川だったのだろう。札内川の西支流に「売買川」（同ウリカベ）が流れているが、uwekari-p（集まる・所）の意とされる。

大正（たいしょう） 札内川右岸の畑作・酪農地帯。昔は幸震村と呼んだ所で、日本の古語が地震を「ない」といったことから、サツナイにそんな字を当てたものである。しかし、読みにくいので音読みにして「こうしん」と呼ぶようになり、さらに大正村と改名した。

十勝川温泉

依田（よだ） 幕別町北西部、「途別川」（to-pet 沼の・川か、tu-pet 2つの・川かはっきりしない）下流域の水田・畑作地域。1897年（明30）、晩成社の依田勉三が農場を始めた所。ここに「幕別温泉」（47～49.5℃、含重曹食塩泉）がある。「幕別」の名のもとになった「マクンペッ」（mak-un-pet、後ろに・ある・川）は、十勝川の分流のまた分流で、根室本線沿いの所を流れていた小流であったらしい（松浦図マクンヘツウシ）。

稲志別（いなうしべつ） イナウウシペツ　inaw-us-pet　木幣・ある・川　稲志別川流域の水田地帯。川口の丘の先端にでも祭場があってイナウが立てられたのであろう。「戊午日誌」には、先ほどの続きとして「サツナイブト（札内川口）此辺川すじ洪水毎に彼方え切落、此方え洲が出来さまざまになるが故に、其河形網の目の如くに縦横に成りたり。よつてまた、シロトウ（白人）と云え船を着て水先壱人を頼みて、是を水先とす」と出ている。旧図にはその辺りに「別奴」とか「白人」の地名が見られる。旧別奴村は幕別町の西端部であった。明治中頃までは、十勝川が今の札内川口に近い所で二流に分かれていて、その南の分流点であった。pet-car（川の・口）の意である（ヘツチヤリ）。稲志別から北に十勝川までが旧白人村であった。「チロトー　鳥多き沼　チリオトーの急言　白人村と称するは松浦地図の誤を受けたるなり」（永田地名解）とあり、cir-o-to（鳥・多い・沼）か、cir-ot-to（鳥・多くいる・沼）からとされる。

松浦山川図 十二

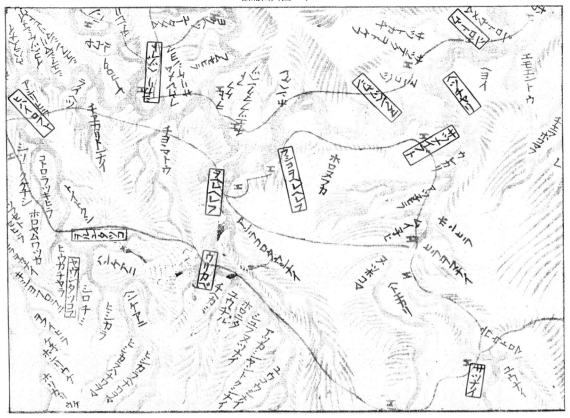

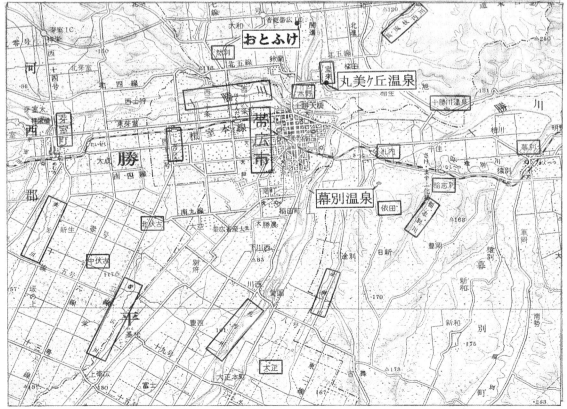

20万分の1　帯広（平8）

84、利別川（足寄町・本別町・上士幌町・士幌町）

活込（かっこみ） カッコクニ kakkok-un-i カッコウ鳥・いる・所　白樺の皮で作った「カックㇺ」（kakkum、柄杓）説もある。美里別川中流の畑作・酪農地。北方に活込貯水池（通称足寄湖）があり、北の湖岸に道の駅「足寄湖」がある。

カムイロキ山（かむいろきやま） カムイロキ kamuy-rok-i 神が・座る・所　371mの美しい三角丘で、多分足寄の人たちが神霊のいます処として崇敬していた山であろう。「永田地名解」には「神座　熊の穴を掘り越年する処」とあるが、ただ熊がいた所ではなく、霊場であったに違いない（松浦図カムイロキノホリ）。

足寄（あしょろ） エショロペッ esoro-pet 沿うて下る・川　足寄町は東は阿寒湖の山から、西は士幌川源流まで東西に長く広い地域である。地名の由来となった足寄川は、阿寒湖の西裏から出て長く西流し利別川に入っている。現在の足寄市街はその合流点付近に発達した。釧路方面から阿寒を越えて、この川沿いに十勝または北見に出た所で、かつては「足寄太」と呼ばれていた（松浦図アショロフト）。市街地に道の駅「あしょろ銀河ホール21」がある。

あしょろ銀河ホール21

仙美里（せんびり） センピㇼ senpir 蔭　本別町北東部、利別川左岸の畑作・水田地域。何の蔭か諸説がある。アイヌが熊害などを避ける時、樹蔭あるいは岩かげにかくれた。十勝アイヌがこの辺りで北の釧路アイヌ勢に出会い、蔭にかくれて逃れた。パンケとペンケのセンビリ川が、利別川に合流する川口に樹木が繁っていて、深い蔭を作っていた（松浦図ハンケセンヒリ・ヘンケセンヒリ）、などである。

「仙美里ダム」は足寄町と本別町の境界、利別川中流に造られた発電用ダム。「北海道ちほく高原鉄道」はすでに廃止されている。「戊午日誌」には「センヒリ　右のかた小川也。其名義不解也。此辺え来るや河流屈曲して急流なりと。……アショロブト（足寄太）　是より左りトシベツ（利別川）の川すじ也。此処より上にクスリアイヌ、当所とリクンベツ（陸別）と両方え別れて住する也」と記されている。

本別（ほんべつ） ポンペッ pon-pet 小さい・川　本別川は利別川の東支流で、美里別川の対岸に注いでいる。相当の川であるが、美里別川などと比較して小さい川とでも呼ばれたものか（松浦図ホンヘツ）。本別は昔は十勝アイヌの先端部の居住地で、足寄の釧路アイヌとの間にしばしば争いがあったとされる。利別川は「トゥㇱペッ」（tus-pet、縄・川）からとされ、昔からこの川筋が十勝と釧路の境界になっていた。十勝アイヌがこの河口に縄を張って、釧路アイヌを通さなかったため、この名が付いたという。

美里別川は「ピッペッ」（pir-pet、渦の・川）からとされるが、川水がきれいなので「ピッカアンペ」（pirka-an-pe、美しく・ある・水）の略語説もある（同ヒリヘツ）。松浦武四郎は「戊午日誌」の中で、1858年（安政5）旧暦7月21日（陽暦8月29日）、池田にて利別川上の聞取り書きをしている。本別市街に道の駅「ステラ★ほんべつ」があり、西美里別に「本別温泉」（38℃、重曹泉・含重曹弱食塩泉）がある。

旧本別駅跡

嫌侶（きろろ） キロル kiro-ru 人間が踏みかためた・道　本別市街南と、浦幌川上流にも同音の「貴老路」という地名があり並んでいる。この細い丘を越えて交通路があって、その両側の土地にキロルの名が残ったのであろう。現在も、国道242号と274号はここで結ばれている（松浦図ヒロヽ）。

「チエトイ」（同チエトイコツ）はci-e-toy（我ら・食べる・土）の意で、野草料理などに調味料の一種として僅かに添加して使ったようである。「負箙」は「永田地名解」には「オフイピタラ　焼磧」とある。uhuy-pira（燃える・崖）の意で、段丘の赤い崖などを指すという（同ヲフイヒタラ）。

勇足（ゆうたり） エサンピタㇻ e-san-pitar 頭が・浜の方に出ている・川原　本別町南西部、利別川南岸の畑作地。利別川が大きく蛇行し、その突出した川原を指したものである。旧図を見ると、勇足市街から2km余下流で利別川が大きく曲がっていて、その突出部にイサンペタラと書いてある。それに勇足の字を当てたが、他の人には読めないので、音読みをして「ゆうたり」になったという（松浦図エサンヒタラ）。

居辺川（おりべがわ）　利別川の西支流、相当な川である。「永田地名解」は「オルベ　丘の処」とあるが、「北海道の地名」は強いて訳せば「ウㇽペッ」（ur-pet、丘の・川）ででもあったろうかとしている。下流域に発達した河岸段丘にちなむ名とも思われる（松浦図ヲルベ・ホロヲルベ・ホンヲルヘ）。「下居辺」に道の駅を兼ねた「しほろ温泉」（50℃、食塩泉）がある。現図西南端にある「伊忽保」は、「ユコㇷ゚」（yuk-o-p、鹿が・多くいる・所）からか？松浦図のホロイコツホはだいぶ北にある。

松浦山川図　七・十二

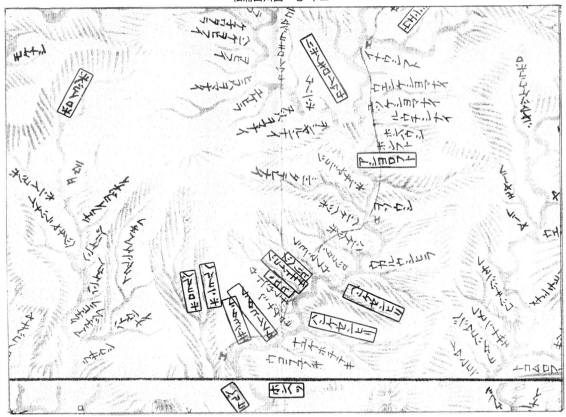

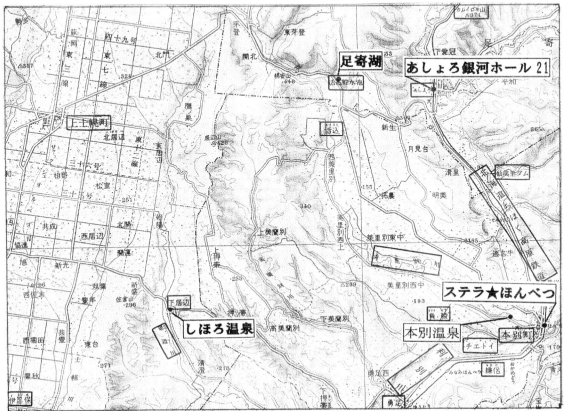

20万分の1　帯広（平8）

85、阿寒川（旧阿寒町・鶴居村・白糠町）

阿寒川 ラカンペッ rakan-pet ウグイの産卵・川　阿寒川については23項に記載。旧阿寒町は阿寒川筋と仁々志別川筋（昔は阿寒川の支流）の土地。阿寒郡は阿寒町と鶴居村を合わせた土地であるが、阿寒町は2005年（平17）音別町とともに釧路市と合併した。松浦武四郎は1858年（安政5）旧暦3月24日（陽暦5月7日）、釧路のラカンブトを出立し、阿寒川を遡上して26日（9日）阿寒湖畔に至っている。

現在は川筋が切り替えられ、「大楽毛」の所が川口になっているが、「戊午日誌」には「ヲタノシケ　遅流にしてふかし。鱒・あめます・桃花魚多しと聞。ヲタ・ノシケとは砂浜の中程と云儀なり。是より右の方え川筋に添て入るに、茅原細道有。是アカン・シタカロ（舌辛）アイヌの道のよし」と、阿寒川の谷について述べている。現在、谷沿いに国道240号（通称まりも国道）が通り、釧路と阿寒湖を結ぶ観光ルートとなっている。

富士見　阿寒川と舌辛川との合流点付近をいうが、はるか北方に「阿寒富士」（1476m）を望むからである。「戊午日誌」では、その辺りを「シタカロブト　此処シタカロ川口也。凡アカン（阿寒川）は川巾十七八間も有。シタカロ（舌辛川）は十間も有るべし。シタカラ訳して山の麓に有りと云儀のよし。川皆小石」と記している。

舌辛 シタッカラ sitat-kar ダケカンバを・採る　町南部の酪農地域。この樹皮で容器を作ったり屋根を葺いた。「上舌辛」は松浦図チロツフ辺りか？「戊午日誌」には「本名チライヲツベのよし。是に常にいとう居るよりして号るとかや」とある。フレナイは「此処上に沢地有て水わるきが故に号るとかや」、イチヤンハヲマナイは「鮭・鱒のよく堀をほる処有るによつて号るとかや」、チ、ヤフ（知茶布川）は「此処雑木原平地なり」と出ている。

中流に「布伏内」（hup-us-nay、トド松・群生する・沢川）がある。雄別炭鉱の開発と共に発展したが、1970年（昭45）閉山、過疎地となる（松浦図フフシナイ）。また、シユンクウシシタカロは「シュンクシタカラ川」と思われる。

上阿寒　市街から北へ約3km、国道240号沿いに「あかんランド丹頂の里」がある。そこに道の駅「阿寒丹頂の里」があり、向かい側には「丹頂の里温泉」（44.5℃、食塩泉）がある。「戊午日誌」には「ナウケ　本名ナヲケブのよし也。川巾三間計、両岸笹原也。是に形計の道有。是アカン（阿寒川）え落るよし。ナヲケブとは訳して枝の鍵え魚を多く貫て川えひたし置事を云よし」とある。

阿寒丹頂の里

徹別 テシペッ tes-pet 簗・川　阿寒町中央部、西支流の徹別川が合流する辺りの酪農地。「永田地名解」には「テシュペッ　梁川　徹別村」とある。この川にヤナのような岩盤があったものか。テシ漁は川を堰止め、上流に上る場所をさがす魚を三角網ですくいあげるものである。「戊午日誌」には、「テシベツ　川巾七八間。浅瀬急流也。…テシはテツシの略語なり。テツシは石にて川を留め、また杭を打て川を留め魚をとる処を云なり…ウインベツ　水源ヲボロの山より来るよし」と出ている。

「蘇牛」の名は、「ソーウシペッ」（so-us-pet、滝・の・川）からとされる（松浦図ソウシ）。また「飽別」は「水が多く出たり、又無たりと云儀。アはすぐに出る、キは直に干ると云儀也」とある（同アキヘツ）。

仁々志別川 ニヌムシペッ ninum-us-pet クルミ・多い・川　元来は阿寒川の北支流であったが、阿寒川が切り替えられたため、阿寒川の古い下流が仁々志別下流の形となり、釧路市の湿原を東流して新釧路川に注いでいる。現地は多くの潅木が茂っているので、「ニウシペッ」（ni-us-pet、木・群生する・川）だったかも知れない。

国際ツルセンター

上流部を流れる幌呂川とオンネナイ川は、松浦図のヲホロフト・ヲン子ナイか？前者は「ホロル」（horo-ru、川の・道）の意。この川筋は草が高く歩きにくかったので、川中を歩いたからという。ホロは道東の方言で、ペッ（川）と同じ意とされる。後者はonne-nay（老いている、主要な、親である・沢川）の意だが、必ずしも大きい川ではない。

庶路川 ショロロ sororo 瀑布高き所　庶路川については22項（48ページ）に記載。松浦図の上流にあるクヲマナイ・シケレヘ・コイカタショコツは各々クオマナイ川・シケレベ川・コイカタショロ川となっている。

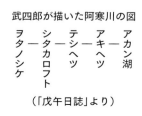
武四郎が描いた阿寒川の図
ヲ　シ　テ　ア　ア
タ　タ　シ　キ　カ
ノ　カ　ヘ　ヘ　ン
シ　ロ　ツ　ツ　湖
ケ　フ
　　ト
（「戊午日誌」より）

松浦山川図 十三

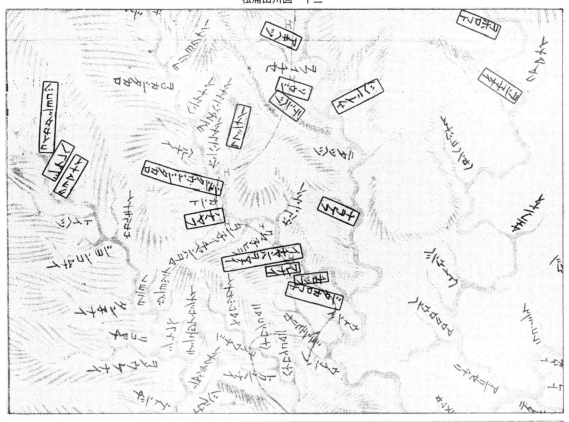

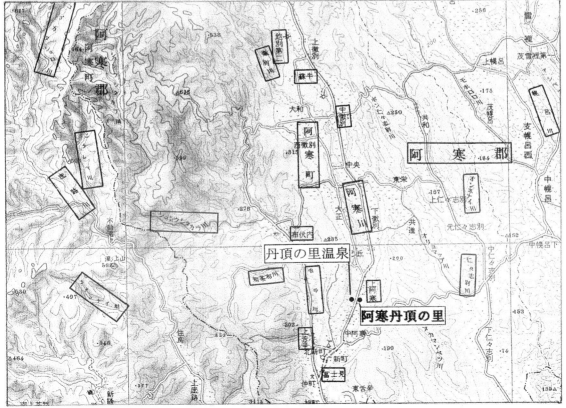

20万分の1 釧路（平15）

86、阿寒川（旧阿寒町・足寄町・津別町）

阿寒 ラカンペッ rakan-pet ウグイの産卵・川　阿寒の地名は「アイヌ語地名解」によれば、旧阿寒川が釧路川に合する所を「ラカンプト」（ウグイの産卵場の川口）と呼んだところから、和人がラカン川と呼びアカン川になったものであるとしている。「永田地名解」も「阿寒郡　元名ラカンペッ　ウグヒ魚の産卵川の義　後世アカンと云ふ」とある。他に、雄阿寒岳・雌阿寒岳が車の車輪の如く聳えていることから「アカㇺ」（akam、車輪）説や、雄阿寒岳が昔の大地震の時も動かなかったからという「アカン」（動かない？）説もある。阿寒湖南岸の阿寒湖畔に「阿寒湖温泉」がある。なお、阿寒町は2005年（平17）合併して釧路市となった。

松浦武四郎は阿寒川を遡って「白水川」（松浦図ワッカクン子）に至る。「戊午日誌」には「両岸峨々たる岩山。其間を滝川になりて落るを、其水如何なる訳哉くろきが故に号。ワッカは水、クン子は暗らき形なり。……ヒリカヌップ　小川有。水よろしきが故に号」と記している。ヒリカヌフが「ピリカネップ」になった。

アイヌコタン

その後イタルイカ（イタは板也、ルイカは橋なり）、ルチシホク（此川沢に峠有と云事なり）、ホロケナシ（ケナシは野原の事也）を通って、マチ子シリ（雌アカンと云）の頂上に到達した。「此処より東を見る哉、アカン沼を眼下に見、其を越てピン子シリ、其を男アカンと云。ピンは雄也、マチ子は雌也、合せて是を雌雄の山と云」と記されている。すなわち、「雌阿寒岳」（1499m）の方は「マッネシㇼ」（matne-sir、女である・山）、「雄阿寒岳」（1370m）は「ピンネシㇼ」（pinne-sir、男である・山）と呼ばれた。なお「フップシ岳」（1225m）は、hup-us-nupuri（トド松・群生する・山）の意とされる。

武四郎は残雪を尻滑りして山を下り、昼食をとって阿寒湖畔に辿り着く。「戊午日誌」には湖畔の温泉を「ヌー」（nu）、阿寒湖を「アカントウ」、泥火山を「ボッケイ」（pokke）と記す。すなわち「ヌーは温泉の事。和語ユーの転じたるなり。右の方より小川一ツ来る。其上に高凡三四丈囲り凡三十七八間も有るべき丸き岩の、赤白く硫黄にて染まりしもの有て、其上に穴の如きもの有。其より温泉わき出り」と。

また「其温湯細く流れて冷水川に合してアカントウの端に出で、是に落る。此溜りは幅十間長さ五六七間も有てあさし。よつて皆是に楡皮を浸して晒らし、また病有ものは浴して病を治す。其功能神のごとしと。余も是にて浴す」とあり、武四郎自身も入浴したと記されている。さらに「ボッケイ　此処椴山の麓土中より火出るが故に号。ボッケイは火の元と云る事を云り」と出ている。松浦図の阿寒湖はかなり大きく円形に描かれている。

「阿寒湖温泉」が開けたのは1901年（明34）。1934年（昭9）の阿寒国立公園の指定に伴い、観光地化が促進された。現在、泉温40〜73℃の単純温泉・硫化水素泉が12本の泉源から湧き出しており、神経痛や慢性消化器病に効くと評判である。

武四郎は旧暦3月27日（陽暦5月10日）阿寒湖を巡る。松浦図クチヤロ（阿寒川流出口）からホロモシリ（大島）、ホンモシリ（小島）、ヤイニタイモシリ（ヤイタイ島、どろのき林の島）チウルイモシリ（チウルイ島、流れの激しい川の島）を望む。さらに北へ行きイヘウンベ（イベシベツ川）に出る。ipe-us-pet（食料・多い・川）の意で、ヒメマスが秋に産卵のため入るのでこの名がある。この川を遡るとパンケトウ（panke-to、下の・湖）があり、さらに上るとペンケトウ（penke-to、上の・湖）がある。阿寒横断道路の「双湖台」からは、この2つの美しい湖の姿が眺められる。松浦図の湖の位置関係は逆になっている。

当地への和人の移住は1893年（明26）で、阿寒湖に棲息するヒメマスの養殖のためとされる。「戊午日誌」には「是にカパチセフと云小魚居るによって号。此湖氷はるやアイヌ皆来り、此湾に大なる火を焼き、氷を破りて括槍にて突事なりと。其魚は長七八寸より一尺位にして、形ちも肉も鱒のごとし」と記されている。また「此湖他にヲベライベ（いとう）、シユブン（うぐい）、トクシ、（あめます）、イソカ（かじか）、ポンホリカテレケ（えび）等。石斑魚（ヤマメ）、石魚（イワナ）等少し有るよし也。実に一奇の湖と云べし」と述べられている。

武四郎はこの後北岸を歩きヶ子タンベ（赤揚多し）、ヲン子チヘルイ・ホンチヘルイ（舟を置く処と云儀）、ヲタウシナイ（砂多き沢）を経てホロシュルクヲマナイ（尻駒別川）に至った。阿寒湖の西端に西の方から入っているこの川は、「シュルクオマペッ」（surku-oma-pet、トリカブト・ある・川）の意で、トリカブトの毒性が強い種類は矢毒として熊狩りの主役をつとめたという。

オンネトー

その南の足寄町側に「オンネトー」（onne-to、老いた・湖）がある。南には「オンネトー湯ノ滝」もある。「雌阿寒温泉」（42℃、含食塩石膏硫化水素泉）は、アカエゾマツの原生林に囲まれた閑静な温泉。「戊午日誌」は、「ヌウシノボリ（フップシ岳）と云高山の頂き一ツ見ゆ。此温泉の水源なるよし。……また峯つづき行まㇲ其西えユウタニノボリ（イユダニヌプリ山か？）といへる連なる山一ツ見ゆ」と記している。

松浦山川図　十二・十三

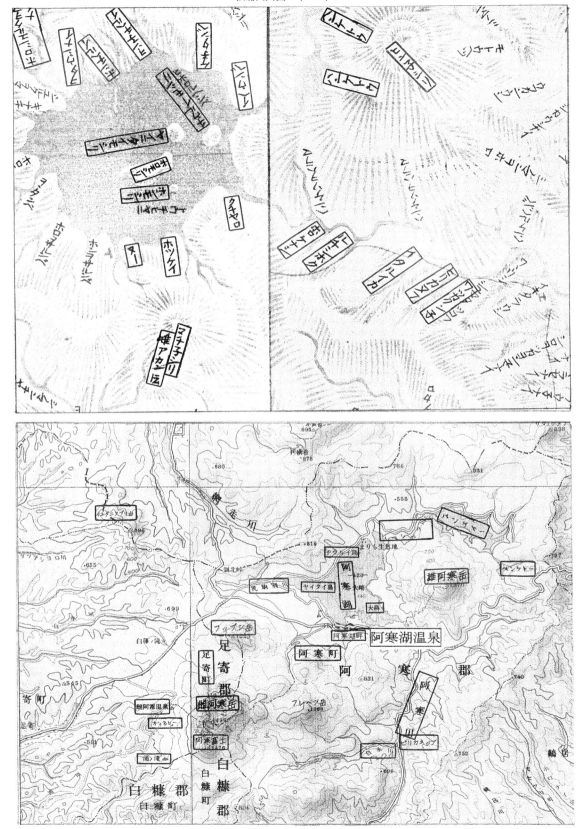

20万分の1　北見・斜里（平13）

87、釧路川（標茶町・釧路町・鶴居村）

五十石（ごじっこく） 松浦図北端のルヘツ子ヤヲシマコマナイ（次項地図参照）辺りかと思われる。「戊午日誌」には「其地名は、此処川端通る時は遠し、よつてうしろの山をこへて行と、シヘツチヤ（標茶）え近きによつて其名有るよし」と記されている。「五十石」の名は、「駅名の起源」によれば、明治20年代川湯のアトサヌプリの硫黄運搬のため、釧路川を五十石船がここまで遡ってきたので名付けたとしている。

標茶市街の南約6kmの下オソッペツ（御卒別）に「標茶温泉」（46℃、アルカリ性単純温泉）がある。所在地について「永田地名解」は、「オソッペッ　川尻の瀧　小川」と記しているが、この辺りに滝があるとは考えにくい。ごく訛った形で残った川名と思われる。松浦図にあるヘナワニイチヤシ（ン）・ハナワニイチヤシ（ン）は、「是鮭の堀跡のよし聞侍る」とある。

茅沼（かやぬま） 湿原探訪の拠点として、道内外から旅行者が集る小さな温泉地。シラルトロ湖畔に47.2℃の良質の食塩泉が湧いており、リュウマチ・神経痛・筋肉痛などに効くという（茅沼温泉）。松浦図ではチヒカリウシ（此辺大木有るが故に、トウロ、クスリの者共来りて船を作るによりて号るとかや）となっている。

シラルトロの名について「永田地名解」は、「シラルトロ　岩磯の間（を流る小川）」としている。sirar-utur（岩の・間）の意であるが、葦ばかりの湿原の沼である。あるいは、この沼の一番奥に入っているシラルトロエトロ川から出たものであろうか（松浦図シラリウトル）。

塘路（とうろ）　トオロ　to-or　沼の・所　標茶町南西端、大規模酪農地域と内水面漁業。西に釧路湿原、東には伝統的なアイヌ古式によるペカンベ祭りが行われる塘路湖がある。有名な部落があって、トオロコタンといわれた。pekanpe（菱の実）はアイヌの人たちの貴重な食料であった。「二股」は釧路湿原東縁で、釧路川と塘路湖との分流点を指す。

松浦図ではトウロトウとして実際よりは大きく描かれ、周囲には湖内地名がたくさん出ている。北岸にはリルカウシ（ルイカウシ、其に橋有るより号るとかや）、ワツカヲイ（上に涌水有る也）、チヤシカルシ（木立山のよし）などがあり、オモシロンベツ川はチヨロヘツ辺りかと思われる。

塘路湖

阿歴内（あれきない）　塘路湖に入るアレキナイ川南岸の大型酪農地域。「北海道の地名」によると、語義は全く忘れられているという。旧記・旧図ではアルキナイと書かれ、アルキ（来る）、アルケ（向こう側の）、ハルキ（左の）等の言葉が考えられるが、何ともいえないという。一説にはci-are-ku（我ら・置く・弓）の意で、仕掛け弓を置いた沢ともいわれる。

松浦図もアルキナイ（是沼の第一番奥に成るよし也。川巾五六間、一名トウイトコと云）、モアルキナイ（小さきアルキナイと云儀）と出ている。パルマイ川はラルマナイ（おんこの木の川）からか？沼の入口はイカチヘカンヘ（入口也。是川口の下に有り。魚類チライ・鱒・桃花魚……此村また蒲むしろを製し出す。其品極て妙也。またアツシ衣を出す。其色真白にして他に並ぶものなし。是をトオロの名産とす）と出ている。

達古武（たっこぶ）　タブコプ　tapkop　ぽこんと盛り上がっている小山　達古武湖の北側の丘陵が釧路川に向かって長く伸びていて、その先端が盛り上がっているのでタプコプと呼ばれたのであろう（松浦図タツコフ）。湖の南の「細岡」の名は、「駅名の起源」によれば、釧路川左岸に連なる細い岡か、あるいは鉄道建設の際の監督官の姓から採ったともされる。

達古武湖

釧路湿原（くしろしつげん）　釧路市と釧路町・鶴居村・標茶町にまたがる、低湿・平坦な泥炭性沖積平野。地図には釧路川をはじめ、大小の河川がいくつも流入している。釧路川の西支流ヌマオロ川について、「戊午日誌」は「訛りてイマヲロと云。ヌマとは毛髪の事也。ヲロとは在る、または生る等云事也。此川口毛の如き藻有るが故に号しものかと思わる」と記している。水藻をヌマ（毛）に例え、ヲロ（or）は所ぐらいの意である。

コッタロ川については、「小川有。其上に少し水の涌処有る也。此処名コンタル　小樽の訛りし也と云。またコツタロ也と。コツは川の形也（kot、凹地）。其上に小さき樽程の水の涌壺有りと云儀と云」と記している（松浦図クツタヲロ）。久著呂川の名は「クチオロ」（kuci-or、その崖の・所）からとされ、崖には「クッコロカムイ」（kut-kor-kamuy、崖・の・神）と呼ばれた巨鳥が棲んでいたという。ツルワシナイ川は雪裡川中流の東支流。昔「チンルアッナイ」（cinru-at-nay、かんじきの・紐の・沢川）と呼ばれ、かんじきを履いて歩いていた人が、この沢で紐が切れて困った所なので付いた名だという。雪裡川は「セッチリ」（set-cir、巣・鳥）からとされ、中流の崖にクマタカなどが巣を作っていたので付いた名であろう。

松浦山川図 十三

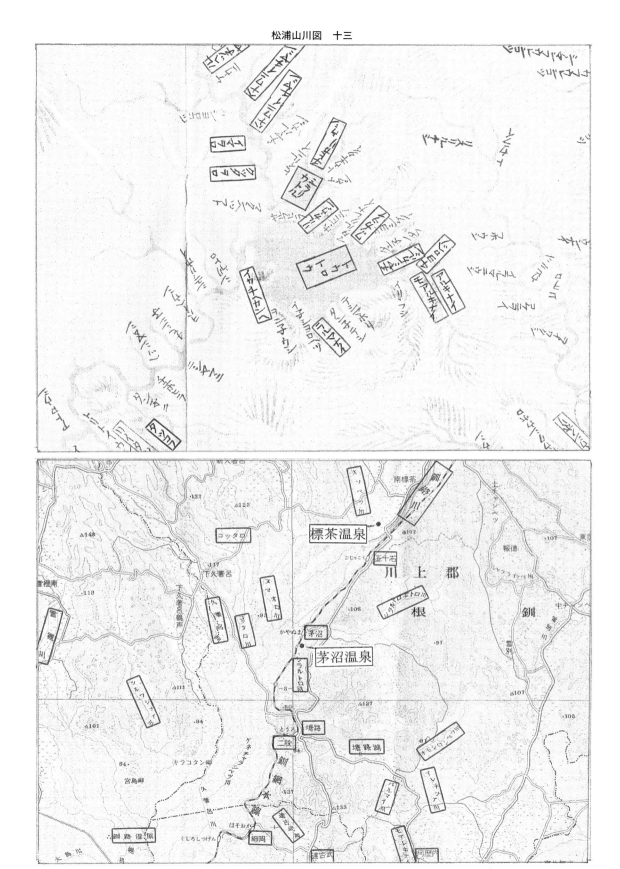

20万分の1　釧路（平15）

88、釧路川（弟子屈町・標茶町）

弟子屈　テシカカ　tes-ka-ka　簗の・岸の・上　次項現図参照、「永田地名解」は「テシュカガ　扁磐の上　弟子屈村」とある。「北海道の地名」によると、テシはふつうは魚を捕るための簗であるが、地名に残っているテシの多くは、岩盤が川を横断しているような所であるという。弟子屈の場合も、ここで岩盤が釧路川を横切っている（松浦図テシカ、）。

「戊午日誌」には「地名テシカヾは川底盤石有、其盤石の上あさくして水さわさわとさわぐが故に号るなり。此家の前より弐丁計上に温泉の有ると云処までを云よし也」と出ている。ＪＲの駅名は1990年（平2）、全国的に知名度の高い"摩周"に変わった。ここに道の駅「摩周温泉」がある。

ＪＲ摩周駅

摩周温泉　「弟子屈温泉」は1883年（明16）に開かれた道東最古の温泉である。「戊午日誌」には「ヌー　此処土地一面谷地様成るが川端に在り、其谷地中より温熱水涌出て川え落る也。其土地中鹿の跡一面に有。鹿・熊も此温泉を好みて呑しよしと聞侍りけり」と出ている。ヌーはユウ（湯）の転訛と思われる（松浦図ヌー）。

1934年（昭9）、弟子屈を含む地域が阿寒国立公園の指定を受けて以来客が増加した。昭和50年代に、南を流れる鐺別川沿いの「鐺別温泉」と合わせて「摩周温泉」と呼ばれるようになった。一帯は多くの泉源に恵まれているが、温泉街の形成はなく、ホテルが数軒あるだけの静かな温泉地である。泉温83.5℃の弱食塩泉は体がよく温まり、神経痛や冷え性・肩凝りに効能があるという。

鐺別　トゥペックシ　tu-pet-kus　2つの・川・通る　弟子屈市街南西方の畑作地。旧図を見ると鐺別川は「トペックシ」とあり、川が2つに分かれて川中島を作る状態をいうものか（松浦図トヘツフト）。「アイヌ語地名解」は、この川は雨が降ると直ちに水かさが倍になるので、倍になる川の意であるとしている。ここに「鐺別温泉」があり、旧図には「ホッケ」（pokke、熱泉）と出ている。

「戊午日誌」には「トベツ訳してトウベツと云へどもさして上に沼もあらざるよしなれども、其儀また不解なり。……此川口より三四丁も左りの方に小川一ツ、セヨナイと云よし。昔し此処に貝多く居りしによつて号るとかや。また是よりしばし上りて、ホツケホクシナイ（松浦図ホツヘーハクシナイ）、小川なり。此山の奥に温泉有り常に発涌致し居るが故に号るなり。……またしばし過て右の方にヲクイシユンベ（奥春別）、其訳はしらず。またしばし上り左りの方小川ヲムナイ（重内）、……シケレヘウンベ（志計礼辺山）、此沢に五味子（シコロの実）有るが故に号るなり。是アイヌの喰料なり」と記されている。

仁多　ニタトロマプ　nitat-or-oma-p　湿地の・所に・ある・もの　仁多川（松浦図ニタトロマフ）が流れているが、いわゆるヤチ川である。ニタッから仁多となったのであろう。

熊牛　クマウシ　kuma-us-i　物乾し棚・多くある・所　松浦図クマウシ、魚が多く獲れた所なので、魚乾しの棚が多く並んでいたのであろう。弟子屈町史も豊漁の場所の意としている。

磯分内　イソポウンナイ　isopo-un-nay　ウサギ・いる・沢川　標茶町北端の地名。名の元になった磯分内川は弟子屈町との境になっている。ウサギは本来 isepo だが、十勝・釧路ではイソポと呼んでいたという（松浦図ウソフンナイフト）。「戊午日誌」には「イショブンナイ　此川相応の川口のよし。……イショフンとは、魚を取にいつにても行にとると云事なり」と出ている。

多和　多和川（松浦図タワ）が東から注いでいるが、意味は定かではない。この川筋は標茶から虹別・標津に出る道道13号が通っている所で、古くからの交通路だったらしい。

標茶　シペッチャ　si-pet-ca　大・川・岸　釧路川流域の酪農の盛んな町。釧路川がシペッ（本流）で、その岸の意。根室や斜里から山越えして来て、ここで初めて大川端に出るので、この称があったのではなかろうか（松浦図シヘッチヤ）。「戊午日誌」には「此処まで従クマウシ凡四里半と思はる。……当所より向ふ南東を見るにクスリ川（釧路川）屈曲して流れ、当所は少し山の出鼻様成処也。……シベッチヤ、訳して川の端と云儀」と出ている。

摩周温泉

松浦山川図　十三

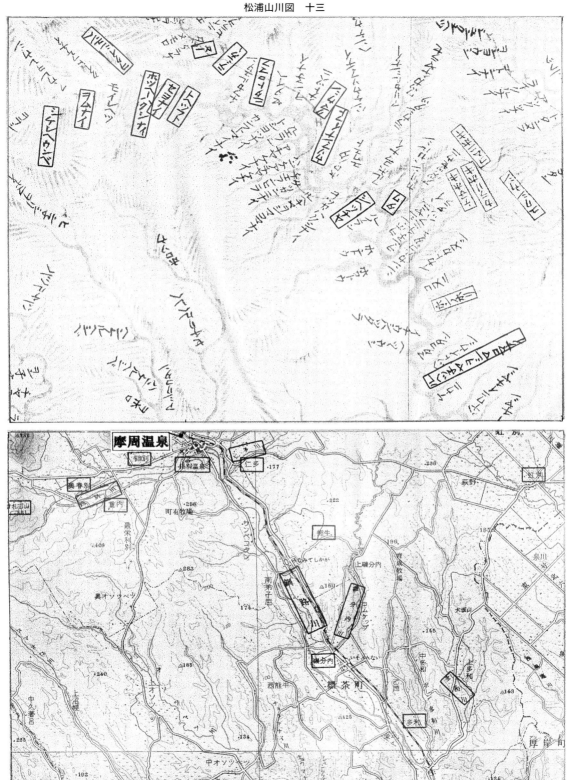

20万分の1　斜里（平13）・釧路（平15）

89、釧路川（弟子屈町）

屈斜路湖 クッチャロ kutcar 喉口　湖から水の流れ出す口、すなわち湖の水が川になって流れ出す口のことをクッチャロという。ここでは釧路川の川口を指すが、「北海道の地名」によると、この川口のすぐ北に昔から有力な「コタン」があり（松浦図クッチヤロ）、和人がその名を採って湖名にしたという（同クスリ湖）。「中島」は「トーモシㇼ」（to-mosir、湖の・島）、「トサモシベ」（370m）は「トーサムウシペ」（to-sam-us-pe、湖の・傍らに・いる・もの）であった（同トウモシリ、トサムシベ）。

屈斜路湖畔温泉　屈斜路湖の東岸にはいくつもの温泉が自然湧出し、無料露天風呂が点在している。北から「仁伏温泉」（松浦図ニフシ）「砂湯」「池の湯」（同ヌー）「コタン温泉」などである。仁伏温泉は古くからアイヌの人が湯治用に使ってきた温泉といわれる。「ニプウシ」（nipu-us-i、魚を貯蔵する木の庫・ある・所）という説もあるが、この辺りは冬に木が凍って割れるので、「ニプシ」（ni-pus-i、木が・破裂する・所）説もある。温泉の後方には「サワンチサップ」（520m）が聳えるが、手前（湖寄り）の岩山の意とされる。

　砂湯は岸辺の砂をちょっと掘ると、熱い湯が湧き出てくる。池の湯は大きな池のような露天風呂で、湯は底の岩間から湧き出ている。コタン温泉は湖畔に巨石で囲った湯船があり、熱い湯があふれている。いずれも泉温46～57℃の単純温泉である。

和琴半島 オヤコッ o-ya-kot 尻が・陸地に・くっついている＝半島

　「永田地名解」は「オヤコッ　外の地面　湖中に差出でたる岬上の地面を云ふ」とある。なお和琴半島という名は、古くワッコチ（魚の尾のつけ根のくびれ）と呼ばれていたものを、詩人大町桂月がこの地に遊んだ時に命名したのだという。この半島の付け根に「和琴温泉」がある。北端にある「オヤコツ地獄」については、「久摺日誌」は「ヲヤコツモシリに着す。周弐十丁計。是も椴木立、周囲赤壁。東面一ツの火坑有。常に火燃て黒焔噴出し、共響遠きに聞り」と記されている（松浦図ヲヤコツ、ホツケイ）。

和琴温泉露天風呂

和琴温泉　和琴半島はかつての溶岩円頂丘の島が陸繋島化したもので、弱アルカリ性単純温泉をはじめとする複数の泉源に恵まれている。半島一帯にはいくつもの噴気孔があり、自然探勝路の入口に露天風呂（泉温70℃）がある。三日月型の湯船は20人ほどが入れる大きさだ。尾札部川は松浦図ヲサツペ（o-sat-pe、川尻・乾く・もの）、春は水あれども過ぎれば乾くのでこの名があるという。松浦図にはシヤマツケノホリ・コトニノホリ・シヤマツカリの三山が出ているが、現図にある三角山（454m）をはじめとする似たような名前の山々ではないだろうか。美幌峠に道の駅「ぐるっとパノラマ美幌峠」がある。

川湯　「湯川」は屈斜路湖北東隅に注いでいる小流であるが、屈斜路と摩周の山の間の水を集めて北流しており、釧路川の最源流のような川である。アイヌの人たちは「セセクペッ」（sesek-pet、温泉・川）と呼んでいたという。川湯とは、この川になって流れる湯に名付けたものであろう。ここに、開湯以来110余年が経過する名湯「川湯温泉」がある。

硫黄山

川湯温泉　1886年（明19）、硫黄採掘人を相手に温泉宿が開かれたのが川湯温泉の始まりであった。「戊午日誌」には「アトサシリ（硫黄山）といへる高山有。其高山マシウ（摩周湖）の西の方につづく。山皆岩山にして草も木もなく皆硫黄山也。其山のもえさし沢より流れ来る川なるが故に、常に湯の如く涌立有るが故に此セヽキヘツ（湯川）の名有りと思わる。水至も酸し」と出ている。泉源はアトサヌプリにあり、天然湧出または20m以下の浅い地層から湧き出し、日本でも有数の強酸性温泉といわれる。泉温38～65℃の硫化水素・硫黄泉は、群馬県草津温泉と同じ泉質をもち、古くから万病に効くと評判である。

跡佐登 アトゥサヌプリ atusa-nupuri 裸の・山　ＪＲ川湯温泉駅付近を跡佐登というが、西側は草も木もない赤い地肌が壮観である。「アトサヌプリ」（512m）は"硫黄山"とも呼ばれ、明治前半に硫黄が採掘され、その運搬のために道内で2番目の鉄道も敷かれたという。アトサヌプリ山麓はエゾイソツツジの群落で知られ、6月下旬には純白の花で覆われる。

摩周湖 マスントー mas-un-to カモメ・そこにいる・沼　「永田地名解」は「マシュウントー　鴎の沼　マシュはカピウの一種」とある。「北海道の地名」は西部・北部ではカモメをmasとも言ったが、この辺りではカピウ（kapiw）と呼んでいたようである。しかし、このような山中に海のカモメでは変である。他に資料もなく、正に霧の中の地名といわざるを得ないとしている。「アイヌ語地名解」によると、アイヌの人たちは摩周湖を「カムイトー」（魔神の湖）と呼び、摩周岳を「カムイヌプリ」（魔神の山）と呼んでマシウとは言わなかったという。マシウと呼ぶようになったのは、安政の頃からの和人の記録の中であり、日本人が付けた名のようであるとしている。松浦図ではマシウトウ、カモイシウ、カモイノホリ、マシウノホリなどとなっている。弟子屈市街の北にヒラヲロ・サツトモヲマナイとあるが、現名は美羅尾山（554m）・札友内である。

松浦山川図 十三

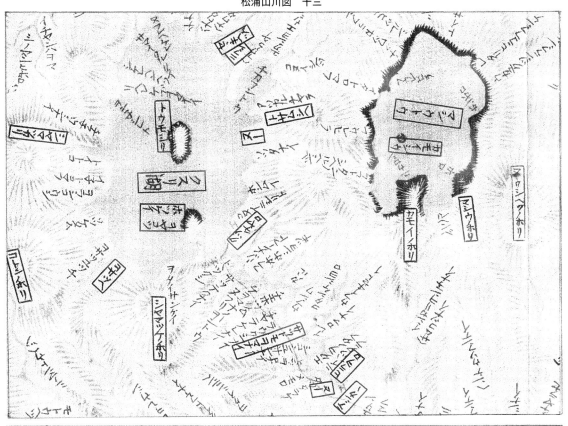

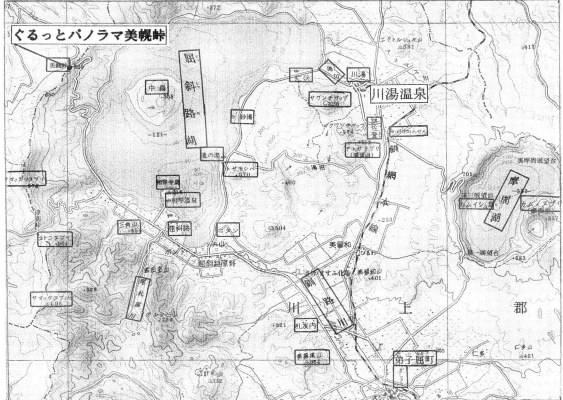

20万分の1 斜里（平13）

９０、標津川（標茶町・中標津町）

標津川 シペッ si-pet 大・川 「標津岳」（1061m）の南西斜面に源を発し、モシベツ川・パウシベツ川などの支流を合わせて南東流し、台地面を深く削って河岸段丘を発達させる。計根別市街付近で東北東に転じ、鱒川・荒川・俣落川・武佐川などの支流を合わせ、標津市街付近で根室海峡に注ぐ。標津川の河谷は古くからの重要な交通路で、流域では古くからサケ・マス養殖ふ化事業が行われた。

武佐 モサ mosa イラクサ（？） 武佐川流域の酪農地帯。武佐の語義は、「永田地名解」でも「駅名の起源」でも不明とされている。「北海道の地名」によると、バチラー辞典ではモサ・モセ・ムセは同じように"イラクサ"とある。それからすると、武佐はイラクサの意だったかも知れないとしている（松浦図ホンモサなど）。

開陽 火山灰台地の酪農地。1918年（大7）小学校を設置する時、太陽のように隆々発展するするよう開陽小学校と名付けたのが始まりという。育成牧場の「開陽台」は元祖"地球が丸く見える地"で、遠くは国後近くは地平線まで見渡す限りの土地である。

開陽台

俣落 マタオチ mata-ot-i 冬・ごちゃごちゃいる・もの 標津川支流俣落川流域、なだらかな傾斜地の酪農地域。「永田地名解」には「マタオチ 冬居川 此川メム（泉池）三箇所ありて鮭多し 冬日も赤滞留することあり故に名く」とある（松浦図マタオチイトコ）。

中標津 1946年（昭21）標津村から分村して中標津と称し、4年後に町制となった。市街地は標津川中流の南岸で、近年急速に発展してこの地方の中心となった。松浦図ヤヲカの下流部にあるアシタロマフ（アシリタヲルヲマプ）「小休所一ツ有り。前に標柱有、従是チライワタラえ二里七丁としるす」がその場所であった。市街北部に「中標津東中温泉」（46.5℃、弱食塩泉）がある。
「戊午日誌」にはチライワタラ「いとうといへる魚の居る渕と云り」、サツトモウシナイ「湿沢原の沼より落る儀也」、ケ子カフト「是より本川は右え入りケ子カは左りえ入る也」と続く。

計根別 ケネカペッ kene-ka-pet ハンノキの・上手の・川 標津川支流「ケネカ川」流域の酪農地。上記の解が略されて計根別となったものか、あるいはkene-pet（ハンノキ・川）だったかも知れない（松浦図ケ子カフト）。「永田地名解」には「ケネウオイカペッ 蕗鱒の越す川 ケネウは鱒の一種にして大なり 能く陸を走り好んで蕗を食ふ故に和人蕗鱒と呼ぶ 標津川より陸を越えて此川に入るを以てケネウオイカと云ふ」とあるが………。
ケ子カ川筋はチラ、イ「此辺楢柏有」、ヲコウトロ「野の中程と云儀なり」、カンチウシフト「地名の訳は矢の当りて刺すと云儀。是むかしアイヌ弓矢を試し処也」と続く。標津本川筋はチヤヲシナイ、モアン、トイチセナイ「喰土有る故に号るとか。我は此処までにて下る。……此処の上に一ツの温泉有と」、ハウシヘツ「判官様が熊を捕らへられしが山に成りしと云り」、コツホ、モシイヘシ「左りの方小川。是小さきシヘツと云儀なり」と続く。松浦武四郎は1858年(安政5)旧暦5月3日（陽暦6月13日）、標津川を遡りケ子カフト（計根別）で一泊し、トイチセナイまで来て引き返している。

養老牛温泉

養老牛 イオロウシ i-oro-us-i それを・水につける・いつもする・所 ケネカ川最上流部の酪農地域（松浦図カンチウシ）。「イウォルシ」（iwor-us-i、狩猟地に・ある・もの）、「エオルシ」（e-or-us-i、頭が・水に・ついている・もの→山の出先が水辺に突き出ている所）などの解もあるが、表記の解が自然な形と思われる。「北海道の地名」によると、この辺りのコタンの人たちが、オヒョウニレとかイラクサの皮を、繊維を採るために温泉につけてうるかした場所だったのではなかろうかとしている。その温泉が「養老牛温泉」である。この付近から厚司織りが産物として相当出ているという。松浦図北西端にシヤリ岳とあるが、斜里岳ならばこれよりかなり北方に位置する。

養老牛温泉 モシベツ川の傍らに湧いている温泉（松浦図モシイヘシ）。300年前にアイヌの人によって発見されたと伝えられる。「東蝦夷日誌」には「カンチウシ岳（カンジウシ山、277m）の後ろに温泉有。久摺（釧路）のアイヌは惣て是に湯治す」と出ている。また、ライマン報文には「シベツ温泉」及び「パウシベツ温泉」と記されている。
明治中頃の北海道庁地質調査によると、前者はシベツ村のアイヌが傍らに小舎を営み、湧泉量が多いのに加え、周囲は山水幽静地であることから根室海岸からも浴客があるとしている（現・養老牛温泉）。別にハウシヘツにも湧泉があるとしている（パウシベツ川の露天風呂"からまつの湯"）。前者を表温泉、後者を裏温泉と呼ぶこともあり、熊の頭蓋骨がかなりあったことから、熊送りの場としても考えられている。泉温80℃の含石膏食塩泉は、体の芯まで温まる道内きっての名湯といわれる。

松浦山川図 十三

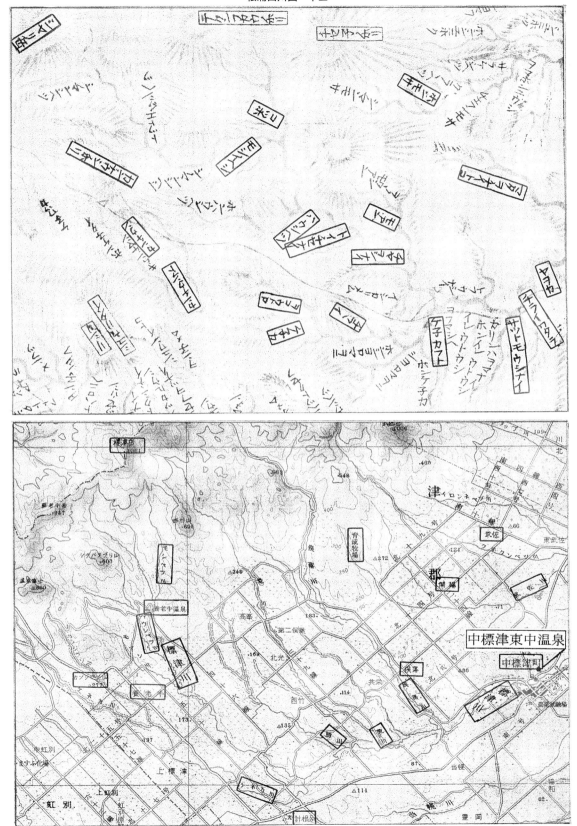

20万分の1 斜里（平13）

９１、西別川（標茶町・中標津町・別海町）

虹別 ヌウシペッ nu-us-pet 豊漁・ある・川　地図には標茶町の「虹別原野」が出ているが、虹別に東接している大型酪農地域である。西別川筋の川下の方（別海町）が「西別」で呼ばれていたので、それと区別するために違った字を当てたのではなかろうか。この辺りはよく虹の出る所でもあるという。

一方、「戊午日誌」には「ヌウシヘツ本名ヌウウシヘツなるよし。此ヌウ（温泉）の有ると云儀也。実に其風景筆紙の及ぶ処にあらず。一丁計も下にアイヌ鷲を取る庵有。此川夏は鱒多し。秋は鮭多く来り、此ヌーには水底の砂の見えざる程も鮭来るよし聞侍りぬ。また冬に成るや鷲・くま鷹多し。実に蝦夷第一の富貴なる川すじかとぞ覚ける」と、温泉のある川としている。

松浦武四郎は1858年（安政5）旧暦4月7日（陽暦5月19日）、摩周湖の洞窟を出立して西別岳（800m）から西別川を下り、「中西別」付近まで来てから11日（23日）「虹別」まで引き返している。以下上流から下流にかけて「戊午日誌」を辿ってみたい。松浦図には標津川筋の南にはすぐ西別川筋が書かれており、当幌川や春別川の上流部は省かれているようだ。

7日はコトンナイ（北二十五号）付近で一泊。8日（20日）は、メンフツ「左岸小川、川口弐間計。是も水清冷にして、其源は近き由なるが、水勢甚し。是摩周のヌウより洩れ来るなるなり。メンは水溜りの事、其川口と云儀也」を出発して、虹別（フプトタンノフ）へ向かった。松浦図はフプトタンヌフとなっており、「右の岸川口四五間計。清冷にて涌出るよし。是当川すじ支流第一番のよし也。本名フツトタノフと云よしなり。……其地名の故事は、先祖も皆妻は此処にて産れしによつて号とかや」と記されている。

開陽台

さらにアツクツセウシ「此川至て浅し。然し水清冷」、ヒラコアンナイ「此川すじ南岸は崩平（ピラ）有り」、アタツカルウシ「小川なれども魚余りて、皆アタツと云る干魚にする」、セフヲツナイ「本名チエツフヲツナイ。魚多く有ると云儀也」と虹別原野の記述が続く。

別海・標茶町の境界辺りはシユワンフトと出ている。「此川ニシベツ支流中第一番の河也」とあり、虹別の川と同じ事が書かれている。マカヨウシヒラは「フキノトウ多し」の意。その辺りで合流しているポンベツ川（ホンヘツフト）は、「是ニシヘツにて第二番の流なり。実はホンヌーシヘツと云を略したる者かと思わる。此処にて漁小屋多し」と出ている。武四郎は8日、「西春別原野」で一泊している。

上西春別　9日（21日）はセフヲツナイ（前述と同意）から、ホンセフヲツナイを経てアツクマウシ「其の川口に少しの水溜り有るが故に、アイヌ楡皮を皆うるかし置によつて号るとかや」へと進む。

西春別　セイリナイ「川口の両岸崖にして高き故に号るとかや」、ヤムワツカシユフイ「其水源トホロの山のうしろの崖の下に冷水の涌壺有よし」、ナイユトロヒラ「ナイウトロピラの訛りかと思わる」、ヲコトイヒラ、ヲコトイノタフ、ユケヒラ「崖に成りたり」、セフヲツナイ（前述と同意）、ヘンケヘツ「上の川と訳す」、コムニヲヘイ「槲柏多き処と訳す」と続く。西別川筋には4〜5ものセフヲツナイやアタツナイがあり、魚がたくさん獲れたことが分かる。またいずれの川も清冷とあり、清く澄んだ流れということも分かる。

養老牛温泉

中西別　ホンヲン子ヘツ、ホロヲン子ヘツ「此辺り枝川多く有。また無名の小沢有りけれども、此辺よりは名のしれぬもの多し」と出ている。武四郎はこの先のシカルンナイフト（然内川口、四十三線）まで行って引き返し、9日は「上西別原野」のヘツモシリ「川の島と云儀也」で一泊している。10日（22日）はシユワンフトまで引き返して一泊、11日（23日）は虹別の「萩野」まで至っている。なお本項での写真は、図幅外にはなるが前項と同じ「開陽台」と「養老牛温泉」とする。

武四郎が描いた西別川水源の図（「戊午日誌」より）

松浦山川図 十三

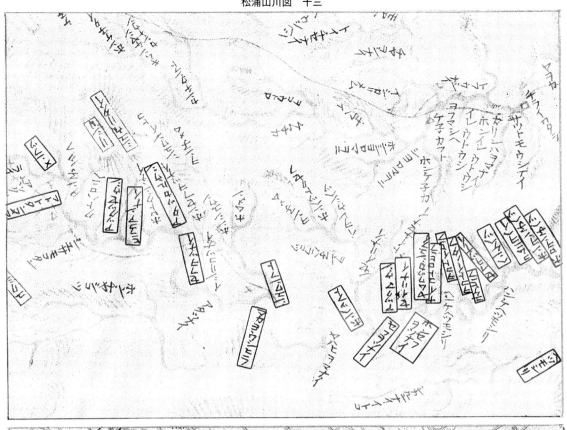

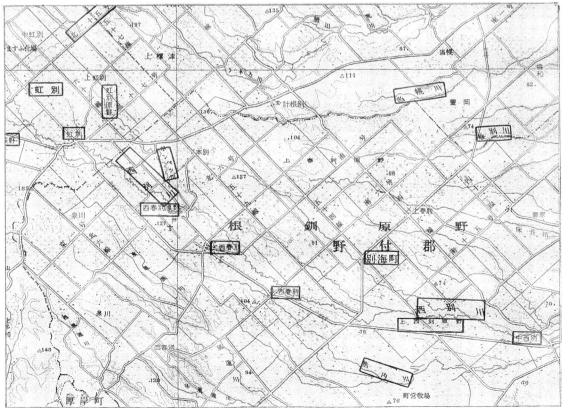

20万分の1 斜里（平13）

９２、網走川（津別町・美幌町・旧女満別町・旧東藻琴村）

美幌（びほろ）　ピポロ　pi-poro　石・多い　「網走市史」は「ペポロ」（pe-poro、水・多い）説で、当地は多くの清流が合流して水量が豊富であるから名付けたとしている。網走川と美幌川との合流点の内側に市街が発達。美幌川を遡ると美幌峠を越えて屈斜路湖に出るので、阿寒への入口になっている。

松浦武四郎は1858年（安政５）旧暦４月１日（陽暦５月13日）、津別を出立し美幌～女満別川上流～藻琴に至る。松浦図トヘツフトが津別辺り、タツコフがタッコブ川口、リイヒラ「高凡二十五六丈、巾弐丁計峨々たる山の下、岩の平（ピラ）也。白岩崩」（戊午日誌）が弁慶岩と思われる。「活汲」はシンケヒホロ「シンケは萩の事也」、「美和」はカツクミ「カツクミは杓子（ひしゃく）の事を云りと」、豊幌川はコタンコアヌン子ナイ「小川急流。転太石原」と出ている。その後トコタンナイ、チエフシヤクヲン子ナイ「其地名の儀は魚無き大きなる沢と云儀なり」、イリ、フシ、イクシナコツを経てヒホロ（美幌）に至った。

「戊午日誌」には「ビホロ　川端に出り。此ビホロはアハシリ川の第一の支流にして、川口は沼に入て、川口にては凡巾三十余間も有。此処にては凡二十間計と思る。転太石急流。………アシリコタン　アシリは新き義、コタンは村と云儀也。ビホロは前に云ごとく小石多く有る処と云り。薄暗きに成りて漸々着す」と出ている。

asir-kotan（新しい・村）は、「都橋」辺りを指していると思われる。その国道243号沿いに「美幌温泉」（49℃、含重曹食塩泉）があるが、この時野宿した場所にあった温泉について「多くの楡皮を浸せり。是皆アハシリアイヌの置所と。此辺楡皮を以てアツシ（厚司）といへる布を織て衣とするに、此温泉に浸す。物柔にして蝦夷第一の上品とす」と記している（久摺日誌）。

美幌温泉

「戊午日誌」では、その後美幌川上流について述べている。タン子メム「長き水溜りと云訳なり」、ユシユイコメムを経てクツトタヌフ「此川口虎杖・鍬形草等多き野なるが故に此名有りと」（福住）へ。さらにホンルイ、マクンナイを経て登栄川（シユルトウシ）、古梅（フウレメム）に至るとしている。２日（14日）は女満別川上流（ホンニマンヘツ、ホロニマンヘツ）からハナクシヘツ、トイタコタンを経て藻琴（モコト）へと向かった。

女満別（めまんべつ）　メマンペッ　mem-an-pet　泉池・ある・川　松浦武四郎はまた５月９日（６月19日）、網走～網走湖～女満別～美幌まで往復している。「永田地名解」は「メマンペッ」（meman-pet、涼しい・川）としているが、「網走市史」は女満別川の奥の湿原に泉池があり、鮭がおびただしく産卵するために入ったものだという。女満別市街はこの川より約２km西の網走湖南岸にあり、ＪＲ駅近くに「女満別温泉」（27～51℃、アルカリ性単純温泉）がある。市街地東部の網走湖を望む丘陵地に道の駅「メルヘンの丘めまんべつ」があり、南部の丘陵地には女満別空港がある。

「戊午日誌」によると、女満別川口辺りは「ニマンヘツブト　此湾の第一奥の方のよし。川口蘆荻多し。水遅流にしてわろし。川口に漁小屋弐三軒有。是皆アイヌが飯料取場のよし也。本名はベカンベヘツのよし、其を詰たるなりと。ヘカンベは菱実の事、菱実多きよりして此名有なり」とあり、当時の女満別は川の流域一帯を指していたと思われる。

現在、温泉がある女満別市街は「ヲタバ　此処にまたアイヌ出稼小屋五棟程有。ここは少しの砂浜にして此名有るなり。ヲタバは砂地と云儀也。此辺惣て平地也」と出ている。すなわち、ota-pa（砂浜の・上手）の意であった。南岸の「住吉」は、サラカマキシ「其儀蘆荻の有る湿地にキ、ン（ななかまど）と云る木多き川」と出ている。

メルヘンの丘めまんべつ

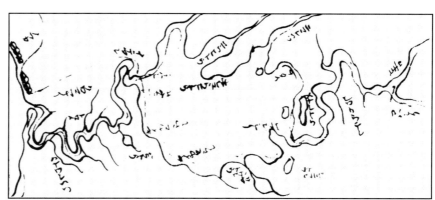

武四郎が描いた
網走川の図

河　網　ニ　ヲ　ヒ
─　走　─　タ　─　ホ
口　湖　マ　ハ　ロ
　　　　ン
　　　　ヘ
　　　　ツ

（「戊午日誌」より）

松浦山川図 十三

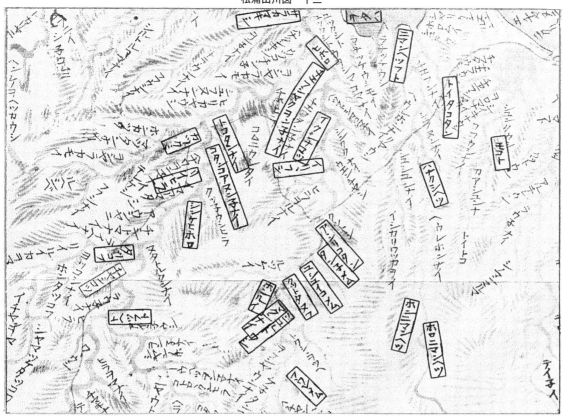

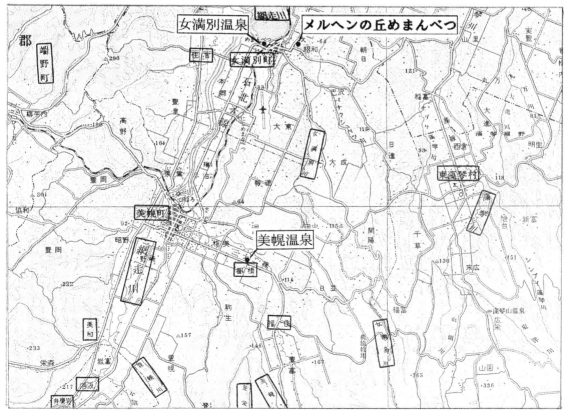

９３、常呂川（旧端野町・北見市・旧留辺蘂町・訓子府町）

端野 端野町は常呂町と北見市の間の町であるが、2006年（平18）留辺蘂町とともに合併して北見市となった。「北海道の地名」によれば、北見の旧名を野付牛と称したが、端野は「ヌㇷ゚ケㇱ」（nup-kes、野の・末端）や「ヌㇷ゚ホンケㇱ」（nup-hon-kes、野の・腹の・末端）を頭に置いて、その語意を訳した地名だろうとしている。

松浦武四郎は1858年（安政5）旧暦5月14日（陽暦6月24日）、常呂川を遡ってクトイチヤンナイ「鮭魚卵をなすが故に号るとかや」（福山）で一泊、翌15日（25日）テシヲマナイ「毎年テッシ（簗）を懸て取る故に此名有るよしなし」（日吉）からニコロフト（仁頃川口）、チュウシ「欺冬の如き少し赤ミ有草多く有りし処なりと」（忠志）を経てヌッケシ（端野町一区）に至った。

端野温泉

端野は「戊午日誌」に、「ヌホンケシ 此辺四方一面見散じよろし。小笹原。右は山の麓まで目に障るものなし。左り川端（常呂川）まで何もなし。其地名ヌホンケシと云るは木の無原と云事也」と出ている。屯田兵村から農業中心の村として発展、大正期はハッカ・エンドウなどの畑作が主。1912年（大元）、国鉄網走線（現ＪＲ石北本線）開通により急速に端野市街地を形成、「ハッカ景気」「雑穀ブーム」により多くの人々が来住した。

市街地北西の小高い丘に、1998年（平10）、町の開基100年を記念して開発した「端野温泉」がある。この地域には昭和初期まで鉱泉が湧いていたが、この時は２種類の湯（含芒硝食塩泉、含食塩芒硝泉）が湧き出たという。泉温の低い前者（ヌルヌルしてなめらか）は内湯、高い後者（やや塩気あり）は露天風呂へと、２つの湯が楽しめるようになっている。

仁頃 ニコロ ni-kor 木を・持つ 北見市街北部、河岸段丘上に農耕地。仁頃川が流れ「永田地名解」は「ニコロ 樹木ある沢」。他に「ニクㇽ」（nikur、林）、「ニオㇿ」（ni-or、木の・所）説もある。

北見 以前は「野付牛」（nup-kes、野の端 が由来と思われる）と呼ばれていたが、1942年（昭17）市制施行と同時に改称した。北見国の中央に位置し、商工業の中心をなしているための名であるという。松浦武四郎「国名建議書」にある「常々この辺のことを北海岸と唱えていたので北の字を用い、快晴の日にはカラフトが見えるので北見などいかに……」が採用されたのであろう。北見は初め盆地の東北隅（今の端野町）から開発されたが、後に中心が常呂川と無加川の合流点に移って現市街地として発展した。

武四郎は15日、ノヤサンヲマナイ「此処沼に成て有ると云儀のよしなり」（端野駅付近）で一泊。16日（26日）は北見駅付近からムツカフト（無加川口）を経て遡上、ユワヲロ（東相内）、ヒラヲロ（相内）、ホンユヲロ（小温泉所、泉）付近まで行っている。それより上流は聞書きであるが、ヲン子モウの辺りが温根湯温泉と思われる。その夜はクッタルシベ（上ところ）で一泊、翌17日（27日）シヤリキシナイ（開成入口）、クン子フ（訓子府川口）、ヘテウコヒ（北光）からまたヌッケシへ戻っている。

相内 アイヌオナイ aynu-o-nay アイヌ・いる・沢川 無加川北岸の水田中心の農業地。「永田地名解」は「パナワ（ペナワ）アイノナイ 下（上）のアイヌの沢」とある。「北海道の地名」は、人口が少ない所だったので、並んでいる沢の中で、人が住んでいる沢という意味で呼ばれたものだろうかとしている。西方の「泉」地区に「北見温泉」がある。

北光社史跡

北見温泉 温根湯（オンネユ、大湯）に対し、「ポンユ」（pon-yu、小さな・湯）と呼ばれてきた。和人がこの地を訪れるより古く、アイヌの人たちから愛されてきた温泉である。かつて、アイヌの人たちは負傷した動物たちが窪地に湧き出る湯に浸かり、傷を治しているのを目にしたことがあった。そこで不思議に思い自分達も湯に浸かると、切り傷は治り肌はスベスベになったので、ササ小屋を作り穴を掘って利用してきたという。屯田兵入植後の1898年（明31）、アイヌの人から温泉の権利を譲り受けて旅館の営業を開始したのが、北見温泉の始まりとされる。源泉は38℃と43℃の２本のアルカリ性単純温泉である。殺菌力が強く、特に皮膚病や火傷に効くという。

訓子府 クンネプ kunne-p 黒い・もの 常呂川上流の稲作・酪農の町。市街は常呂川に面し、訓子府川には直接面していない。「永田地名解」は「クンネプ 黒処 ヤチ川にして水黒し」。広くクンネップ原野といわれたが、1911年（明44）の鉄道開通時に駅名を訓子府とし、ここに市街地が発達した。

訓子府川口は「戊午日誌」に、「クン子フ 右のかた小川有。此川水闇きが故に号るなり。クン子はくらきと云儀。川巾三間も有り相応の川也」とある。現在の北見市「北光」地区で、1897年（明30）高知県から移民団北光社が入地開拓し、当地方の草分けとなった地である。現在の訓子府市街付近は「戊午日誌」に、「ケトナイ 左の方小川有。昔より此処にも鹿多きよし。アイヌ山猟に来り、此処え鹿の皮を干置し処、……ケトとは鹿の皮の事なりと云伝ふ也」と出ている。ketu-nay（鹿皮を張って乾す木枠の・沢川）の意であった。

松浦山川図　十二

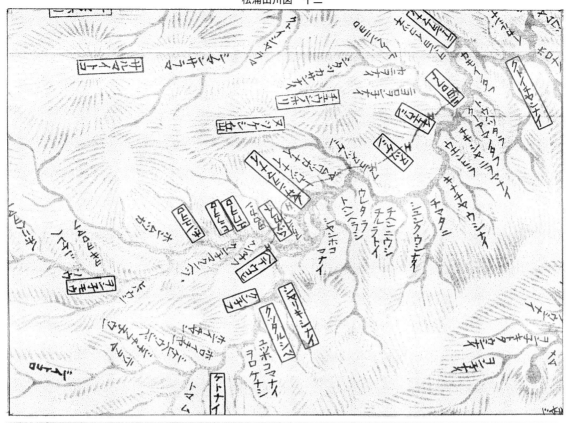

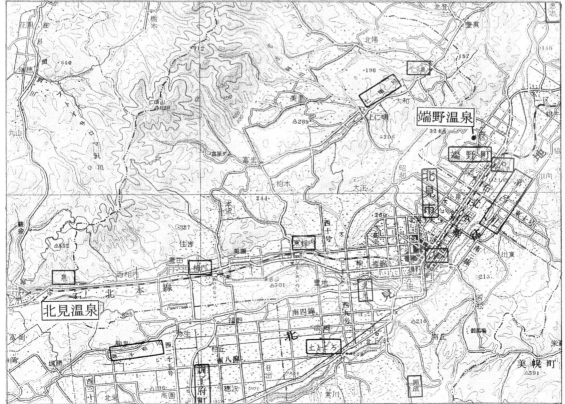

20万分の1　北見（平13）

９４、湧別川（旧湧別町・旧上湧別町・遠軽町・紋別市）

上湧別 明治の湧別川筋は全体が湧別村であったが、1910年（明43）に上と下の２村に分かれた。当時の上は今の遠軽・生田原・丸瀬布・白滝を含んでいたが、各々分村して現在の所だけが上湧別町となった。下湧別村の方は改名して今の湧別町になった。上湧別町と湧別町は2009年（平21）合併して湧別町となった。

松浦武四郎は1858年（安政５）旧暦５月22日（陽暦７月２日）、湧別川を遡って遠軽まで行き、24日（４日）に引き返している。「戊午日誌」には「本名ユウベヲツ、今詰てユウベツと云。其名義ユウベツは温泉有る川と云義なり。然れども其温泉今なし」と出ている。22日河口の番屋を出発し、フシコヘツ「古川のよし」、フイタウシ「フイ（エゾノリュウキンカ）といへる喰草多き」、ホロトライ、ホントライ「渕の如く水死て有る」、ヲ、アンケ、トイヘツを経て、アラウニツヘツ「流来る水皆白きなり」（川西）に至る。

中湧別 上湧別町の中心の中湧別市街は、屯田兵時代の名残りで"屯田市街"と呼ばれ、「北兵村三区」「北兵村一区」「南兵村」の地名が残っている。当地の開拓は、1897・98年（明30・31）に入植した399戸の屯田兵によって進められた。翌年にはリンゴ苗木5000本が導入され、これが"湧別リンゴ"の発祥となった。また、1901年（明34）に栽培が始められたハッカは換金作物の首位を占め、"北見ハッカ"と呼ばれ取引きされるようになった。

かつての「中湧別駅」は鉄道の分岐点で、名寄・網走・遠軽・湧別への各線が集まっていて交通の要衝であった。現在、駅跡は「鉄道資料館」になっている。ここに道の駅「かみゆうべつ温泉チューリップの湯」（38.3℃、含食塩重曹泉）がある。向かいには「文化センターＴＯＭ」があり、古代ギリシャの神殿を思わせるような造りである。やや南に行くと、町の花の見事なチューリップ公園が広がり、湧別屯田兵の歴史を伝える「ふるさと館ＪＲＹ」がある。

武四郎は「川西」を後にし、トイカンヘツ「畑有る川と云義のよし」（北兵村三区）、ヌツフホコマナイ（ヌッポコマナイ川）からヘツチヤロ「川の口と云儀也」（中湧別）に至る。さらにサトメ（札富美川）、ウミイ（富美川）を経て、タツ子ウシヘツ「タツニは樺木の事也」（開盛付近）に至った。

かみゆうべつ温泉チューリップの湯

富美 フミ hum-i その音 上湧別町内、湧別川に入る西支流「フミ川」の流域。「永田地名解」は「フミ 音川」とあり、川口の辺りで水音が聞こえたのであろう。少し下手には「札富美川」（sat-humi、乾く・フミ川）も流れ、兄弟のような川であった。

22日、武四郎は「開盛」のウヘカリ「是よりは川瀬直になるが故に此名有りとかや」で宿泊。翌23日（３日）はヌツコツシ子「山が低く此処は成て有ると云よしの儀」、サナブチ「往昔トレフ（オオウバユリ）を取りて此処にて干たる」（サナブチ川）を経て、イタラ「昔野韮を多く此処にて取り干たりと云」（学田）で一泊した。24日はそこから引き返し、湧別川河口へと戻っている。

遠軽 インカルシ inkar-us-i 眺める・いつもする・所 平成の大合併により、2005年（平17）10月１日、遠軽町・生田原町・丸瀬布町・白滝村は遠軽町となった。えんがる公園にある「瞰望岩」が遠軽の名のもとになったインカルシである。「戊午日誌」には「昔しクスリ、トカチ等のアイヌ多く当所え軍に来りしに、皆此山の上より諸方を眺望せしよし也」と出ている。湧別川筋には、全道的に名の知れたアイヌの"イクレスイ"という英傑がいたといわれ、この瞰望岩は彼の砦であったという伝説がある。

遠軽瞰望岩

シブノツナイ川 シュプノッナイ supun-ot-nay ウグイ魚・多くいる・沢川 この川は紋別市と湧別町の境になっており、海岸の所に「シブノツナイ湖」がある。中流左岸段丘上に酪農地域の「志文」があり、湖の南に「信部内」があるが、これらは川名から採った名である。

武四郎が描いたインカルシ
（瞰望岩）と思われる図
（「武四郎蝦夷地紀行」より）

松浦山川図　十八

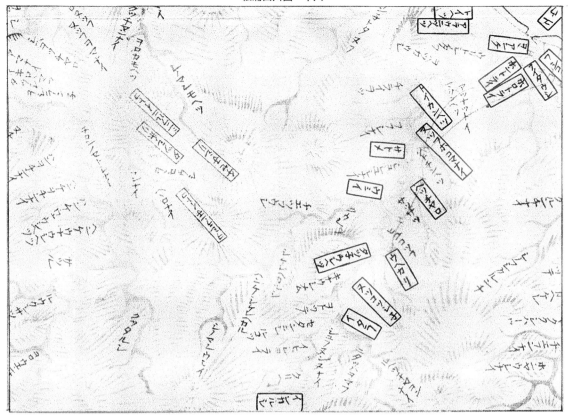

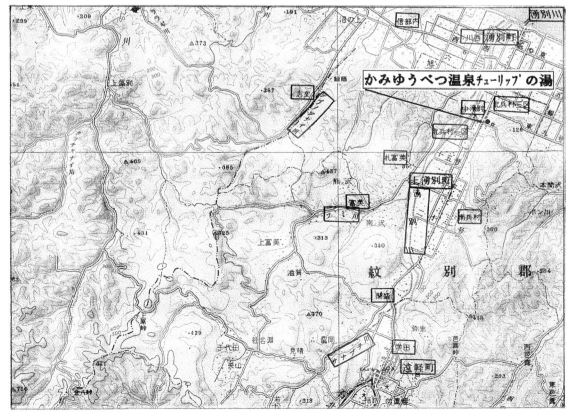

20万分の1　紋別（平14）

９５、渚滑川（紋別市・滝上町）

渚滑川 ソーコッ so-kot 滝の・凹み（滝つぼ）　松浦武四郎は1858年（安政５）旧暦５月26日（陽暦７月６日）、渚滑川を遡って滝上まで行き、28日（８日）に引き返している。「戊午日誌」には、「ショウとは滝の事にて、コツとは渓間の中低き処を申し、此水源一大渓間より一すじの瀑布にて水源をなすが故に此名有といへり」と出ている。

武四郎は河口から出発し、松浦図ホンヲサツナイ「川口が干て有る小川と云義なり」（中渚滑）、ホロヲサツナイ、チライヲツ「イトウといへる魚が多く住るよし」を経て、26日はライヘツ「死だ川と云儀、是古川と云訳なり」（上東）の中洲で露宿している。

和訓辺 オアフンペ o-ahun-pe 川尻で・入る・所　紋別市上渚滑町、和訓辺川流域の酪農・畑作地域（松浦図ヲワフンヘナイ）。トウモロコシ・ジャガイモ・アスパラガス・乳製品が主要産物。上記の解は「集落地名地理」によるもので、川口に深い窪地があり、ここから幽霊が出入りするとか、あの世へ行ったり来たりする伝説があるという。「上渚滑」はシユマムナイ「シユマは岩の事、ムイは湾のことなり」とある。

滝上渓谷

立牛 タッウシ tat-us-i 樺の木・多い・所　紋別市上渚滑町に上・中・下の立牛がある（松浦図タツシ）。いずれも立牛川流域の酪農地で、乳製品・ビートを主要産物とする。「永田地名解」には「タッウシ　樺樹ある処」と出ている。樺の木はタッニ（tat-ni）であるが、この形の地名ではni（木）を省いて呼ぶことが多いという。武四郎は27日（７日）当地で一泊している。

雄鎮内 オチンウンナイ o-cin-un-nay 川尻に・張り枠・ある・沢川　滝上町東部にある段丘上の畑作地。北の方から「パンケオチンナイ川」が流れ込む。やや西には「ペンケオチンナイ川」も流れている。張り枠とは熊などの獣皮乾し枠のことである。「永田地名解」はパンケ・ペンケの「チンナイ　崖を破りて流る川　チンはチミと同じ」とあり、cimi（左右にかき分ける）の意としている（松浦図ハンヲチンナイ、ヘンケヲチンナイ）。

濁川　オシラネップ川口近くに市街地形成。小さな枝川「オヌツキオプ」（o-nupki-o-p、川尻に・濁り水・ある・もの）の意訳であろうか。しかし「アイヌ語地名解」は、川口だけが濁るというのはおかしいとし、「川尻が萩の茂みに入る川」と訳している。現在も川口には萩が茂り、濁ってはいないという。

南からオシラネップ川が流入しているが、「戊午日誌」には「ヲシラン子フ　是此ショコツ（渚滑川）第二の支流のよし。其名義は川口に大岩峨々と聳え有ると云儀のよし也」と出ている。昔「雄柏熱布」と当て字をしたが、現在は「雄柏」とし、上・中・下の付いた地名がある。

また、オセウシ川については「ヲ、セウシ　左りの方小川有、其名義は狼多しと云義なるが」とある。さらに、その上流には「チロンノトセトシナイ　此名義は昔しテンを捕りに此処え家を建しと云義のよし」や「フシナイ　是に附子（トリカブト）多く有りしより号しとかや」という地名が見られて面白い。松浦図は雄鎮内と濁川の位置が逆になっているようだ。

香りの里たきのうえ

シュウトルマップ川 シルトゥロマプ sir-utur-oma-p 山の・間に・ある・もの　渚滑川に南から入る川。渚滑川本流とオシラネップ川の間の山間部を流れ下っているので、この名が付いたと思われる。流域をシラトリマップ（白鳥松府）といったが、下略して「白鳥」と呼んでいる。

滝上　滝上町は渚滑川上流一帯の土地で、畑作・酪農・林業の町である。滝上市街で渚滑川本流とサクルー川が合流すると、すぐ「蛟竜の滝」になって流れ落ち、両岸は巨岩の「滝上渓谷」が続く。所々に「洛陽の滝」などがあり、「ポンカムイコタン」（pon-kamuy-kotan、小さい・神の・居所）と呼ばれる。滝上はポンカムイコタンの滝の上の意味である（松浦図ハンケウナウシベツ、ヘンケウナウシベツ辺りか？）。

下流部には「滝下」、市街東部には「滝美」、渚滑川上流には「滝西」もある。国道273号沿いに道の駅「香りの里たきのうえ」がある。

札久留 サクルー sak-ru 夏・路　サクルー川筋の地名。この川を遡って山を越えると、天塩川源流の東支流である同名の「柵留川」（士別市）に出る（松浦図サツル）。つまり、オホーツク海側と天塩の山奥とは夏、２つのサクルー川筋を通って交流していたことを物語っているものである。現在は、道道士別滝上線が「上紋峠」を越えて通じている。この辺りの松浦図は、東西になるべきところを南北に書いている。

松浦山川図　十八

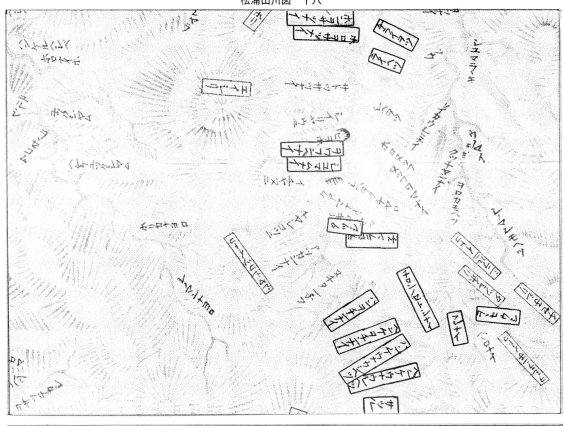

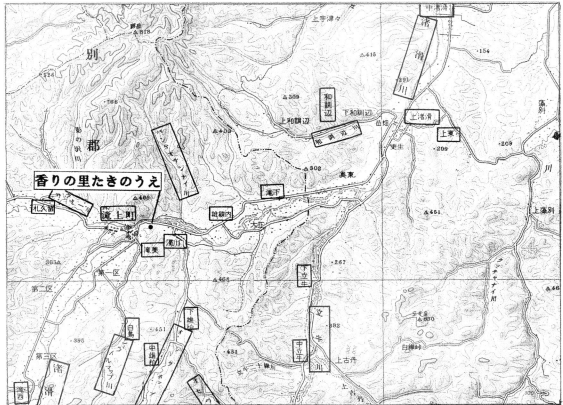

20万分の1　紋別（平14）

参考文献

1、山田秀三　「北海道の地名」　北海道新聞社　1984年
2、山田秀三　「北海道の川の名」　電通北海道支社　1971年
3、山田秀三　「アイヌ語地名の輪郭」　草風館　1995年
4、永田方正　「北海道蝦夷語地名解」　北海道聯合教育會　1891年
5、知里真志保　「地名アイヌ語小辞典」　北海道出版企画センター　1988年
6、知里真志保　「アイヌ語入門―とくに地名研究者のために―」　北海道出版企画センター　1988年
7、佐々木利和　「アイヌ語地名資料集成」　草風館　1988年
8、栃木義正　「北海道集落地名地理」　㈱共同印刷　1992年
9、栃木義正　「北海道地名一覧」　1986年
10、北海道環境生活部　「アイヌ語地名リスト」　2001年
11、更科源蔵　「アイヌ語地名解」　みやま書房　1982年
12、更科源蔵　「アイヌ伝説集」　北書房　1971年
13、日本国有鉄道北海道総局　「北海道駅名の起源」　鉄道弘済会道支部　1973年
14、角川書店　「北海道地名大辞典」　1987年
15、松浦武四郎　「東西蝦夷山川地理取調圖」　草風館　1988年
16、陸地測量部　「幕末・明治日本国勢地図　初版輯製二十万分一図集成」　柏書房　1983年
17、松浦武四郎著　高倉新一郎校訂　秋葉実解読　「丁巳東西蝦夷山川地理取調日誌　上下」
　　　　　　　　　　　　　　　　　　　　　　　　　　　　　　北海道出版企画センター　1982年
18、松浦武四郎著　高倉新一郎校訂　秋葉実解読　「戊午東西蝦夷山川地理取調日誌　上中下」
　　　　　　　　　　　　　　　　　　　　　　　　　　　　　　北海道出版企画センター　1985年
19、松浦武四郎著　秋葉実解読　「武四郎蝦夷地紀行」　北海道出版企画センター　1988年
20、松浦武四郎著　高倉新一郎解読　「竹四郎廻浦日記　上下」　北海道出版企画センター　1978年
21、松浦武四郎著　秋葉實翻刻・編　「校訂蝦夷日誌　全」　北海道出版企画センター　1999年
22、杵渕祐二　「北海道蝦夷語地名解　分類」　1989年
23、北海道土木協会　「北海道河川一覧」　1984年
24、小林和夫　「東西蝦夷山川地理取調図における地名分布について」　北大人文科学論集　1974年
25、伊藤せいち　「アイヌ語地名の表記法」　アイヌ語地名研究講演会資料　1999年
26、榊原正文　「データベースアイヌ語地名1～4」　北海道出版企画センター　1997年～
27、アイヌ語地名研究会　「アイヌ語地名研究1～12」　北海道出版企画センター　1998年～
28、平凡社　「郷土歴史大事典　北海道の地名」　2003年
29、山口恵一郎ほか　「日本図誌大系　北海道・東北Ⅰ」　朝倉書店　1980年
30、平岡昭利　「北海道　地図で読む百年」　古今書院　2001年
31、ゼンリン　「北海道道路地図」　2002年
32、丸谷一三郎　「決定版　北海道　道の駅ガイド2010－11」　北海道新聞社　2010年
33、紺谷充彦　「北海道　道の駅ガイド2015－16」　北海道新聞社　2015年
34、松田忠徳　「決定版　北海道ホンモノの温泉」　寿郎社　2003年
35、小野寺淳子　「決定版　北海道の温泉まるごとガイド」　北海道新聞社　2015年

※本書に掲載した地図は、国土地理院長の承認を得て、同院発行の20万分の1地勢図を複製したものである。
　（承認番号）平29情複第47号

地名索引　　　　　（五十音順）

―あ―

愛冠	あいかっぷ	106
相泊	あいどまり	66
相沼	あいぬま	8
相内	あいのない	190
愛別	あいべつ	140
赤石	あかいし	114
赤岩	あかいわ	66
赤平	あかびら	142
阿寒	あかん	176
阿寒川	あかんがわ	50
阿寒川	あかんがわ	174
浅茅野台地	あさちのだいち	88
朝日	あさひ	46
旭川	あさひかわ	136
旭町油谷	あさひまちゆや	142
朝里	あさり	108
阿沙流	あさる	92
芦別	あしべつ	142
足寄	あしょろ	172
厚岸	あっけし	52
厚沢部川	あっさぶがわ	10
厚田	あつた	106
厚内	あつない	46
厚別川	あつべつがわ	36
厚真	あつま	34
跡佐登	あとさのぼり	182
姉茶	あねちゃ	40
網走	あばしり	74
網走川	あばしりがわ	74
安平川	あびらがわ	34
虻田	あぶた	28
阿分	あふん	102
荒谷	あらや	14
有島	ありしま	152
阿歴内	あれきない	178
安骨	あんこつ	46
安足間川	あんたろまがわ	140
井寒台	いかんたい	40
以久科	いくしな	70
幾品川	いくしながわ	70
幾千世	いくちせ	36
幾寅	いくとら	146
池田	いけだ	168
漁川	いざりがわ	156
石狩	いしかり	108
石崎	いしざき	12
泉沢	いずみさわ	18
磯分内	いそぶんない	180
磯谷川	いそやがわ	22
伊茶仁	いちゃに	64
一已	いちゃん	134

稲志別	いなしべつ	170
岩老	いわおい	104
岩尾別	いわおべつ	68
岩知志	いわちし	164
岩内	いわない	116
岩保木	いわぼっけ	50
岩松湖	いわまつこ	148
ウエンヒラリ岬		78
宇園別	うえんべつ	136
植別川	うえんべつがわ	64
有珠	うす	28
臼尻	うすじり	22
ウスタイベ岬		86
臼別川	うすべつかわ	6
臼谷	うすや	100
宇曽丹	うそたん	86
歌越	うたこし	96
歌志内	うたしない	142
歌島	うたしま	118
歌棄	うたすつ	112
歌棄	うたすつ	118
歌内	うたない	120
歌登	うたのぼり	84
歌別	うたべつ	42
ウトナイ湖		34
鵜苫	うとま	40
ウトロ		68
海別川	うなべつがわ	70
宇莫別川	うばくべつがわ	138
卯原内	うばらない	74
ウブシ		94
雨紛	うぶん	138
馬追丘陵	うまおいきゅうりょう	156
浦臼	うらうす	132
浦河	うらかわ	40
浦士別	うらしべつ	72
浦幌	うらほろ	46
羨古丹	うらやことん	54
雲石	うんせき	8
江差	えさし	10
枝幸	えさし	84
恵山	えさん	20
エサンベ		88
恵岱別	えたいべつ	134
江丹別	えたんべつ	136
エトンビ川		72
恵庭	えにわ	156
江ノ島	えのしま	118
絵笛	えぶえ	40
江部乙	えべおつ	134
江別	えべつ	130

江良	えら	14
襟裳岬	えりもみさき	42
遠軽	えんがる	192
遠別	えんべつ	96
生花苗湖	おいかまなえこ	166
追分	おいわけ	156
黄金崎	おうごんざき	102
黄金道路	おうごんどうろ	42
雄武	おうむ	82
雄武川	おうむがわ	82
大安在	おおあんざい	12
大岸	おおぎし	28
大沢	おおさわ	14
太田	おおた	6
大滝	おおたき	154
大津	おおつ	46
大手	おおて	124
大椴	おおとど	100
大沼	おおぬま	90
大船	おおふね	22
大森	おおもり	114
岡島	おかしま	84
荻伏	おぎふし	40
奥津内川	おくつないがわ	26
送毛	おくりけ	106
小車	おぐるま	124
興部	おこっぺ	80
筬島	おさしま	122
長都	おさつ	156
於札内	おさつない	132
尾札部	おさつべ	22
納内	おさむない	134
長流川	おさるがわ	30
長流枝内川	おさるしないがわ	170
長万部	おしゃまんべ	26
尾白利加川	おしりりかがわ	134
オシンコシン崎		68
晩生内	おそきない	132
尾岱沼	おだいとう	62
オタコシベツ川		96
大楽毛	おたのしけ	48
オタモイ		110
小樽	おたる	110
落合	おちあい	148
落石	おちいし	56
オチカバケ川		70
雄鎮内	おちんない	194
オッチャラベ川		84
乙忠部	おっちゅうべ	84
音稲府	おといねっぷ	82
音威子府	おといねっぷ	122

音江　おとえ	134	
落部　おとしべ	24	
音標　おとしべ	82	
乙部　おとべ	10	
音類　おとんるい	94	
御西　おにし	80	
鬼鹿　おにしか	100	
鬼志別　おにしべつ	88	
雄信内　おぬぷない	94	
オネトマナイ	92	
帯広　おびひろ	170	
小平　おびら	100	
雄冬　おふゆ	104	
雄冬岬　おふゆみさき	104	
尾幌　おぼろ	52	
重内　おもない	16	
小安　おやす	20	
居辺川　おりべがわ	172	
オロフレ峠	154	
オンネベツ川	68	
音別　おんべつ	48	

―か―

開進　かいしん	120	
開陽　かいよう	184	
香川　かがわ	98	
神楽　かぐら	136	
化石浜　かせきはま	66	
川汲　かっくみ	22	
活込　かっこみ	172	
葛登支岬　かっとしみさき	18	
金浦　かなうら	96	
金山　かなやま	146	
かなやま湖	146	
樺戸　かばと	132	
賀張　かばり	36	
兜沼　かぶとぬま	92	
釜谷　かまや	18	
釜谷　かまや	20	
上阿寒　かみあかん	174	
上磯　かみいそ	18	
神路　かみじ	122	
上西春別　かみにししゅんべつ	186	
上ノ国　かみのくに	12	
上富良野　かみふらの	144	
上湧別　かみゆうべつ	192	
神威古潭　かむいこたん	108	
神居古潭　かむいこたん	136	
神威岬　かむいみさき	86	
神威岬　かむいみさき	112	
カムイロキ山	172	
カムイワッカの滝	68	
俄虫　がむし	10	
亀田　かめだ	18	
神恵内　かもえない	114	
茅沼　かやぬま	114	
茅沼　かやぬま	178	

狩勝峠　かりかちとうげ	148	
川口　かわぐち	94	
川下　かわしも	104	
川湯　かわゆ	182	
川湯温泉　かわゆおんせん	182	
木古内　きこない	16	
北見　きたみ	190	
北見温泉　きたみおんせん	190	
北見幌別川　きたみほろべつがわ	84	
北村　きたむら	130	
北湯沢温泉　きたゆざわおんせん	154	
岐登牛　きとうし	138	
キナウシ岬	114	
黄臼内　きなうすない	132	
木直　きなおし	20	
木野　きの	170	
京極　きょうごく	152	
協和　きょうわ	140	
清里　きよさと	72	
清部　きよべ	14	
霧多布　きりたっぷ	54	
嫌侶　きろろ	172	
群来　くき	112	
釧路　くしろ	50	
釧路湿原　くしろしつげん	178	
屈斜路湖　くっしゃろこ	182	
屈斜路湖畔温泉　くっしゃろこはんおんせん	182	
屈足　くったり	148	
クッチャロ湖	88	
倶知安　くっちゃん	152	
久遠　くどう	6	
九度山　くどさん	126	
クトネベツ	92	
久根別　くねべつ	18	
久保内　くぼない	154	
熊牛　くまうし	180	
倉沼　くらぬま	138	
黒岩　くろいわ	26	
桑の沢　くわのさわ	126	
国縫　くんぬい	26	
訓子府　くんねっぷ	190	
群別　くんべつ	104	
薫別川　くんべつがわ	64	
計根別　けねべつ	184	
慶能舞川　けのまいがわ	36	
鳧舞　けりまい	38	
計呂地　けろち	76	
元和　げんな	8	
兼内　けんない	128	
見日　けんにち	8	
剣淵　けんぶち	128	
声問　こえとい	90	
黄金　こがね	30	
黄金山　こがねやま	104	

小金湯　こがねゆ	150	
濃昼　ごきびる	106	
越路　こしじ	140	
五十石　ごじっこく	178	
小清水　こしみず	72	
虎杖浜　こじょうはま	32	
小谷石　こたにいし	16	
古多糠　こたぬか	64	
古潭　こたん	106	
古丹別　こたんべつ	98	
古丹別川　こたんべつがわ	100	
琴平　ことひら	122	
駒別　こまべつ	154	
コムケ湖	78	
珸瑶瑁　ごようまい	58	
五厘沢　ごりんざわ	10	
昆布刈石　こんぶかりいし	46	
昆布浜　こんぶはま	66	
昆布森　こんぶもり	50	

―さ―

境浜　さかいはま	44	
崎無異　さきむい	64	
佐久　さく	122	
札刈　さつかり	16	
咲来　さっくる	122	
札久留　さっくる	194	
札内川　さつないがわ	170	
佐幌川　さほろがわ	148	
様似　さまに	40	
様舞　さままい	168	
更岸　さらきし	96	
更喜苫内　さらきとまない	92	
更別　さらべつ	166	
沙流川　さるがわ	162	
猿骨　さるこつ	88	
猿払　さるふつ	88	
沙留　さるる	80	
サロベツ川	92	
佐呂間　さろま	76	
サロマ湖	76	
沢木　さわき	80	
砂原　さわら	24	
三毛別川　さんけべつがわ	100	
三泊　さんどまり	102	
珊内　さんない	90	
珊内　さんない	112	
三本杉岩　さんぼんすぎいわ	6	
珊瑠　さんる	126	
紫雲古津　しうんこつ	162	
汐首　しおくび	20	
汐見　しおみ	98	
塩谷　しおや	110	
鹿追　しかおい	148	
鹿の谷　しかのたに	160	
鹿部　しかべ	22	
支笏湖　しこつこ	158	
静内　しずない	38	

舌辛	したから	174	瀬石	せせき	66
篠津	しのつ	130	瀬棚	せたな	6
志美宇丹	しびうたん	84	瀬多来	せたらい	168
志撫子	しぶし	76	雪裡川	せつりがわ	50
シブノツナイ川		78	銭函	ぜにばこ	108
シブノツナイ川		192	仙美里	せんびり	172
標茶	しべちゃ	180	仙鳳趾	せんほうし	52
標津	しべつ	62	層雲峡	そううんきょう	140
士別	しべつ	128	壮瞥	そうべつ	154
標津川	しべつがわ	184	宗谷	そうや	90
島歌	しまうた	6	宗谷岬	そうやみさき	90
島古丹	しまこたん	116	橇負山	そりおいやま	152

―た―

島牧	しままき	118	大樹	たいき	166
清水	しみず	124	大正	たいしょう	170
清水沢	しみずさわ	160	大雪山	たいせつざん	140
下川	しもかわ	126	大千軒岳	だいせんげんだけ	16
下沼	しもぬま	94	高江	たかえ	36
尺別	しゃくべつ	48	高島	たかしま	110
積丹岬	しゃこたんみさき	112	鷹栖	たかす	136
社台	しゃだい	32	滝里	たきさと	144
斜内	しゃない	86	滝ノ上	たきのうえ	160
斜里	しゃり	70	滝上	たきのうえ	194
シュウトルマップ川		194	田沢	たざわ	10
シューパロ湖		160	立牛	たつうし	194
朱円	しゅえん	70	立香	たつか	154
樹海峠	じゅかいとうげ	146	達古武	たっこぶ	178
祝津	しゅくつ	110	達布	たっぷ	100
祝梅	しゅくばい	156	伊達	だて	30
春別川	しゅんべつがわ	60	館浦	たてうら	10
定山渓	じょうざんけい	150	多度志	たどし	134
渚滑川	しょこつがわ	78	樽岸	たるきし	118
渚滑川	しょこつがわ	194	樽前	たるまえ	32
初山別	しょさんべつ	96	樽前山	たるまえさん	158
庶野	しょや	42	多和	たわ	180
庶路川	しょろがわ	48	端野	たんの	190
庶路川	しょろがわ	174	小砂子	ちいさご	12
白老	しらおい	32	智恵文	ちえぶん	126
白神	しらかみ	14	近浦	ちかうら	42
知津狩	しらつかり	108	築別	ちくべつ	98
白糠	しらぬか	48	千栄	ちさか	164
知内	しりうち	16	秩父別	ちっぷべつ	134
尻岸内	しりきしない	20	知方学	ちっぽまない	52
後静	しりしず	54	千歳	ちとせ	156
知人礁	しりとしょう	50	乳呑	ちのみ	48
後志利別川	しりべしとしべつがわ		茶志骨	ちゃしこつ	62
		6	茶志内	ちゃしない	132
尻別川	しりべつがわ	116	忠類	ちゅうるい	166
知床岬	しれとこみさき	66	忠類川	ちゅうるいがわ	64
白岩	しろいわ	110	千代志別	ちよしべつ	104
真栄	しんえい	52	散布	ちりっぷ	54
新篠津村	しんしのつむら	130	対雁	ついしかり	130
新得	しんとく	148	鶴沼	つるぬま	132
水明郷	すいめいきょう	158	手稲	ていね	108
寿都	すっつ	118	天塩	てしお	96
砂川	すながわ	132	弟子屈	てしかが	180
清川	すみかわ	108	徹別	てしべつ	174
関内	せきない	8			

天幕	てんまく	140
戸井	とい	20
問寒別	といかんべつ	120
問牧	といまき	86
涛釣沼	とうつるとう	72
東梅	とうばい	56
涛沸湖	とうふつこ	72
当別	とうべつ	18
当別	とうべつ	130
鐺別	とうべつ	180
当縁川	とうべりがわ	166
当幌川	とうほろがわ	62
東洋	とうよう	42
塘路	とうろ	178
登栄床	とえとこ	76
十弗川	とおふつがわ	168
十勝太	とかちぶと	46
徳志別	とくしべつ	84
徳舜瞥川	とくしゅんべつがわ	
		154
床丹	とこたん	60
常呂	ところ	74
利別	としべつ	168
突符川	とっぷがわ	10
富武士	とっぷし	76
苫小牧	とまこまい	34
苫多	とまた	52
十町瀬	とまちせ	50
苫前	とままえ	98
泊	とまり	114
泊	とまり	118
富岡	とみおか	164
富川	とみかわ	36
富和	とみわ	122
友知	ともしり	58
豊浦	とようら	28
豊寒別	とよかんべつ	86
豊頃	とよころ	46
豊岬	とよさき	96
豊富	とよとみ	92
豊似	とよに	44
豊浜	とよはま	110
頓別川	とんべつがわ	88

―な―

奈井江	ないえ	132
中愛別	なかあいべつ	140
中川	なかがわ	120
中標津	なかしべつ	184
中西別	なかにしべつ	186
中山峠	なかやまとうげ	150
中湧別	なかゆうべつ	192
七重浜	ななえはま	18
浪速	なにわ	76
名寄	なよろ	126
鳴神	なるかみ	8
南部	なんぶ	160
新冠	にいかっぷ	36

荷負　におい …………………… 162
ニクル沼 ……………………………… 72
入境学　にこまない ……………… 52
濁川　にごりかわ ………………… 24
濁川　にごりかわ ………………… 194
濁川温泉　にごりかわおんせん
　　　　　………………………………… 24
仁頃　にころ ……………………… 190
西様似　にしさまに ……………… 40
西春別　にししゅんべつ ………… 186
西達布　にしたっぷ ……………… 146
西浜　にしはま …………………… 8
虹別　にじべつ …………………… 186
西別川　にしべつがわ …………… 60
西和田　にしわだ ………………… 56
仁世宇　にせう …………………… 164
ニセコ ……………………………… 152
仁多　にた ………………………… 180
仁達内　にたちない ……………… 86
荷菜　にな ………………………… 162
仁々志別川　ににしべつがわ
　　　　　………………………………… 174
二風谷　にぶたに ………………… 162
糠真布川　ぬかまっぷがわ ……… 70
貫気別川　ぬっきべつかわ ……… 28
布部　ぬのべ ……………………… 146
沼ノ沢　ぬまのさわ ……………… 160
根室　ねむろ ……………………… 58
野花南　のかなん ………………… 142
納沙布　のさっぷ ………………… 58
野寒布岬　のしゃっぷみさき … 90
野田生　のだおい ………………… 26
野塚　のづか ……………………… 44
野束川　のづかがわ ……………… 116
野付半島　のつけはんとう … 62
能取湖　のとろこ ………………… 74
沼前　のなまい …………………… 112
信砂　のぶしゃ …………………… 102
登別　のぼりべつ ………………… 32
登別温泉　のぼりべつおんせん
　　　　　………………………………… 154
―は―
泊津　はくつ ……………………… 36
函館　はこだて …………………… 18
馬主来　ばしくる ………………… 48
箸別　はしべつ …………………… 102
抜海　ばっかい …………………… 92
初田牛　はったうし ……………… 56
花磯　はないそ …………………… 8
花咲　はなさき …………………… 56
羽幌　はぼろ ……………………… 98
浜小清水　はまこしみず ………… 72
浜頓別　はまとんべつ …………… 86
浜中　はまなか …………………… 54
浜益　はまます …………………… 104
原口　はらぐち …………………… 12
茨戸　ばらと ……………………… 108

張碓　はりうす …………………… 108
春志内　はるしない ……………… 136
芭露　ばろう ……………………… 76
蟠渓　ばんけい …………………… 154
盤尻　ばんじり …………………… 158
晩成　ばんせい …………………… 166
花畔　ばんなぐろ ………………… 108
美瑛川　びえいがわ ……………… 138
東神楽　ひがしかぐら …………… 138
東川　ひがしかわ ………………… 138
東鹿越　ひがししかごえ ………… 146
東静内　ひがししずない ………… 38
東浜　ひがしはま ………………… 74
美国　びくに ……………………… 112
毘砂別　びしゃべつ ……………… 106
日高　ひだか ……………………… 164
日高幌別川　ひだかほろべつがわ
　　　　　………………………………… 40
比布　ぴっぷ ……………………… 136
人舞　ひとまい …………………… 148
日の出岬　ひのでみさき ………… 80
日ノ浜　ひのはま ………………… 20
美々川　びびがわ ………………… 34
美笛　びふえ ……………………… 158
美深　びふか ……………………… 124
美幌　びほろ ……………………… 188
美谷　びや ………………………… 6
美谷　びや ………………………… 118
百人浜　ひゃくにんはま ………… 42
平田内川　ひらたないがわ ……… 8
平取　びらとり …………………… 162
比羅夫　ひらふ …………………… 152
広尾　ひろお ……………………… 44
広富　ひろとみ …………………… 100
琵琶瀬　びわせ …………………… 54
敏音知　ぴんねしり ……………… 120
ブウベツ川 ……………………… 32
風烈布　ふうれっぷ ……………… 82
風連　ふうれん …………………… 126
風蓮湖　ふうれんこ ……………… 60
深川　ふかがわ …………………… 134
福島　ふくしま …………………… 14
布辻川　ぶしがわ ………………… 38
伏古　ふしこ ……………………… 134
伏古　ふしこ ……………………… 170
富士見　ふじみ …………………… 24
富士見　ふじみ …………………… 90
富士見　ふじみ …………………… 96
富士見　ふじみ …………………… 174
風不死岳　ふっぷしだけ ………… 158
太櫓川　ふとろがわ ……………… 6
船泊　ふなどまり ………………… 66
富美　ふみ ………………………… 192
冬似　ぶゆに ……………………… 40
古宇川　ふるうがわ ……………… 114
古山　ふるさん …………………… 156
古平　ふるびら …………………… 112

古部　ふるべ ……………………… 20
振内　ふれない …………………… 164
フレベの滝 ……………………… 68
辺乙部川　ぺおっぺがわ ………… 128
別海　べつかい …………………… 60
別苅　べつかり …………………… 102
別当賀　べっとうが ……………… 56
別保　べっぽ ……………………… 50
辺別川　べべつがわ ……………… 138
辺渓　ぺんけ ……………………… 124
弁慶岬　べんけいみさき ………… 118
辺毛内　ぺんけない ……………… 84
ペンケ目国内川 ………………… 116
弁天岬　べんてんみさき ………… 78
蓬栄　ほうえい …………………… 38
豊平峡　ほうへいきょう ………… 150
北竜　ほくりゅう ………………… 134
星置　ほしおき …………………… 108
穂香　ほにおい …………………… 56
誉　ほまれ ………………………… 120
堀株　ほりかっぷ ………………… 114
ホロカヤントウ ………………… 44
幌毛志　ほろけし ………………… 162
幌内川　ほろないがわ …………… 82
幌延　ほろのべ …………………… 94
幌満　ほろまん …………………… 42
幌武意　ほろむい ………………… 112
幌向　ほろむい …………………… 130
本茅部　ほんかやべ ……………… 24
本町　ほんちょう ………………… 42
本別　ほんべつ …………………… 172
奔幌戸　ほんほろと ……………… 54
―ま―
真歌　まうた ……………………… 38
真駒内川　まこまないがわ ……… 150
政泊　まさどまり ………………… 118
増毛　ましけ ……………………… 102
摩周温泉　ましゅうおんせん
　　　　　………………………………… 180
摩周湖　ましゅうこ ……………… 182
又飯時　またいとき ……………… 50
俣落　またおち …………………… 184
松浦　まつうら …………………… 14
真狩　まっかり …………………… 152
松前　まつまえ …………………… 14
丸駒温泉　まるこまおんせん
　　　　　………………………………… 158
丸松　まるまつ …………………… 96
稀府　まれっぷ …………………… 30
三川　みかわ ……………………… 156
水無海浜温泉　みずなしかいひんお
んせん
　　　　　………………………………… 20
簾舞　みすまい …………………… 150
三石　みついし …………………… 38
三豊　みとよ ……………………… 98
港町　みなとまち ………………… 100

港町　みなとまち ……………… 112
港町　みなとまち ……………… 116
峰浜　みねはま …………………… 70
鵡川　むかわ ……………………… 34
武佐　むさ ……………………… 184
室蘭　むろらん …………………… 30
目黒　めぐろ ……………………… 44
目名　めな …………………………… 8
目梨泊　めなしどまり …………… 86
女満別　めまんべつ …………… 188
芽室　めむろ …………………… 170
藻岩岬　もいわみさき ……………… 6
望来川　もうらいがわ ………… 108
貰人　もうらいと ………………… 54
茂草　もぐさ ……………………… 14
藻琴　もこと ……………………… 72
妹背牛　もせうし ……………… 134
モセカルベツ川 ………………… 66
元稲府　もといねっぷ …………… 82
元浦川　もとうらかわ …………… 40
茂辺地　もへじ …………………… 18
藻別　もべつ ……………………… 78
紅葉山　もみじやま …………… 160
モラップ ………………………… 158
森　もり …………………………… 24
門別　もんべつ …………………… 36
紋別　もんべつ …………………… 78
紋別川　もんべつがわ …………… 44
紋別山　もんべつやま …………… 78
紋穂内　もんぼない …………… 124
　　　　—や—
矢臼別　やうすべつ ……………… 60
八雲　やくも ……………………… 26
矢越岬　やごしみさき …………… 16
安牛　やすうし …………………… 94
安浦　やすうら …………………… 22
八十士　やそし …………………… 78
安瀬　やそすけ ………………… 106
谷地頭　やちがしら ……………… 18
山臼　やまうす …………………… 84
山越　やまこし …………………… 26
山崎　やまざき …………………… 26
山部　やまべ …………………… 146
止若内　やむわっかない ……… 124
止別　やんべつ …………………… 72
勇足　ゆうたり ………………… 172
勇知　ゆうち ……………………… 92
湧洞沼　ゆうどうぬま ………… 166
夕張川　ゆうばりがわ ………… 160
湧別　ゆうべつ …………………… 78
湯の川温泉　ゆのかわおんせん
　……………………………………… 18
湯ノ里　ゆのさと ………………… 16
湯ノ岱　ゆのたい ………………… 12
余市　よいち …………………… 110
羊蹄山　ようていざん ………… 152
養老牛　ようろううし ………… 184

養老牛温泉　ようろううしおんせん
　…………………………………… 184
吉岡　よしおか …………………… 14
依田　よだ ……………………… 170
呼人　よびと ……………………… 74
　　　　—ら—
雷電　らいでん ………………… 116
ライトコロ川 …………………… 74
来馬川　らいばがわ ……………… 30
羅臼　らうす ……………………… 66
蘭越　らんこし ………………… 158
蘭島　らんしま ………………… 110
力昼　りきびる …………………… 98
陸志別川　りくしべつがわ …… 64
リヤウシ湖 ……………………… 74
梨野舞納　りやむない ………… 116
ルシャ川 ………………………… 68
留真　るしん …………………… 168
留寿都　るすつ ………………… 152
留萌　るもい …………………… 102
瑠橡川　るろちがわ ……………… 80
礼受　れうけ …………………… 102
歴舟川　れきふねがわ …………… 44
礼文華　れぶんげ ………………… 28
老節布　ろうせっぷ …………… 146
六志内　ろくしない ……………… 96
　　　　—わ—
分遣瀬　わかちゃらせ …………… 52
涌元　わきもと …………………… 16
和訓辺　わくんべ ……………… 194
和琴温泉　わことおんせん …… 182
和琴半島　わことはんとう …… 182
鷲ノ木　わしのき ………………… 24
鷲別　わしべつ …………………… 30
ワッカ ……………………………… 76
稚咲内　わっかさかない ………… 94
稚内　わっかない ………………… 90
和寒　わっさむ ………………… 128
和天別　わてんべつ ……………… 48

あとがき

　本書では全道57ヵ所の海岸線について、松浦山川図と20万分の1地勢図を同図幅で比較してみたが、ご覧いただけたように松浦山川図の海岸線の正確さには正直驚かされた次第である。一方、38ヵ所の内陸河川流域については、まえがきでも述べた通り、少なからず誤りが見受けられた。これはアイヌの人達の協力により、磁石と矢立と野帳によって記したものであり、図上の位置は絶対的にも相対的にも不正確であることを免れなかったからである。地名についても、松浦武四郎独特の癖字を画工が読み切れずに誤ったものが多いような気がする。しかし明治の中期以降、北海道庁によって作製された20万分の1図が刊行されるまでの間、内陸部を知るための唯一のものといってよく、地名を調査・研究する者にとっては、一度は手にしなければならないものになっているのである。私自身、アイヌ語地名を研究して早や20年、常に松浦山川図と共に歩んで来たといっても過言ではない。

　今回記念すべき第一回「道みんの日」に、松浦武四郎の本を発刊できることを無上の喜びと感ずる次第である。

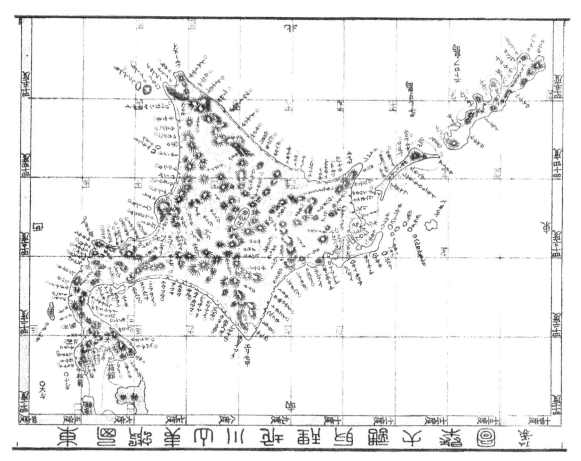

（「松浦山川図」首（一）より　北を上にして）

202

■著者略歴■

尾 﨑 功（おざき いさお）

1943年	（昭18）	帯広市に生まれる、旭川市の大成小・北都中・東高校卒業
1966年	（昭41）	北海道学芸大学旭川分校卒業、南茅部町立臼尻小学校奉職
1969年	（昭44）	旭川市立嵐山中学校
1974年	（昭49）	旭川市立常盤中学校（昭55より２年間兵庫教育大学院）
1983年	（昭58）	旭川市立北門中学校
1989年	（平元）	士別市立上士別中学校
1992年	（平４）	東川町立東川第一小学校（教頭）
1994年	（平６）	旭川市立春光台中学校（〃）
1997年	（平９）	士別市立中多寄小学校（校長）
2000年	（平12）	比布町立比布中学校（〃）
2002年	（平14）	旭川市立忠和中学校（〃）
2004年	（平16）	退職、旭川市在住

〈著　書〉

『士別地方アイヌ語地名考』（1999年）
『天塩川アイヌ語地名考―天塩から名寄まで―』（2000年）
『アイヌ語地名地誌―上川盆地の川と山―』（2002年）
『北海道　道の駅　地名めぐりの旅―新旧地形図が語る―』（2004年、北海道出版企画センター）
『北海道　海岸線　地名めぐりの旅―新旧地形図が語る100選―』（2006年、北海道出版企画センター）
『北海道地名めぐり湯浴み旅―新旧地勢図が語る温泉と道の駅―』（2011年、北海道出版企画センター）
『欧州地名めぐり鉄道ひとり旅―レイルパス25ヶ国周遊駆け歩記―』（2011年、北海道出版企画センター）
『上川管内の廃校跡を辿る―新旧地形図が語る地域のルーツ―』（2013年、北海道出版企画センター）

松浦武四郎北海道命名150年記念

東西蝦夷山川地理取調圖を読む
20万分の１地勢図との比較

発　　　行	2017年７月17日
著　　　者	尾　﨑　　　功
発 行 者	野　澤　緯三男
発 行 所	北海道出版企画センター

〒001-0018 札幌市北区北18条西６丁目2-47
電　話　011-737-1755　FAX 011-737-4007
振　替　02790-6-16677
ＵＲＬ　http://www.h-ppc.com/
E-mail hppc186@rose.ocn.ne.jp

印 刷 所	㈱北海道機関紙印刷所
製 本 所	石田製本株式会社

ISBN978-4-8328-1702-9　C0025